TÍTULOS DE CRÉDITO

Dados Internacionais de Catalogação na Publicação (CIP)
(Câmara Brasileira do Livro, SP, Brasil)

Roque, Sebastião José.
Títulos de crédito — Sebastião José Roque. — São Paulo:
Ícone, 2006.

ISBN 85-274-0900-3 (10 dígitos)
ISBN 978-85-274-0900-1 (13 dígitos)

1. Títulos de crédito 2. Títulos de crédito - Brasil I. Título.

96-1166   CDU-347.735(81)

Índices para catálogo sistemático:

1. Brasil: Título de crédito: Direito comercial   347.735(81)

SEBASTIÃO JOSÉ ROQUE

- Bacharel, mestre e doutor em Direito pela Universidade de São Paulo
- Advogado e Assessor Jurídico Empresarial
- Professor da Universidade São Francisco, "campi" de São Paulo e Bragança Paulista
- Presidente do Instituto Brasileiro de Direito Comercial "Visconde de Cairu"
- Presidente da Associação Brasileira de Arbitragem – ABAR
- Autor de 26 obras jurídicas
- Árbitro e Mediador

TÍTULOS DE CRÉDITO
3ª edição

© Copyright 2007
Ícone Editora Ltda

Coleção Elementos de Direito

Diagramação
Andréa Magalhães da Silva

Revisão
Rosa Maria Cury Cardoso
Marcus Macsoda Facciollo

Proibida a reprodução total ou parcial desta obra de qualquer forma ou meio eletrônico, mecânico, inclusive através de processos xerográficos, sem permissão expressa do editor
(Lei nº 9.610/98).

Todos os direitos reservados pela
ÍCONE EDITORA LTDA.
Rua Anhanguera, 56 – Barra Funda
CEP 01135-000 – São Paulo – SP
Tel. (11) 3392-7771
www.iconeeditora.com.br
e-mail: iconevendas@yahoo.com.br

O PODER DA MENTE

Pobre de ti se pensas ser vencido;
Tua derrota é um caso decidido.
Queres vencer, mas como em ti não crês,
Tua descrença esmaga-te de vez.

Se imaginas perder, perdido estás;
Quem não confia em si marcha para trás.
A força que te impele para frente
É a decisão firmada em tua mente.

Muita empresa esboroa-se em fracasso
Inda antes de dar o primeiro passo.
Muito covarde tem capitulado
Antes de haver a luta começado.

Pensa em grande e teus feitos crescerão;
Pensa em pequeno e irás depressa ao chão.
O querer é poder arquipotente;
É a decisão firmada em tua mente.

Fraco é quem fraco se imagina;
Olha ao alto quem ao alto se destina.
A confiança em si mesmo é a trajetória
Que leva aos altos cimos da vitória.

Nem sempre quem mais corre a meta alcança;
Nem mais longe o mais forte o disco lança.
Mas se és certo em ti, vai firme, vai em frente,
Com a decisão firmada em tua mente.

SUMÁRIO

1. O CRÉDITO E OS TÍTULOS DE CRÉDITO, 13
   1.1. Conceito de crédito, 15
   1.2. O crédito na economia moderna, 16
   1.3. O Direito Cambiário, 19

2. TEORIA GERAL DOS TÍTULOS DE CRÉDITO, 21
   2.1. Conceito de títulos de crédito, 23
   2.2. Função econômica dos títulos de crédito, 24
   2.3. Titularidade do crédito e legitimação cambiária, 27
   2.4. Extinção do título de crédito, 29

3. CARACTERÍSTICAS DOS TÍTULOS DE CRÉDITO, 31
   3.1. Peculiaridade do título de crédito, 33
   3.2. A literalidade, 34
   3.3. A incorporação, 35
   3.4. A circulabilidade, 37
   3.5. O formalismo, 39
   3.6. A autonomia, 41
   3.7. A abstração, 43
   3.8. A unicidade, 44
   3.9. A cartularidade, 45

4. LEGISLAÇÃO BRASILEIRA DOS TÍTULOS DE CRÉDITO, 47
   4.1. Dualidade legislativa, 49
   4.2. A eficiência da nossa lei, 51

5. NOTA PROMISSÓRIA, 53
   5.1. Conceito, 55
   5.2. Importância da nota promissória, 56
   5.3. Requisitos da nota promissória, 58
   5.4. Figuras intervenientes, 61
   5.5. As declarações cambiárias, 62
   5.6. O endosso, 63
   5.7. O aval, 67
   5.8. O vencimento, 69
   5.9. O pagamento, 71
   5.10. A nota promissória vinculada, 72
   5.11. A nota promissória comercial, 74

6. LETRA DE CÂMBIO, 81
   6.1. Aspectos conceituais, 83
   6.2. O saque, 84
   6.3. Requisitos do saque, 85
   6.4. O aceite, 87
   6.5. O aceite por intervenção, 90
   6.6. O endosso, 91
   6.7. O aval da letra de câmbio, 93
   6.8. A cambial em branco, 95
   6.9. O vencimento, 96
   6.10. O pagamento da letra de câmbio, 98
   6.11. O pagamento por intervenção, 100
   6.12. Dualidade legislativa, 101
   6.13. Ressaque, 102
   6.14. Pluralidade de exemplares: duplicatas e cópias, 103

7. DA AÇÃO CAMBIÁRIA, 107
   7.1. Conceito e natureza, 109
   7.2. A sub-rogação, 111
   7.3. A defesa na ação cambiária, 111
   7.4. Ação direta ou de regresso, 114

7.5. Sujeito passivo da ação cambiária, 115
7.6. Da prescrição cambiária, 117

8. CHEQUE, 119
   8.1. Conceito, 121
   8.2. Legislação do cheque, 121
   8.3. Requisitos, 122
   8.4. Figuras intervenientes, 124
   8.5. Confronto com a letra de câmbio, 125
   8.6. Endosso, 127
   8.7. A garantia do cheque: aval, 129
   8.8. Apresentação e pagamento, 130
   8.9. Sustação do pagamento, 132
   8.10. Cobrança judicial, 133
   8.11. Inoponibilidade das exceções, 136
   8.12. O saque sem provisão, 136
   8.13. Pluralidade de exemplares, 137
   8.14. Modalidades especiais de cheque, 139
   8.15. Convenção Interamericana sobre Cheques, 142

9. A DUPLICATA, 147
   9.1. Conceito, origem e evolução, 149
   9.2. O composto documental, 150
   9.3. Requisitos da duplicata, 152
   9.4. Remessa e aceite, 152
   9.5. O aval, 154
   9.6. A circulação por endosso, 154
   9.7. O pagamento, 155
   9.8. O protesto, 156
   9.9. A cobrança judicial, 157
   9.10. O Livro de Registro de Duplicatas, 158
   9.11. A duplicata simulada, 159

10. *WARRANT* E CONHECIMENTO DE DEPÓSITO, 161
    10.1. As empresas de armazéns gerais, 163
    10.2. O contrato de depósito, 164
    10.3. Emissão e circulação dos dois títulos, 166
    10.4. Vencimento e pagamento do *warrant*, 168

10.5. As salas de vendas públicas, 168
10.6. Disposições penais, 169
10.7. A legislação, 169

11. CONHECIMENTO DE TRANSPORTE, 171
    11.1. Conceito, 173
    11.2. Tipos de conhecimento, 175
    11.3. Circulação do título, 175
    11.4. Requisitos e características, 176
    11.5. Figuras intervenientes, 178
    11.6. Legislação específica, 178

12. CÉDULAS E NOTAS DE CRÉDITO, 181
    12.1. Cédula e nota de crédito industrial, 183
    12.2. Cédula e nota de crédito à exportação, 188
    12.3. Cédula e nota de crédito comercial, 192

13. TÍTULOS DE FINANCIAMENTO RURAL, 195
    13.1. Conceito, características gerais e regulamentação, 197
    13.2. Cédula rural pignoratícia, 199
    13.3. Cédula rural hipotecária, 199
    13.4. Cédula rural pignoratícia e hipotecária, 199
    13.5. Nota de crédito rural, 200
    13.6. Nota promissória rural, 200
    13.7. Duplicata rural, 201
    13.8. Cédula de produto rural, 203

14. TÍTULOS DE FINANCIAMENTO IMOBILIÁRIO, 211
    14.1. Conceito e natureza jurídica, 213
    14.2. Letra imobiliária, 213
    14.3. Cédula hipotecária, 214
    14.4. Letra hipotecária, 215

15. TÍTULOS PÚBLICOS, 217
    15.1. Conceito e características, 219
    15.2. Espécies de títulos públicos, 219

16. TÍTULOS SOCIETÁRIOS, 221
   16.1. Conceito de título societário, 223
   16.2. Características do título societário, 224
   16.3. Ações, 225
   16.4. Certificado de depósito de ações, 228
   16.5. Debêntures, 229
   16.6. Partes beneficiárias, 230
   16.7. Cédula pignoratícia de debêntures, 231
   16.8. Bônus de subscrição, 231

17. PROTESTO CAMBIÁRIO, 233
   17.1. Conceito, 235
   17.2. Modalidades de protesto, 235
   17.3. O instrumento de protesto, 238
   17.4. O cancelamento do protesto, 239
   17.5. A sustação do protesto, 241
   17.6. A lei regulamentadora do protesto, 243

18. CLASSIFICAÇÃO DOS TÍTULOS DE CRÉDITO, 257
   18.1. O sentido da classificação, 259
   18.2. A classificação de Alberto Asquini, 260
   18.3. A classificação de Tullio Ascarelli, 263
   18.4. A classificação pelo conteúdo da lei, 264
   18.5. A classificação do Código Comercial francês, 266
   18.6. A classificação de Cesare Vivante, 266
   18.7. A classificação de Francesco Messineo, 269

19. OS TÍTULOS DE CRÉDITO NO NOVO CÓDIGO CIVIL, 273
   19.1. Disposições gerais, 275
   19.2. Do título ao portador, 276
   19.3. Do título à ordem, 288
   19.4. Do título nominativo, 295

20. CÉDULA DE CRÉDITO BANCÁRIO, 299
   20.1. Conceito e figuras intervenientes, 301
   20.2. Natureza jurídica, 302
   20.3. Valor da CCB, 304
   20.4. Requisitos da CCB, 306

20.5. A circulação da CCB, 307
20.6. As garantias, 307
20.7. Certificado da CCB, 309
20.8. Protesto e execução, 311
20.9. Alienação fiduciária em garantia, 311
20.10. Redesconto, 312

21. A LEGISLAÇÃO CAMBIÁRIA BRASILEIRA, 323

22. LCI – LETRA DE CRÉDITO IMOBILIÁRIO
    CCI – CÉDULA DE CRÉDITO IMOBILIÁRIO, 385
    22.1. Conceitos e figuras intervenientes da LCI, 387
    22.2. Requisitos da LCI, 387
    22.3. Garantias, 388
    22.4. CCI – Cédula de Crédito Imobiliário, 390
    22.5. Requisitos e características da CCI, 391
    22.6. Transferência da CCI, 392
    22.7. Pagamento, 392

1. O CRÉDITO E OS TÍTULOS DE CRÉDITO

1.1. Conceito de crédito

1.2. O crédito na economia moderna

1.3. O Direito Cambiário

1.1. Conceito de crédito

A denominação "títulos de crédito" ressalta a própria realidade que os títulos de crédito promovem e, por isso, necessário se revela um breve estudo sobre a instituição creditícia, tão antiga e, ao mesmo tempo, tão moderna. Origina-se esse termo de *creditum*, do verbo *credere* (crer, confiar), mas seu significado é bem mais amplo. Há muitas maneiras de se examinar o crédito: é a troca de valor presente por valor futuro (*pecunia presenti cum pecunia absenti*); é a entrega de uma coisa para recebê-la de volta, ou coisa equivalente; é a troca de uma coisa por uma promessa; é um sistema de trocas no qual a entrega de uma ou de ambas as riquezas permutadas é diferida por certo espaço de tempo.

Podemos ainda considerar o crédito como uma operação econômica que se realiza no tempo e não no espaço. Uma empresa que compra matéria-prima e paga o preço dela no momento da compra realiza uma operação no espaço, pois ambas as prestações foram cumpridas ao mesmo tempo. Digamos, porém, que a empresa compradora deva pagar o preço da matéria-prima numa ocasião futura; é uma operação realizada no tempo, ou seja, a crédito. O tempo é, portanto, um dos elementos essenciais do crédito; é o intervalo existente entre a prestação cumprida por uma parte e a prestação da outra.

O segundo elemento do crédito é a confiança, conforme a origem etimológica do termo faz supor. Se a empresa vendedora da matéria-prima cumpriu sua prestação, entregando a *res* vendida, mediante promessa de pagamento por parte da compradora, é porque tem confiança nesta. O crédito aplica-se, assim, em todas as operações econômicas, desde que nelas intervenha o fator confiança, a crença no cumprimento de uma promessa. Em que tipos de operações se revela esse fator imprescindível ao crédito? Temos, em nossos dias, vários campos de aplicação do crédito:

a) de produção – para aquisição de maquinaria ou matéria-prima;

b) de consumo – para aquisição de bens de consumo, para pagamento em prestações;

c) de circulação – para fazer circular o dinheiro, como o desconto de duplicatas.

1.2. O crédito na economia moderna

No mundo moderno, o crédito assume papel bem atuante na economia, como fator de produção, de movimento e desenvolvimento dos países. A economia moderna é creditória, isto é, essencialmente baseada no crédito. Surgiu a princípio para financiar o consumo, mas, em nossos dias, procura mais financiar a produção. Para financiar a indústria e o comércio e ser utilizado em ampla escala, o Direito moderno criou o título de crédito, que satisfaz às exigências básicas do crédito.

Essas exigências básicas são muitas, mas poderemos concentrá-las em três principais agrupamentos, sobre os quais faremos algumas considerações:

a) certeza no direito creditório;
b) segurança no exercício desse direito;
c) facilidade na sua circulação.

O primeiro requisito do crédito, para que ele possa adquirir eficácia e cumprir o papel que lhe cabe na economia moderna, é a certeza do direito creditório. Direito incerto é direito ineficaz; é fator de perturbação das relações jurídicas. O crédito atinge a máxima eficácia quando for certo, líquido e exigível. O crédito sendo certo e líquido inspira confiança e encontra aceitação. A certeza no direito foi atingida pelo título de crédito graças às suas características mais frisantes, como a literalidade, a incorporação, a abstração, o formalismo e a cartularidade. A legislação cambiária reconhece e assegura essa certeza no direito creditório, quando diz que ele consiste na obrigação de pagar uma certa soma em dinheiro, ou, então, que o título de crédito contém uma promessa incondicionada de pagar determinada quantia em dinheiro. O título de crédito fez com que o crédito tivesse mesmo essa característica de certeza e liquidez, observando-se inclusive o que dispõe, a este respeito, o art. 1533 de nosso Código Civil:

"Considera-se líquida a obrigação certa, quanto à sua existência, e determinada, quanto ao seu objeto".

O segundo requisito do crédito é a segurança no exercício do direito creditório. A satisfação do crédito teve, nos primórdios do direito romano, mecanismos severos que o sustentassem. Como o crédito era muito pessoal, a inadimplência atingia a pessoa do devedor inadimplente, que poderia até perder seu *status* de cidadão e ser vendido como escravo. Posteriormente, esse rigorismo foi atenuado pela *Lex Poetelia Papiria*, deslocando da pessoa do devedor para o seu patrimônio os efeitos da insolvência. A eficiência do crédito não sofreu solução de continuidade, sendo instituição respeitada desde a antiga Roma, passando pela idade Média e mesmo na Idade Moderna.

Nos últimos anos, mormente em nosso país, as dificuldades financeiras permanentes da população transformaram o crédito num sistema de suprimento de rendimentos, cobrindo o *déficit* pessoal e adiando até onde fosse possível a insolvência definitiva. Houve, em conseqüência, uma retração creditícia ante a insegurança geral em que se viu lançado o crédito, exatamente no momento em que ele era mais exigido. Urgia desenvolver mecanismos mais efetivos para o exercício dos direitos creditórios, o que foi conseguido pelos títulos de crédito, principalmente com a ação cambiária.

O terceiro requisito do crédito eficaz é a sua mobilização, a sua circulação. O crédito, na moderna economia creditória, precisa ser ágil, portátil, facilmente transferível. Foi a derradeira conquista dos títulos de crédito, erigindo o crédito como instituição nacional e internacional de proeminente importância nas relações econômicas, quer de direito privado, quer de direito público. Até à criação do Direito Cambiário, vale dizer, dos títulos de crédito como instrumentos de mobilização do crédito, este era instituição amarrada e emperrada, de circulação difícil, por ser ele um direito muito pessoal, e tudo que seja pessoal é difícil de ser transferível. Quando era transferível, só podia ser feita a transferência pelo verdadeiro credor, desconhecendo o crédito a legitimação cambiária pelo endosso. A criação do endosso foi também a mola propulsora do crédito e dos títulos de crédito.

Dentro desses princípios, patente se tornou a relutância dos credores em conceder ou receber em transferência qualquer crédito, pelo fato de encontrar-se em situação de completa insegurança. Além disso, o crédito estava ligado a todas as relações jurídicas anteriores à transferência e, se fosse transferido várias vezes, se tornaria inexeqüível, pois o devedor inadimplente oporia exceções, em sua defesa, baseadas em todas essas relações anteriores. Por diversas vezes, Ascarelli referiu-se ao fato de que o adquirente de um crédito nunca estaria seguro de sua aquisição, nem tiraria proveito da boa-fé com que tinha agido quem adquirisse um crédito, pois adquiriria uma caixa de surpresas, cujo real conteúdo seria sempre difícil prever qual fosse.

Resistências terríveis encontrou a criação dos títulos de crédito, como resultado das resistências e dificuldades opostas ao próprio crédito e à sua circulação. A filosofia escolástica e muitos vultos da Igreja católica, como São Tomás de Aquino, olhavam o crédito como instituição pecaminosa, se fosse oneroso. Para eles, o homem só podia enriquecer-se graças ao seu trabalho e não à custa do trabalho alheio; o crédito enriquece o credor sem que este trabalhe: é o dinheiro que trabalha para ele. Além disso, o crédito explora o trabalho alheio: quem recorre ao crédito é obrigado a trabalhar dobrado para pagar os juros, empobrecendo em benefício do credor, que vai acumulando o capital em suas mãos, fazendo com que os credores se tornem cada vez mais ricos e os financiados cada vez mais pobres. A teoria tomista (de São Tomás), inspiradora da teoria marxista, foi abalada pela Reforma, empreendida por Lutero e pelo próprio desenvolvimento econômico, proporcionando a libertação do crédito.

Necessária então se tornou a criação de mecanismos que valorizassem e promovessem o crédito, que atendessem aos três requisitos retromencionados: da certeza do direito creditório, da segurança no exercício desse direito e na facilidade de sua transferência. Esse *desideratum* foi finalmente atingido com a criação do Direito Cambiário, o também chamado Direito Cartular, mas fazendo ruir antes os tradicionais entraves. O Direito Cambiário retirou o crédito do campo das relações pessoais, passando-o para o campo dos direitos reais. Como se poderia admitir que um crédito, que é uma relação pessoal entre Papiano e Ulpiano, seja desfrutado por Pompônio? Essa tradição romana foi finalmente superada. A incorporação do direito no documento que o representa materializou o crédito, transformando-o em direito real; o título de crédito está submetido ao regime jurídico das coisas móveis e sua transferência pode ocorrer com a transferência da propriedade do documento. Adotou-se então o princípio já consagrado do direito francês: "La possession de bonne-foi vaut le titre" (A posse de boa-fé vale como título).

Outro aspecto impediente à circulação do crédito, à sua mobilização, era a vinculação mantida entre as várias pessoas participantes do crédito: quanto maior o número de pessoas, mais difícil se tornaria sua aceitação por um potencial cessionário. Todas essas inconveniências eram mantidas nas formas tradicionais de cessão de crédito. O Direito Cambiário supriu essa deficiência da circulação, em vista das primordiais características do título de crédito: a autonomia das obrigações cambiárias, a literalidade e o formalismo, a autonomia e a abstração, que estudaremos logo em seguida.

A mobilização do crédito, a sua circulabilidade, é imprescindível para que ele se valorize; é exigência da moderna economia. Essa circulação só se obtém com maior rapidez, simplicidade e facilidade no transmitir o crédito a vários adquirentes sucessivos, atingindo então segurança e confiança para cada adquirente, que saberá aquilo que adquire e se sentirá a salvo de impugnações de estranhos à relação cartular. Sendo facilmente transferível, o crédito impulsiona a solução de problemas dos vários adquirentes; o crédito se redobra conforme vai passando de cessionário a cessionário. Antes, quanto mais pessoas interferiam no crédito, mais aumentava a insegurança do adquirente; com o advento dos títulos de crédito, quanto mais pessoas intervenientes houver no título de crédito, mais aumenta a segurança, pois todas elas são garantes da soma cambiária, conforme veremos no estudo de endosso.

1.3. O Direito Cambiário

Não se sabe dizer se títulos de crédito deram início ao Direito Cambiário ou vice-versa, mas o Direito Cambiário (ou Direito Cartular) é o ramo do direito que se ocupa dos títulos de crédito. Ramo relativamente novo, sistematizado há pouco mais de um século, o Direito Cambiário elaborou a doutrina geral dos títulos de crédito e também possui uma parte especial, ao cuidar dos títulos de crédito em espécie, ou seja, cada um de per si. Seu campo de atuação amplia-se constantemente, pois estão sendo criadas novas modalidades de títulos de crédito. Seu desenvolvimento acompanha o desenvolvimento do crédito: conforme este se alastra, vai exigindo a participação dos títulos instrumentais da mobilização do crédito.

Veja-se, por exemplo, o cheque: a cada hora aparecem novos tipos de cheques, a fim de satisfazer às necessidades da vida moderna. A nota promissória tem sido multiplicada em vários modelos, em nosso país, cada um adaptado a novas situações.

Por sua natureza jurídica, o Direito Cambiário está integrado como um dos ramos do Direito Empresarial, nome que tem sido dado em nossos dias ao antigo Direito Comercial. Verdade é que certos títulos de crédito podem ser aplicados somente em atividades empresariais, mas há alguns que são utilizados em operações exclusivamente civis e envolvendo apenas pessoas privadas. Uma letra de câmbio, por exemplo, pode ser sacada por Paulo, contra Pompônio, a favor de Modestino, avalizada por Papiniano; Modestino, por sua vez, poderá transferir essa nota promissória a Ulpiano. Cinco pessoas civis intervieram nesse título, sem nenhuma empresa. Contudo, mais de 90% das letras de câmbio originam-se de operações empresariais. A nota promissória poderá também ser aplicada na área exclusivamente civil, mas é mais comum na área empresarial, como nas operações bancárias. Ao revés, há certos títulos de crédito exclusivamente empresariais; o cheque só pode ser sacado contra uma instituição financeira, o que faz dele um título mercantil. A duplicata só pode ser sacada por uma empresa; ainda que a empresa se revista da forma jurídica de uma sociedade civil, a duplicata não será mercantil, mas será sempre um título empresarial. É o que também ocorre com o *warrant* e o conhecimento de depósito, só emitidos por uma empresa de armazéns gerais.

Vemos então que o Direito Cambiário tem muitas características e ligações com o Direito Empresarial, pois o próprio crédito é de natureza marcantemente mercantil. A princípio, o crédito destinava-se a financiar o consumo e depois, além do consumo, a produção. Financiando as atividades de produção e venda de mercadorias e serviços, tornou-se o crédito um incentivador da economia, assumindo um aspecto mercantil, como ainda de natureza mercantil será o direito que dele se ocupar. Eis por que consideramos o Direito Cambiário como um ramo do Empresarial.

2. TEORIA GERAL DOS TÍTULOS DE CRÉDITO

2.1. Conceito de títulos de crédito

2.2. Função econômica dos títulos de crédito

2.3. Titularidade do crédito e legitimação cambiária

2.4. Extinção do título de crédito.

2.1. Conceito de título de crédito

Ante a complexidade da questão, não é fácil definir o que seja o título de crédito. Por isso, muitas definições já foram elaboradas, mas nenhuma delas nos deu uma noção clara e simples do que se entende como título de crédito, provocando a própria definição longas discussões. Aristóteles, o genial pensador grego, verdadeiro criador da Lógica, ciência dos métodos de pensamento, intimamente relacionada ao Direito, estabeleceu o critério para a definição que até agora é respeitado. Para o mais notável filósofo que o mundo produziu, para se definir qualquer realidade, necessário será indicar o gênero próximo e a diferença específica. Ele mesmo deu o exemplo ainda hoje repetido: "O homem é um animal racional". Animal é o gênero próximo a que pertence o homem; racional é a diferença específica entre o homem e os outros animais.

Usando o mesmo critério aristotélico, procuraremos tomar por base a definição que nos foi dada por Cesare Vivante, o maior comercialista conhecido. Formulou ele a seguinte definição:

"Titolo de credito é il documento necessario all'esercizio del diritto litterale ed autonomo che vi è menzionato".

(Título de crédito é o documento necessário ao exercício do direito literal e autônomo nele mencionado.)

Os próprios filósofos gregos, porém, afirmaram que a definição define, mas não esclarece. Definir é delimitar, restringir. A definição de Vivante define bastante e, por isso, deve ser ampliada com várias explicações. Fala ele em literalidade e autonomia, duas características do título de crédito que nos exige longas explicações. Documento é a primeira palavra a ser esclarecida. Origina-se de *docere* (mostrar, ensinar, esclarecer, demonstrar). O documento é, pois, uma realidade que revela outra. No sistema aristotélico da definição, é o gênero próximo. A diferença específica está em que ele é necessário para o exercício do direito literal e autônomo nele mencionado. Nenhum outro documento, afora os títulos de crédito, tem essa característica; é possível que algum documento seja necessário para o exercício de um direito, mas não um direito literal e autônomo.

Todo título de crédito deve conter uma declaração: da obrigação e também uma confissão de dívida; é um documento confessório. É fonte de obrigação de pagar uma determinada soma em dinheiro, até um certo dia e em determinado lugar, a quem apresentar o título para pagamento dele. As fontes das obrigações, consoante nosso direito, são agrupadas em quatro modalidades: lei, contrato, ato ilícito e declaração unilateral de vontade. A lei não obriga ninguém a assinar um título de crédito; não é um contrato, pois não há obrigações recíprocas; não é um ato ilícito. Logo, é uma declaração unilateral de vontade. Pela natureza jurídica, pertence ao campo do Direito de Obrigações; É porém uma categoria especial de obrigações, que se afasta da regulamentação de nosso Código Civil.

É um documento constitutivo, por constituir, por criar uma nova obrigação, nova relação jurídica. A obrigação cambiária do título de crédito, e não de outro ato jurídico fora do título. É, portanto, um documento criador de um direito. A criação do título de crédito tem o frisante efeito jurídico pelo qual a prestação, devida com base na relação existente entre as partes, será adimplida para com o possuidor do título, seja este o beneficiário direto, seja outra pessoa a quem o título tenha sido transferido segundo as normas do Direito Cambiário. O título de crédito não modifica nenhuma obrigação constante do próprio título, emergida pois da relação cambiária, também chamada de cartular, por ser estabelecida na própria cártula.

A declaração cambiária é uma declaração formal, como também é formal um título de crédito. Não há liberdade para o criador do título elaborá-lo de acordo com sua vontade. Cada título de crédito tem sua forma determinada pela lei; é a característica da formalidade, que será estudada em capítulo próprio. É um documento com forma determinada, a ponto de poder ser uniformizado em vários países.

2.2. Função econômica dos títulos de crédito

A função econômica dos títulos de crédito é a de mobilizar o crédito; de torná-lo dinâmico. Ao examinarmos as características dos títulos de crédito, ocupar-nos-emos da circulabilidade desse documento, quando realçaremos a importância da sua circulação. Não é só o Direito, mas muitas ciências afins têm realçado o valor preponderante do crédito na economia moderna. Tullio Ascarelli chega a afirmar que "a economia moderna é uma economia essencialmente creditória". Por essa razão, necessita o crédito de ser tutelado e regulamentado; esta tutela implica não só a criação de normas, mas figuras creditórias que atendem à segurança, à facilidade e ao respeito aos direitos das pessoas envolvidas em operações creditórias.

Para que o crédito se torne eficiente, imprescindível se torna que ele preencha certos requisitos aptos a inspirarem confiança aos credores e devedores. Esses requisitos concentram-se em três aspectos:

a) certeza do direito creditório;
b) segurança no exercício desse direito;
c) facilidade na mobilização dos direitos creditórios.

A primeira característica do crédito, no sentido cambiário, é constituir-se num direito líquido e certo. Deve ele revestir-se de tal clareza e evidência que não caiba mais discussão. Em termos judiciários, dispensa processo de conhecimento. O direito creditório mencionado no título de crédito é líquido segundo a própria lei cambiária, quando ela fala que o título deve conter uma "determinada soma em dinheiro a pagar", ou um "valor expresso em moeda nacional". Serão consideradas como não escritas quaisquer afirmações que possam modificar ou perturbar o valor de crédito cambiário, como, por exemplo, o estabelecimento de multas. A liquidez do valor a pagar garante ao título de crédito a condição de título executivo.

Outro fator da certeza do direito creditório, que deve fazer também do título de crédito um título executivo, é a presença de uma confissão de dívida, uma promessa clara e simples de pagar determinada importância em dinheiro, num determinado dia e num determinado local. A nota promissória, por exemplo, é um título de crédito, contendo uma declaração neste sentido: "Por esta nota promissória, prometo pagar ao sr. Fulano, ou à sua ordem, o valor de R$ 1.000,00 (hum mil reais), em São Paulo, em 13.12.2002".

Ante uma declaração nesses termos, que discussão caberia, na hora de pagar? Poderia o devedor alegar que não foi isso que ele quis dizer? Que o credor está deturpando o sentido das palavras? Que ele não prometeu pagar coisa alguma? Deve ser, portanto, o título de crédito um documento confessório, vale dizer, conter uma confissão de dívida, e dívida líquida e certa. Só assim será um título executivo, capaz de ensejar processo de execução de dívida. É, pois, característica do documento: ser executivo, pois executivo deve ser todo documento confessório de dívida líquida e certa.

O segundo requisito essencial do título de crédito é a segurança no exercício do direito por ele mencionado. Tem ele íntima correlação com o primeiro requisito, pois a certeza no direito proporciona a segurança de seu exercício. Sendo um direito líquido e certo, poderá ser exercido de forma segura e imediata, evitando delongas e procedimentos judiciais que desgastem o próprio direito. É o sentido da Ação Cambiária com o rito próprio para o exercício dos direitos emergentes do título de crédito, que, em nosso Código de Processo Civil, recebe o nome de *Ação de Execução por quantia certa contra devedor solvente por título executivo extrajudicial.*

Posteriormente, faremos o estudo da Ação Cambiária, mas, no momento, focalizamos a segurança que o Direito Cambiário concede ao credor dos direitos creditórios, para exercê-los. No caso de inadimplemento das obrigações cambiárias por parte do devedor, o credor terá meios seguros e eficientes de fazer valer seu crédito. A inoponibilidade das exceções é a restrição imposta ao devedor inadimplente, restringindo seus meios de defesa, fazendo assim o crédito cambiário o mais seguro de todos os créditos. Não pode o devedor alegar condições para o adimplemento de suas obrigações. Quando diz a lei que o título de crédito contém uma ordem de pagamento "pura e simples", quer significar ausência de condições; aliás, a lei cambiária de diversos países europeus, como a da Itália, diz que o título de crédito terá uma "ordem incondicionada de pagamento".

O terceiro requisito peculiar ao título de crédito, que o torna bem maleável e portátil, é o da facilidade no seu manuseio, na sua utilização. Colabora esse fator, de modo frisante, na mobilização do crédito, principal função dos títulos de crédito. É de extrema simplicidade a maneira de elaboração, constituição e circulação do título de crédito. Pela característica da cartularidade, é uma cártula, um simples pedaço de papel; pode ser normalmente comprado em papelarias, preenchendo-se os claros. As declarações constantes nesse documento geralmente constam só de assinaturas; nem precisam de indicações. Para se transferir uma cártula, com todos os direitos nela contidos, basta a assinatura do favorecido, no verso, e a sua entrega ao novo portador. Compare-se com a transferência de um imóvel, mesmo de pequeno valor, ou de um automóvel; quantos papéis e quanta burocracia são exigidos!

Tendo atendido a esses três fatores exigidos pelo crédito, para que ele pudesse amoldar-se às exigências da economia moderna, os títulos de crédito puderam impulsionar o progresso da Humanidade. Tullio Ascarelli, ao abrir a sua magnífica obra *Titoli di Credito*, diz que, se alguém lhe perguntasse no que o Direito Comercial contribui para o desenvolvimento da economia, responderia que ele criou os títulos de crédito e a resposta seria mais que suficiente. Com efeito, a mobilização do crédito atingiu o máximo de sua eficiência, graças ao novo instrumento de seu exercício. O título de crédito tem, portanto, uma função instrumental, servindo para agilizar, facilitar e valorizar a mobilização do crédito.

2.3. Titularidade do crédito e legitimação cambiária

Outro problema, a que a Convenção de Genebra deu relevo foi a conexão entre propriedade do documento e legitimação para o exercício do direito cambiário, realçado no art. 16:

"O detentor de uma letra de câmbio é considerado portador legítimo se justifica o seu direito por uma série ininterrupta de endossos, mesmo se o último for branco.

Os endossos riscados consideram-se, para este efeito, como não escritos. Quando um endosso em branco é seguido de um outro endosso, presume-se que o signatário deste adquiriu a letra pelo endosso em branco."

Baseada neste artigo, a Lei do Cheque (Lei n° 7.357/85) estendeu para o cheque disposição semelhante à que o art. 16 da Convenção de Genebra estabeleceu para a letra de câmbio. Por analogia, poderemos estendê-la aos demais títulos de crédito. Assim se expressa o art. 22 da Lei do Cheque:

"O detentor de cheque 'à ordem' é considerado portador legitimado, se provar seu direito por uma série ininterrupta de endossos, mesmo que o último seja em branco. Para esse efeito, os endossos cancelados são considerados não escritos.

Parágrafo único - Quando um endosso em branco for seguido de outro, entende-se que o signatário deste adquiriu o cheque pelo endosso em branco".

O titular do direito, por ser proprietário do título, não precisa apresentar as provas dessa qualidade jurídica, pois o próprio título lhe garante o exercício do direito cartular. Contudo, nem todo possuidor do título é o seu proprietário, estando, pois, investido apenas na qualidade de sujeito legitimado, isto é, com a faculdade de exercer o direito. Temos, portanto, uma duplicidade de posições subjetivas ativas: de um lado, a propriedade do documento, ao qual se liga a titularidade do crédito; de outro, a posse do documento, à qual se liga a legitimação do exercício do crédito. Essa questão adquiriu relevância em vista das operações de *factoring* e da intensa comercialização dos títulos de crédito. Por exemplo, o proprietário de uma duplicata, vale dizer, o titular do direito nela mencionado, coloca-a em um banco para cobrança, autorizando esse banco a exercer os direitos creditórios, graças ao "endosso-mandato" (ou "endosso-cobrança"). O banco encarregado da cobrança não é o titular do crédito, mas é o possuidor legitimado para o exercício desses direitos creditórios.

Há, então, uma diferença entre o legítimo proprietário do título e o portador legitimado, ou seja, entre o titular do direito e o banco portador legitimado: aquele não precisa provar sua condição "por uma série de endossos, mesmo se o último for em branco" (art. 16). O banco, entretanto, tem o direito de exigir a prestação do devedor, por ter sido legitimado para tanto, mas precisa comprovar sua legitimação "por uma série de endossos, mesmo se o último for em branco". O devedor, destarte, só deve também examiná-la para ver se há em seu verso o "endosso-mandato". Assim está previsto no art. 16 da LUG (Lei Uniforme de Genebra). Em outras palavras, assim dizem também os arts. 1.992 e 2.008 do Código Civil italiano, disposições essas que estão igualmente no nosso Código Civil. Eis o que diz esse artigo 1.992:

"*Adempimento delle prestazione*	Cumprimento da prestação
Il possessore di un titolo di credito ha diritto alla prestazione in esso indicata verso da presentazione del titolo, purchè sia legitimato nelle forme prescritte dalla legge."	O possuidor de um título de crédito tem direito à prestação nele indicada, mediante a apresentação do título, desde que esteja legitimado na forma prescrita pela lei.

A forma pela qual a lei prescreve a legitimação cambiária é a mesma prescrita pelo nosso direito, já que o direito dos dois países se ampara na LUG. A forma está assim prescrita no art. 2.008 do Código Civil italiano:

"Legitimazione del possessore	Legitimação do possuidor
Il possessore di un titolo all' ordine è legitimato all'esercizio del diritto in esso menzionato in base a una serie continua in girate."	O possuidor de um título à ordem é legitimado para o exercício do direito nele mencionado, com base em uma série contínua de endossos.

Reconhece assim o direito cambiário que não há necessidade de correspondência entre a titularidade do crédito e o exercício do direito. Por sua vez, o devedor fica liberado de seu débito se o paga ao possuidor legítimo, ainda que este não seja o titular do direito cambiário. Vê-se assim que há dois tipos de legitimação: ativa e passiva. A legitimação ativa é a faculdade reconhecida ao possuidor do título, de pretender a prestação; é a tutela do credor. A legitimação passiva é uma conseqüência necessariamente conexa à legitimação ativa, tutelando o interesse do devedor. Pela legitimação passiva, o devedor que adimple sua obrigação perante o possuidor legítimo dela fica liberado, ainda que esse possuidor não seja o titular do direito. A legitimação passiva é assim entendida como o efeito liberatório do pagamento efetuado a outra pessoa, e não ao proprietário do título.

2.4. Extinção do título de crédito

O título de crédito tem o momento de sua criação, decurso de sua vida e sua extinção. De três maneiras o título de crédito tem sua extinção decretada:

a) com o adimplemento da obrigação cambiária pelo devedor direto;
b) com a sua subtração da vida jurídica (destruição, perda etc.);
c) com a declaração judicial de sua ineficácia.

A forma normal da extinção do título de crédito é pela perda da eficácia em virtude do exercício do direito nele mencionado. Cumprindo o devedor direto a obrigação cambiária, exaure-se a função do título de crédito; passa este a ser um documento de comprovação de pagamento, como se fosse um recibo. Aliás, ao pagar o título, o devedor deve exigir a entrega da cártula, com recibo passado nela própria. Esse direito do devedor é inclusive garantido pela LUG, no seu art. 39, ao dizer: "O sacado que paga uma letra de câmbio pode exigir que ela lhe seja entregue com a respectiva quitação". O documento pertence então ao devedor, sendo ele o possuidor, o portador. Ninguém mais poderá exigir dele pagamento algum, pois não poderá apresentá-lo, e a exigência do direito cambiário só se faz com a apresentação do título.

O título de crédito não mais existe; morreu e não pode mais ser ressuscitado. O devedor direto, ao pagá-lo, cumpriu sua obrigação, mas não adquiriu direitos. Não tem ele o direito de regresso contra outros coobrigados. Por exemplo: o emitente de uma nota promissória adimple sua obrigação pagando-a, dando fim à relação jurídica cambiária. Se essa nota promissória tinha um avalista, este garantia o pagamento caso o emitente não pagasse; mas, como o emitente pagou, o aval extinguiu-se; o mesmo fenômeno ocorreria se houvesse um endossante. Caso a nota promissória não traga recibo nela própria, o emitente poderá escrever nela declaração de que foi paga. Esse documento não é mais nota promissória, mas apenas um documento para o arquivo do devedor.

Outra forma de extinção do título de crédito é a sua destruição, sua retirada do mundo jurídico. A destruição pode ocorrer com a extinção de sua materialidade física, como queimar-se num incêndio, ou pela perda de sua idoneidade instrumental, como se nele cair algum líquido e ficarem apagados seus requisitos essenciais. Pode, ainda, ter-se extraviado ou ter sido furtado, encontrando-se em lugar incerto e não sabido. Se o título de crédito é o instrumento necessário e imprescindível para o exercício do direito nele mencionado, esse direito tornou-se inútil pela impossibilidade de seu exercício. Cabe, entretanto, ao portador legítimo o ônus da prova da destruição da cártula e essa prova deve ser incisiva, não bastando a simples alegação, a não ser que haja fortes elementos para levar a uma presunção.

Pode, ainda, o título de crédito ser extinto por declaração judicial de sua ineficácia. Essa forma de cancelamento ocorre por iniciativa do devedor. Como qualquer outro documento ou ato jurídico, o título de crédito pode ser objeto de ação anulatória, única forma de anulação admitida para ele: só o juiz poderá declarar nulo ou anulado um título de crédito. Desde o momento em que for publicada no jornal a sentença anulatória do título, este não terá mais nenhuma eficácia de legislação.

Nada fácil será a anulação. Necessidade haverá de relevante razão de direito. Razão relevante será, por exemplo, um grave defeito formal do título, como falsidade comprovada da assinatura do criador do título. Uma nota promissória será anulada se a assinatura do emitente for falsa. Contudo, se essa nota promissória tiver um avalista, não poderá ser anulada, mas apenas a obrigação do emitente.

3. CARACTERÍSTICAS DOS TÍTULOS DE CRÉDITO

3.1. Peculiaridade do título de crédito

3.2. A literalidade

3.3. A incorporação

3.4. A circulabilidade

3.5. O formalismo

3.6. A autonomia

3.7. A abstração

3.8. A unicidade

3.9. A cartularidade

3.1. Peculiaridade do título de crédito

O título de crédito é um documento, e um documento muito especial por ser um título. De origem latina, *titulus* (marca, sinal), essa expressão nos leva a seu portador, o "titular", vale dizer, o sujeito ativo de um direito ou o credor de uma obrigação. Título, portanto, representa um documento expressivo de um direito e seu possuidor torna-se o titular desse direito. Mesmo sendo um documento, é distinto, ante outros documentos, pois muitos destes não representam direitos.

Um conjunto de características faz do título de crédito um documento próprio, típico. As peculiaridades caracterizadoras do título de crédito já tinham sido detectadas desde o início do Direito Cambiário. Cesare Vivante, o primeiro jurista a formular uma doutrina sobre a nóvel figura jurídica, apontou na sua descrição, com acidentes e atributos próprios, três peculiaridades identificadoras. Essas características foram encontradas na própria definição dada por Vivante:

"Titolo de credito é il documento necessario all' esercizio del diritto litterale ed autonomo che vi è menzionato" (Título de crédito é o documento necessário ao exercício do direito literal e autônomo nele mencionado).

Ao dizer que o título de crédito é o documento necessário para o exercício do direito nele expresso, reconheceu Vivante a "incorporação" como a primeira particularidade qualificadora dos títulos de crédito. Se o documento é necessário, é porque o direito está incorporado nele. A definição de Vivante, porém, traz outros sinais tipificadores do título de crédito: ao dizer que o direito representado no título é literal e autônomo, ressaltou a literalidade e a autonomia. Vemos assim que a primeira definição encontrada para os títulos de crédito os considera como documento altamente qualificado pelas três peculiaridades: incorporação, literalidade e autonomia.

Entretanto, outras particularidades foram sendo descobertas na qualificação dos títulos de crédito, por juristas que se sucederam a Vivante, como Ascarelli, Bonelli, Asquini, Valeri e outros. Cada um desses cultores mais consagrados do Direito Cambiário forma um elenco de características e atribui a elas um valor, sem ter havido até agora opinião uniforme a este respeito. Tullio Ascarelli, exponencial cambiarista, por exemplo, escreveu o verbete *Cambiale*, no Novíssimo Digesto Italiano, extraordinária Enciclopédia do Direito. Nessa obra, Ascarelli trouxe à luz nova característica jamais declarada, nem por ele: a unicidade.

Com base em todas as opiniões, consideraremos então oito características na qualificação dos títulos de crédito: literalidade, incorporação, circulabilidade, formalismo, autonomia, abstração, cartularidade, unicidade. Como tínhamos dito, não é uma escala, nem um *numerus clausus*, nem uma valoração adotada, mas apenas indicação de atributos qualificadores dos títulos de crédito até agora reconhecidos pelos cambiaristas mais notáveis.

3.2. A literalidade

A literalidade significa que a letra do título expressa o conteúdo e, ao mesmo tempo, os limites da pretensão acionável do portador. Por isso, o devedor cartular poderá opor ao portador só as defesas baseadas no contexto literal do título e, entre elas, principalmente, a relativa à não correspondência entre a pretensão do portador e os dados constantes no título. A explicação é evidente: se a titularidade do direito não repousa sobre uma relação jurídica estabelecida com o devedor, nem sobre a sucessão dessa relação, mas sobre a propriedade do título, é natural que os limites do direito sejam expressos pela letra do documento, tendo em vista a incorporação do crédito ao documento.

O princípio da literalidade manifesta-se, portanto, como uma norma de proteção do interesse do devedor cartular, que, como tal, é posto a salvo de qualquer exigência do portador do título que não encontre correspondência no texto do documento, seja com referência ao objeto, seja quanto à modalidade da prestação. Ela não constitui uma regra de proteção só do credor, mas principalmente do devedor. Se o interesse tutelado pela literalidade fosse o do credor cartular, nada o impediria de apelar para circunstâncias estranhas à letra do título, para ampliar o objeto de sua pretensão. Vale, pois, o que está escrito no título; o portador cartular não tem o direito de exigir mais do que estiver na letra do título, nem o devedor está obrigado a pagar fora do que lá estiver escrito.

De uma parte da doutrina, ao princípio da literalidade vem reconduzida também a impossibilidade, para o devedor, de apelar, nos confrontos dos sucessivos portadores, a convenções com o primeiro portador, para paralisar no todo ou em parte a pretensão cartular. Conforme veremos no estudo da ação cambiária, a literalidade, ao mesmo tempo em que protege o interesse do devedor, restringe os seus meios de defesa.

Ocorre, por outro lado, para compreender o valor da literalidade, ter presente que ela se articula de duas formas:

a) a da literalidade direta – quando todos os elementos aptos para individualizar a pretensão cartular constam da letra do documento, para o que é suficiente ler o texto para se poder reconstituir completamente o conteúdo do direito. É o caso da letra de câmbio e da nota promissória.

b) a da literalidade indireta – quando o texto do título, não sendo exauriente sobre esse aspecto, contém elementos que apelam a outros documentos, dos quais se pode inferir o conteúdo do direito. É o que acontece com a duplicata e o cheque.

Obviamente, já que a literalidade determina positivamente o conteúdo da pretensão cartular, não é aspecto isento de apelo a outra fonte estranha, mas exige que esta última seja constituída de documentos sujeitos a publicidade legal ou acessível com relativa facilidade ao adquirente do título.

A literalidade reflete-se também no trabalho da interpretação do título de crédito, que se faz tendo em conta exclusivamente o significado literal das palavras e, prescindindo de toda indagação, pesquisa sobre a intenção do declarante. A razão desse cânone hermenêutico é a de que, sendo o direito cartular atribuído ao sujeito com base em uma situação de propriedade sobre o documento, seu conteúdo não pode ser estabelecido a não ser como resultado de uma objetiva "leitura" do texto do título.

3. 3. A incorporação

A conexão entre documento e direito, própria dos títulos de crédito, exprime-se com a fórmula da incorporação do direito no título. Naturalmente, esta é uma expressão figurada, mas eficaz para tornar a idéia de que a situação creditória é ligada a uma posição real com referência ao documento, no sentido de que, da propriedade deste último, deriva a titularidade da pretensão ante o devedor.

Para se compreender o conceito da incorporação, é necessário esclarecer o significado jurídico da criação de um título de crédito. Um sujeito que tenha contra outro uma razão de débito, derivante de uma determinada relação jurídica, transfunde esse seu compromisso, reduzido aos elementos essenciais e necessários para identificar o conteúdo e a modalidade da prestação, em um documento, com base no qual se compromete a efetuar a prestação a favor de qualquer um que se encontre na posição de proprietário do próprio documento.

Atua assim um procedimento de simplificação analítica do caso constitutivo do direito de crédito, pois que este último, antes que extraia a sua origem da relação (negociável ou não negociável) do intercurso entre credor e devedor, com o conseqüente ônus, para o primeiro, de provar todos os quadrantes da validade e eficácia dela, fundamenta-se na declaração unilateral de vontade do devedor, resultante do documento. O devedor, no título de crédito, envolveu-se em duas obrigações: uma, derivada de uma relação fundamental estabelecida entre o criador do título e ele, o devedor, cujo crédito correspondente circulará segundo as regras comuns da cessão de crédito (arts. 1.065 a 1.078 do Código Civil). Paralelamente a essa relação jurídica, por efeito da criação do título, há uma relação cambiária, cujo crédito correspondente circula conforme as regras do Direito Cambiário, ou seja, da incorporação, pelas quais qualquer um que se torne proprietário do documento torna-se também titular do direito de crédito, que está mencionado no próprio documento.

A conexão direito-documento é irreversível, no sentido de que a aquisição do direito se torna um efeito da aquisição do documento: a titularidade de um ocasiona a titularidade do outro, ou seja, da propriedade do título deriva a titularidade da pretensão creditícia ante o devedor, uma vez que o direito está materializado na cártula. Por isso, disse Vivante que o título de crédito é o documento necessário para o exercício do direito nele contido. Também se diz que é a materialização do direito, transformando-o numa coisa móvel, ou seja, num documento, numa cártula.

3. 4. A circulabilidade

O título de crédito circula por intermédio do endosso. Passa de mão em mão sem limite para número de portadores. Destarte, Paulo, o primeiro favorecido, pode passar o título para Pompônio; este, para Modestino; este, para Ulpiano; Ulpiano para Papiniano, e assim por diante. Por isso, o título de crédito constará sempre de uma declaração cambiária, mais ou menos deste tipo: "Pagarei ao sr. Fulano, ou à sua ordem". A lei permite, entretanto, que a cláusula "à ordem " seja riscada ou seja inserida no título a cláusula "não à ordem". Mesmo assim, não impede a inserção da cláusula "não à ordem" a circulação do título, a qual pode operar-se pela cessão de crédito (arts. 1.065 a 1.078 do Código Civil), deixando de ser então uma circulação cambiária. Malgrado seja garantida a circulabilidade do título de crédito, é nosso parecer que a cláusula "não à ordem" afronta, sob o ponto de vista dogmático, a natureza jurídica, o espírito dos títulos de crédito. O título de crédito nasceu para circular de possuidor, porquanto é sua função primordial promover e facilitar a mobilização do crédito, dando ao legítimo portador a maior segurança para exercer os direitos emergentes do título de crédito.

Se o título de crédito fosse um documento privativo entre devedor e credor, não teria ele a importância que tem hoje, e pouco teria contribuído para o desenvolvimento do crédito e das atividades empresariais. O Direito Cambiário seria um mero aspecto do Direito de Obrigações.

Tomemos como exemplo a duplicata. Se fosse um título restrito a uma empresa vendedora de mercadorias e seu cliente comprador, cumpriria um papel restrito e até mesmo desnecessário. O crédito poderia ser realizado pelo próprio contrato de compra e venda. Entretanto, a empresa que transforma sua fatura em duplicata, transfere-a, a título oneroso, a uma empresa de *factoring*, recuperando o dinheiro investido na produção das mercadorias vendidas. A empresa faturizadora, por seu turno, após haver gerido suas atividades e apropriado seu lucro, faz circular essas mesmas duplicatas, cedendo-as, a título oneroso, a uma instituição financeira e esta poderá cedê-las a investidores avulsos. Vemos, então, como uma só duplicata proporcionou benefícios a tantas pessoas, mobilizou o crédito e incentivou a produção e a venda de mercadorias.

Tullio Ascarelli, maiúsculo cultor do Direito Cambiário, estudou e descreveu com enorme acuidade a abstração, considerando-a como a mais sutil característica dos títulos de crédito. Em outra passagem, chega a afirmar, com todas as letras, que a literalidade é a mais importante característica dos títulos de crédito. Contudo, pelo que se infere da cuidadosa leitura das obras de Ascarelli e de seus discípulos mais ilustres, como Giuseppe Ferri e Alberto Asquini, a grande característica do título de crédito é a circulabilidade, sendo as outras características vassalas e auxiliares. Por que a literalidade é tão importante característica do título de crédito? É porque proporciona maior circulabilidade do título, colocando o novo portador a salvo de discussões estéreis. A autonomia garante ao título de crédito circular livremente sem ficar atrelado a outros negócios jurídicos. A incorporação, fazendo o direito materializar-se no documento, tem como escopo primordial facilitar a circulação desse documento. Enfim, tudo num título de crédito tende a torná-lo circulável.

Guisseppe Ferri, insigne mestre da Universidade de Roma, onde passou a reger a cátedra deixada pelo extraordinário Tullio Ascarelli, fundamentado na sua circulabilidade, formou um conceito de título de crédito expresso na sua monumental obra *Corso di Diritto Commerciale*:

"*Titolo di credito è il documento che adempie contemporaneamente ad una duplice funzione:* - *quella di costituire um mezzo necessario e sufficiente per l'esercizio del diritto che nel documento stesso è menzionato;* - *quella de costituire um mezzo tecnico di circolazione del diritto stesso.*"	(Título de crédito é o documento que cumpre contemporaneamente dupla função: - a de constituir um meio necessário e suficiente ao exercício do direito mencio-nado no próprio documento; - a de constituir um meio técnico de circulação do próprio direito.)

Assim sendo, para Ferri, a circulabilidade é não só uma característica, mas faz parte da função do título de crédito: mobilizar o crédito é fazê-lo circular. Quanto à outra função do título de crédito, apontada por Ferri, a de constituir um meio necessário e suficiente para o exercício do direito mencionado no próprio documento, na realidade, destina-se a tornar mais segura e eficiente a circulabilidade. É, pois, caráter essencial do título de crédito ser destinado à circulação, a passar das mãos de um proprietário para outro. Para tanto, o Direito Cambiário criou um novo tipo de circulação de crédito, com pressupostos e efeitos bem mais efetivos do que as demais formas de circulação.

No direito romano, o crédito era de natureza muito pessoal; era uma obrigação *intuitu personae*. Não se concebia sua circulação. Pouco a pouco, porém, foi-se observando na própria Roma a possibilidade da cessão de crédito, que hoje está prevista no Código Civil de muitos países. Em nosso Código Civil, está a cessão de crédito bem regulada nos arts. 1.065 a 1.079, conforme já mencionamos. É, portanto, a cessão de crédito um instituto próprio do Direito Civil, bem diferente da cessão cambiária. A cessão de crédito tem muitas inconveniências, por não possuir as características dos títulos de crédito, dificultando a circulabilidade. A transferência do crédito é dificultada pela elaboração do instrumento de cessão; forma-se um composto documental trabalhoso. A grande dificuldade posta, porém, à circulação do crédito é a manutenção dos vínculos obrigacionais entre o novo credor e os antigos devedores. No caso de uma contenda judicial sobre o crédito, poderá o devedor direto chamar ao processo os antigos devedores. O cessionário permanece dependente do cedente ou dos cedentes.

Todos os entraves e gravames à circulabilidade do crédito foram eliminados pelos novos conceitos e pressupostos criados para o Direito Cambiário. A circulação cambiária repousa no princípio do direito francês: *"La possession de bonne-foi vaut le titre"* (a posse de boa-fé vale como título). O título de crédito é considerado uma coisa móvel. Graças à incorporação, ou seja, à forte conexão entre o direito e o documento em que o direito está mencionado, a circulação se dá pelo próprio documento, levando consigo o crédito. A autonomia e a abstração fazem o título de crédito subsistir por si, e a circulação não carrega consigo as relações jurídicas que tenham causado o surgimento dele.

A impressionante circulabilidade do título de crédito é retratada na simplicidade e facilidade com que se processa sua circulação. Mesmo para um título de elevadíssimo valor, circula ele mediante a assinatura do beneficiário do título no seu verso e a entrega para o novo proprietário, e, em segundos, foi feita a transferência.

3. 5. O formalismo

A teoria dos atos jurídicos divide-os em várias categorias e, sob o ponto de vista de sua forma, aponta-os como solenes ou formais, e não solenes ou informais. Os atos formais ou solenes são aqueles aos quais a lei prescreve uma forma básica, aponta os requisitos essenciais e lhes dá uma forma que os uniformiza. Como exemplos de atos formais, podemos indicar o casamento, a que a norma impõe uma série de formalidades; a hipoteca, que, segundo a lei, deve ser por instrumento público; a venda de imóveis, também por instrumento público. São, porém, casos excepcionais. A maioria dos atos jurídicos, contudo, são informais; podem eles ser praticados com liberdade, procurando a lei assegurar a máxima liberdade para o comportamento humano, só intervindo para dar segurança e perfeição aos atos jurídicos.

É o que acontece com os títulos de crédito: são eles atos formais, extremamente formais. A lei estabelece para os títulos de crédito uma forma determinada, uma série de requisitos essenciais. É a literalidade exacerbada; se o direito decorrente do título é literal no sentido de que, quanto ao conteúdo, à extensão e às modalidades desse direito, é decisivo exclusivamente o teor do título, necessário se torna que esse teor seja bem definido em lei. O rigor formal dos títulos de crédito pode ser notado em todas as leis que compõem o nosso cipoal cambiário. Assim, por exemplo, a Lei Saraiva (lei que regulamentou no Brasil a letra de câmbio) diz, logo no 1° artigo, que a letra de câmbio deve conter cinco requisitos. Ao falar que "deve conter", deixa claro que esses requisitos são essenciais, obrigatórios. Por seu turno, a LUG (Lei Uniforme de Genebra), no art. 1°, diz que a letra "contém" oito requisitos, significando esse verbo que deverá a letra conter esses oito requisitos, e não mais do que eles. O art. 2° de ambas as leis prevê a sanção para a letra de câmbio que falhar com o rigor formal: "Não será letra de câmbio". As leis reguladoras dos demais títulos de crédito seguem o mesmo critério: logo no art. 1° apontam os requisitos formais obrigatórios.

Quando a lei estatui o formalismo dos títulos de crédito, visa a duas finalidades, como a literalidade: contra e a favor de todas as figuras intervenientes do título. Ao delimitar o direito mencionado no título de acordo com o teor do documento, fazendo constar o que é essencial e vedando o superficial, dá certeza e segurança no direito e no exercício dele. Não pode haver, então, literalidade sem formalidade. Graças à forma rigorosa, clara e simples do título, fica o devedor inadimplente bloqueado na sua defesa, não podendo opor exceções não admitidas pelo formalismo do título, como, por exemplo, as relações extracartulares. É o que consta no art. 17 da Convenção de Genebra (como é também conhecida a LUG):

"As pessoas acionadas em virtude de uma letra de câmbio não podem opor ao portador as exceções fundadas sobre as relações pessoais delas com o sacador ou com os portadores anteriores, a menos que o portador, ao adquirir a letra, tenha procedido conscientemente em detrimento do devedor".

3.6. A autonomia

A autonomia do direito cartular é a independência da posição creditória, de cada um dos portadores do título, da posição dos portadores precedentes, seja sob o aspecto da titularidade, seja do conteúdo do direito mencionado no documento. Esses aspectos marcam a diferença entre a cessão do título de crédito e a cessão de crédito. Nesta última, a posição do cessionário é, via de regra, rigidamente condicionada à validade do título de aquisição antecedente e às exceções que a este podia opor o devedor.

O título de crédito é um documento constitutivo, vale dizer, constitui um novo direito; esse direito é originário e não derivado, nascendo com o título de crédito. Pelo princípio de causalidade, não há efeito sem causa; se um título de crédito for criado, é porque deve ter havido uma relação jurídica fundamental entre as mesmas partes que intervieram no título. Examinemos um exemplo: Pompônio empresta para Ulpiano valor de R$ 10.000,00, ficando obrigado este último a devolvê-lo posteriormente a Pompônio. Entretanto, Modestino devia um valor igual a Ulpiano e ficou de responsabilizar-se pela solução das suas dívidas, pagando então diretamente a Pompônio. Houve, entre os três, uma relação jurídica triangular, de direito civil: essa relação jurídica, que ensejará a emissão de um título de crédito, é chamada de "fundamental".

Modestino emite por isso uma nota promissória, como título constitutivo, criou uma relação jurídica originária. É autônoma, em nada se ligando à relação fundamental; esta extinguiu-se. A nota promissória em questão deverá ser paga por Modestino a Pompônio. Quando Pompônio for apresentá-la para exercer seu direito creditório, a Modestino, este não poderá furtar-se ao pagamento, alegando mal-entendido na relação fundamental. Ulpiano é personagem da relação jurídica fundamental mas não faz parte da relação cambiária; não é figura interveniente na nota promissória. Há portanto autonomia entre a relação jurídica fundamental e a relação jurídica cambiária, esta última a da nota promissória.

No direito brasileiro, a autonomia também é considerada sob outro sentido: a autonomia das declarações cambiárias. Num título de crédito podem interferir várias pessoas, chamadas de "figuras intervenientes". As declarações cambiárias constam da assinatura da figura interveniente no título, não sendo necessária explicação sobre o teor da declaração, bastando a posição da assinatura. Na nota promissória, por exemplo, a assinatura do emitente na parte frontal do título, em baixo contexto, já diz que ele é o emitente. O favorecido da nota promissória será considerado endossante, se ele assinar na parte posterior dela. Na letra de câmbio há diferença quanto à localização da assinatura: quem assinar na mesma posição em que assina o emitente da nota promissória, será o sacador.

Cada declaração cambiária implicará a assunção de obrigações; quem apuser sua assinatura num título de crédito ficará obrigado e poderá ser chamado a pagar seu valor. São várias as declarações cambiárias: na nota promissória há a emissão; na letra de câmbio há o saque e o aceite. Ambos os títulos podem ser garantidos por aval e circular pelo endosso. São portanto declarações cambiárias: emissão, saque, aceite, aval e endosso; todas elas se fazem pela assinatura no título e representam obrigações cambiárias. Essas obrigações são autônomas, não podendo uma subordinar-se ou condicionar-se a outras. Quando num título houver diversos coobrigados, vários avalistas e endossantes, todos poderão ser cobrados, não podendo um alegar que só pagará se os outros também pagarem. Por isso, as obrigações cambiárias são também solidárias. Por exemplo, uma letra de câmbio avalizada teve a assinatura do sacado apontada como falsa, mas a do avalista era verdadeira; o aval se mantém, apesar do vício na criação dessa letra de câmbio. Essa possibilidade foi inclusive prevista pela Convenção de Genebra, no art. 7º:

"Se a letra contém assinaturas de pessoas incapazes de se obrigarem por letras, assinaturas que por qualquer razão não poderiam obrigar as pessoas que assinaram a letra, ou em nome das quais ela foi assinada, as obrigações dos outros signatários nem por isso deixam de ser válidas".

Essa disposição legal deixa claro que as declarações cambiárias são autônomas, independentes. Contudo, a lei cambiária brasileira, o Decreto 2.044/08, conhecida como Lei Saraiva, traz norma mais ampla, no art. 43:

"As obrigações cambiais são autônomas e independentes umas das outras. O signatário da declaração cambial fica, por ela, vinculado e solidariamente responsável pelo aceite e pelo pagamento da letra, sem embargo da falsidade, da falsificação ou da nulidade de qualquer outra assinatura".

3.7. A abstração

Essa característica, tão ressaltada por Ascarelli, corresponde a uma autonomia levada às ultimas conseqüências: é a exacerbação da autonomia. Têm sido os títulos de crédito, quanto à relevância da causa, classificados como causais e abstratos. O título causal é facilmente identificável, por trazer nele a causa que determinou sua criação. Podemos dar como exemplo a nossa duplicata; nela consta o número da fatura, ligando o título a um outro documento e a um contrato de compra e venda. É também o caso do *warrant* e do conhecimento de depósito, que falam num contrato de depósito de mercadorias em armazéns gerais, como também o conhecimento do transporte, emitido em decorrência de um contrato de transportes.

Nesses títulos, o direito que eles representam é autônomo, mas não abstrato. No título abstrato, o direito surge no próprio título; subsiste por si mesmo, sem qualquer ligação com outro documento ou outro fato ou relação jurídica. É o que acontece com a nota promissória: a obrigação de pagar surge no próprio título, no momento que o emitente a assinar, prometendo pagar. Os motivos que levaram o emitente a assinar, as demais relações jurídicas existentes entre o emitente da nota promissória e seu favorecido e outras, são irrelevantes para a nota promissória. Não deve constar na nota promissória a razão determinante de sua emissão ou qualquer referência a ela, e, se constar, essa declaração será considerada como não escrita, pois é a nota promissória um título abstrato, como abstrata é a letra de câmbio. Essa abstração material determina também a abstração processual. A abstração implica a isenção, do portador do título, da contestação do devedor, baseada em qualquer fato, documento ou acordo entre figuras intervenientes, inclusive da relação jurídica fundamental.

A abstração não pretende negar que tenha havido uma relação fundamental, causadora do título de crédito, mas nega qualquer relevância dessa relação fundamental com o exercício do direito mencionado no título. A autonomia também nega essa relevância, mas a abstração é bem mais ampla e profunda. O efeito processual da abstração é o de colocar o título de crédito a salvo do que o direito italiano chama de "inoponibilidade das exceções", ou seja, não poderá o devedor opor ao portador do título as exceções, as defesas nas relações causais do título. O devedor poderá opor exceções baseadas apenas quanto aos aspectos formais do título, como o de não estar ele ainda vencido, de já havê-lo pago, que está prescrito, mas nunca por fatores exteriores ao título, como a causa que o tenha originado. Assim, ao executar uma nota promissória vencida e não paga, o possuidor dela só precisará dizer na petição inicial que é possuidor dela; a simples posse do título é a "causa petendi" da ação.

Vamos citar um exemplo: Pompônio emite uma nota promissória a favor de Papiniano: fez uma declaração de vontade, prometendo pagar a Papiniano um determinado valor em dinheiro. Deve ter havido anteriormente alguma relação jurídica entre o emitente e o favorecido dessa nota promissória, que deve ter levado Pompônio a emiti-la. Todavia, essa nota promissória é um título abstrato: a anterior relação jurídica entre os figurantes constitui um fato à parte; a nota promissória não se liga a caso concreto, pois ela existe por si, separada de qualquer fator que não esteja expresso nela e que tenha nascido dela própria.

Naturalmente, a nota promissória é um ato jurídico e todo ato jurídico pode ser anulado por vício de causa. Por exemplo, uma pessoa pode assinar uma nota promissória, pressionada por uma irresistível coação. O coato poderá empreender assim ação anulatória dessa nota promissória, como ato jurídico viciado. A possível anulação não tira dela a condição de título abstrato; nem vincula a nota promissória à sua causa. Trata-se, neste caso, de problema do Direito Penal e não do Cambiário; não se discute direito cambiário, mas um crime, ainda que seja na justiça civil.

3.8. A unicidade

Uma das últimas produções de Ascarelli ao final de sua curta mas profícua vida, foi a elaboração do verbete "Cambiale", constante da monumental enciclopédia jurídica "Novissimo Digesto Italiano". Nesse magistral trabalho, Ascarelli ressaltou uma característica dos títulos de crédito, que ninguém antes levantara, nem ele próprio: a unicidade. Por essa característica, o título de crédito é único, individual, independente de outros documentos. Ele se completa na cártula, não necessitando de outros documentos, nem remissão a eles para se completar; basta-se a si próprio. Todos os requisitos e os direitos, a que o título se refere, constam diretamente da cártula. Ela deve conter o máximo e o mínimo.

Ascarelli, porém, nada disse sobre a duplicata, título exclusivamente brasileiro e que ele conhecia e apreciava, pois vivera no Brasil por seis anos. Na duplicata há um composto documental: nota fiscal/fatura/duplicata. Apesar disso, há muitos debates a este respeito, porquanto a duplicata circula em separado da nota fiscal e da fatura. Em nosso parecer, a duplicata é um título independente, abstrato, por ter sido criado para circular sem vinculação com sua causa determinante e com outros documentos. É um título completo, aperfeiçoando-se com o aceite.

3.9. A cartularidade

O título de crédito é uma cártula, um pedaço de papel. Cártula (do latim "charta", de que se originou também "cárta" e "cartilha") é um documento escrito, como uma carta. A cártula cambiária tem, entretanto, sentido especial de ser um pedaço de papel escrito, mas dotado de direitos. No papel se incorpora e se formaliza o título de crédito. Por essa razão, muitos juristas consideram a cartularidade com aspecto da incorporação. Entre os juristas italianos, há sugestiva maioria deles que evitam a expressão "Direito Cambiário", preferindo a de "Direito Cartular".

4. LEGISLAÇÃO BRASILEIRA DOS TÍTULOS DE CRÉDITO

4.1. Dualidade legislativa

4. 2. A eficiência da nossa lei

4.1. Dualidade legislativa

O Direito Cambiário brasileiro encontra-se em situação insegura e maleável, repousando na doutrina estrangeira dos títulos de crédito e numa jurisprudência farta e conflitante. Quando o direito se basear na jurisprudência e tomá-la como fonte sugestiva, é porque a lei é omissa, falha ou obscura. Temos realmente vasta legislação, regulamentando cada título de crédito componente do cipoal cambiário. A lei primordial contudo é a Convenção de Genebra, que regulamentou a letra de câmbio e a nota promissória, transformada em lei nacional pelo Decreto Legislativo 54/64 e regulamentada pelo Decreto 57.663/66. As regras que estabeleceu para a letra de câmbio e a nota promissória são aplicáveis aos demais títulos de crédito, em função da analogia.

Não temos porém uma regulamentação geral para os títulos de crédito, o que nos obriga a considerar as normas sobre a letra de câmbio como normas gerais. Temos, por conseguinte, um direito omisso e obscuro.

Trazia o nosso Código Comercial, de 1850, a regulamentação geral dos títulos de crédito, nos arts. 354 a 427, em título denominado "Das Letras, Notas Promissórias e Créditos Mercantis". Entretanto, surgiu a primeira Lei Cambiária no Brasil, graças ao Decreto 2.044, de 1908, também conhecido por Lei Saraiva, tomando o nome do jurista que a elaborou. Com quase 90 anos de vigência, a Lei Saraiva provou sua eficiência, deixando regulamentada a questão de forma clara e simples.

Como entretanto a letra de câmbio e a nota promissória eram títulos de aplicação universal e muitas vezes percorriam países, procuraram vários países estabelecer uma lei uniforme para disciplinar esses títulos. Para tanto, reuniram-se na cidade de Genebra (Suíça), em 1930, ficando estabelecida uma convenção que vingou, pois quase todos os países foram pouco a pouco aderindo. Surgiu então, com todo o vigor, uma lei aceita por quase todos os países que ficou conhecida como Convenção de Genebra, ou LUG (Lei Uniforme de Genebra).

O Brasil comprometeu-se a adotar internacionalmente a LUG, como também transformá-la em lei interna. O processo legislativo para a transformação de um tratado internacional em lei interna consta de dois atos: aprovação pelo Congresso Nacional por um decreto legislativo e sua promulgação por um decreto do Poder Executivo. A aprovação da Convenção de Genebra (convenção e tratado têm o mesmo sentido) deu-se pelo Decreto Legislativo 54/64 e foi ela promulgada pelo Decreto 57.663/66 do Poder Executivo. A Convenção de Genebra passou então a ser a lei nacional, que regulamenta a letra de câmbio e a nota promissória, tendo inspirado também as leis que disciplinaram os demais títulos.

Uma dúvida entretanto surgiu e até agora não foi dirimida, havendo hoje duas leis regulamentando o mesmo assunto, tendo a maioria dos artigos iguais e alguns conflitantes. É nosso parecer que a Convenção de Genebra revogou a Lei Saraiva, baseando-se no que dispõe o § 1º do art. 2º da Lei de Introdução ao Código Civil:

"A lei posterior revoga a anterior quando expressamente o declare, quando seja com ela incompatível, ou quando regule inteiramente a matéria de que tratava a lei anterior".

É o que acontece com a Convenção de Genebra, que regulou inteiramente a matéria de que tratava a Lei Saraiva, isto é, a letra de câmbio e a nota promissória. A Convenção de Genebra é posterior à Lei Saraiva, o que nos leva a concluir que esta última foi revogada. Assim não entende a justiça brasileira, pois a Lei Saraiva (o Decreto 2.044/08) é ainda muito invocada pelos juízes do Brasil. Basta ainda examinar o Código Comercial: todos eles trazem as duas leis; as duas, por conseqüência, estão em vigor. A princípio, imaginava-se que a Convenção de Genebra não estava em vigor, enquanto a Lei Saraiva não fosse revogada. Consultado a este respeito, o Procurador Geral da República elaborou importante parecer, dizendo que a Convenção de Genebra estava em vigor.

Como as dúvidas permanecessem, houve vários recursos ao Supremo Tribunal Federal, esperando que o Pretório Excelso declarasse revogada a Lei Saraiva. Este, todavia, saiu pela tangente, declarando apenas que estava em vigor no Brasil a Convenção de Genebra. No caso de conflito entre ambas, qual deverá prevalecer? Por exemplo, a prescrição da letra de câmbio e da nota promissória se dá, segundo a lei Saraiva, em 5 anos; segundo a LUG, em 3 anos. Estamos convictos de que deva prevalecer a LUG, por ser a lei posterior e porque uma convenção internacional deve ter maior força do que uma lei interna.

A solução melhor será a elaboração de uma nova lei interna, baseada na Convenção de Genebra, mas amoldada às nossas conveniências. Foi o que aconteceu com a Lei do Cheque. Conforme veremos no estudo específico desse título de crédito, havia uma lei antiga regulamentando-o. Houve depois a Convenção de Genebra, estabelecendo a LUG para o cheque, passando a haver duas leis sobre o mesmo assunto. Em 1985, porém, foi promulgada nova lei regulamentadora do cheque, baseada na Convenção de Genebra. A nova lei revogou a antiga e hoje temos, para o cheque, uma lei moderna, efetiva e clara, fazendo-nos esquecer a LUG sobre o cheque, que permanece em vigor, mas não conflita com nossa lei específica.

4.2. A eficiência da nossa lei

Quanto à letra de câmbio e à nota promissória, as duas leis são deficientes. A Lei Saraiva é de 1908 e deveria ser mais minuciosa. A Convenção de Genebra é um monstrengo, eivada de falhas, não pela elaboração, mas pela tradução feita para o nosso idioma. Foi ela redigida em francês, idioma predominante em Genebra, tendo sido traduzida por um cidadão suíço que fora do consulado da Suíça em Lisboa. Por ter residido vários anos em Portugal, tinha a veleidade de dominar o idioma português e aceitou o encargo de traduzir a Convenção de Genebra do francês para o nosso idioma. Portugal e Brasil aceitaram essa tradução, que foi inserida no Código Comercial português, com pouquíssimas diferenças com a nossa lei, como por exemplo, o nome da nota promissória, que eles não utilizam, adotando a expressão "livrança".

A tradução pode ser qualificada como horrível; é eivada de falhas, de expressões estranhas à nossa linguagem costumeira. Em vez de avalista, por exemplo, usa a expressão "dador do aval", inaceitável pela nossa linguagem. Vários juristas portugueses afirmam que a linguagem da tradução é inadequada até mesmo em Portugal e nas antigas províncias ultramarinas da África. Para se ter idéia da deficiência ideológica de nossa lei, bastaria referir-se logo ao art. 1º:

"A letra contém:

1. a palavra "letra" inserta no próprio texto do título expressa na língua empregada para a redação desse título;

2. o mandato puro e simples de pagar uma quantia determinada;

....

8. a assinatura de quem passa a letra (sacador).

A mais grave falha do primeiro artigo está no item 2, quando diz que a letra deverá conter um "mandato". No idioma francês, a palavra *mandat* pode significar "mandato" e "mandado", como *mandat d'amener* (mandado de citação). Em português porém, as duas palavras têm sentido jurídico bem diferente. Se fosse traduzido o termo por "mandado" teria um sentido até aceitável, nunca porém como foi feito. Se formos interpretar nossa lei de forma literal chegaríamos à absurda conclusão de que o sacado é um mandatário do sacador. A expressão certa seria "ordem de pagamento".

Além dessa aberração, deverá constar no texto "letra de câmbio" e não apenas "letra", como diz a tradução. Inadequada também julgamos dizer que a letra de câmbio seja "passada" em vez de "sacada" ou "criada". Vemos então que o art. 1º de nossa antiga lei, o Decreto 2.044/08 (Lei Saraiva) é muito mais claro, preciso e perfeito do que a lei importada: utiliza a expressão correta "letra de câmbio", como ainda "sacador", que a Convenção de Genebra cita como "passador". No item II, a Lei Saraiva traz a expressão bem clara e correta; diz que a letra de câmbio deve conter: "a soma de dinheiro a pagar e a espécie de moeda".

Não param por aí as incoerências de nosso básico diploma cambiário. Vejamos o que diz o art. 32, pertencente ao capítulo referente ao aval:

"O dador do aval é responsável da mesma maneira que a pessoa por ele afiançada".

Se não bastasse o emprego da medonha expressão "dador do aval", fala na pessoa "afiançada", armando a confusão entre aval e fiança. Não há fiança num título de crédito e, por isso, não pode haver pessoa afiançada. Há muitas e marcantes diferenças entre aval e fiança, tornando-se injustificável o termo utilizado. Além disso, ao falar em "pessoa por ele afiançada", dá a impressão de que o aval se refere a uma certa e determinada pessoa, quando o aval se aplica a todas as pessoas do título, ou seja, o aval é dado ao título.

Parece-nos pois salutar a posição de nosso Judiciário em não considerar a Lei Saraiva revogada, que suprirá as deficiências da nova lei. Voltamos porém a repetir que o caminho certo para solucionar a confusão reinante é a elaboração de uma nova lei cambiária, que seja clara, pormenorizada e eficiente, adaptada ao direito brasileiro atual, malgrado seu amoldamento à Convenção de Genebra, por ser compromisso internacional do Brasil. Não basta porém criticar, mas propor soluções. Um deputado paulista apresentou no Congresso Nacional, para aprovação, uma nova lei cambiária, elaborada pelo autor deste compêndio, calcada na lei cambiária italiana, o Régio Decreto 1.669/33, com pequenas alterações.

5. NOTA PROMISSÓRIA

5.1. Conceito

5.2. Importância da nota promissória

5.3. Requisitos da nota promissória

5.4. Figuras intervenientes

5.5. As declarações cambiárias

5.6. O endosso

5.7. O aval

5.8. O vencimento

5.9. O pagamento

5.10. A nota promissória vinculada

5.11. A nota promissória comercial

5.1. Conceito

Passando agora para a parte especial do Direito Cambiário, ou seja, do estudo de cada título de crédito, começaremos pelo mais fácil: a nota promissória. O primeiro modelo foi, na verdade, a letra de câmbio e dela derivaram todos os demais títulos de crédito, inclusive a própria nota promissória. Basicamente, só existe um título de crédito: a letra de câmbio; os demais são adaptações da letra de câmbio a determinadas situações. Tomaremos por base, inicialmente, a nota promissória, por ser ela o título mais simples, em vista de ser necessária apenas uma declaração obrigatória à sua criação e aperfeiçoamento, e nela intervirem só duas figuras obrigatórias: o emitente e o favorecido. Perante o Direito Cambiário europeu há uma declaração cambiária anterior à emissão; é a criação. A emissão consiste em colocar o título em circulação.

O nome do título, nota promissória, dá bem a idéia do que se trata; promissória vem de promessa. A nota promissória é, por conseguinte, uma promessa de pagamento. Certo é que todo título de crédito deve conter uma promessa de pagamento, uma confissão de dívida. Mas, na nota promissória, ela surge depois. A promessa de pagar uma certa soma em dinheiro aparece concomitantemente com o título, envolvendo assim duas figuras intervenientes: o emitente que será o devedor, e o favorecido que será o credor. O direito cartular brasileiro não faz diferença entre criação e emissão do título de crédito. Ante o que acabamos de dizer, pode ser assim definida a nota promissória:

NOTA PROMISSÓRIA é o documento pelo qual uma pessoa denominada emitente promete pagar a outra, denominada favorecido, ou à sua ordem, um certo valor em dinheiro, num determinado dia e num determinado lugar, mediante a apresentação do documento.

Pela definição, a nota promissória é um título nominativo, não podendo ser ao portador, malgrado possa ela tornar-se, posteriormente, ao portador. A razão é evidente: uma promessa de pagamento só pode ser dirigida a uma pessoa: se alguém promete pagar, sem dizer a quem, é uma confissão de dívida sem credor; fica no ar. Imprescindível pois na nota promissória a presença de um favorecido, de um beneficiário do crédito. O criador da nota promissória, o emitente, promete pagar, mas pagar a alguém.

Trata-se de um título criado por uma só declaração cambiária: a emissão. Consta essa declaração cambiária da assinatura de seu criador na parte frontal do título. O direito cambiário europeu tem uma noção diferente de emissão, considerando-a apenas no momento em que o título sai das mãos de quem o criou, mas na criação já surge uma promessa unilateral por parte do emitente, pois o favorecido, isto é, a pessoa a quem a quantia em dinheiro será paga, não se pronuncia na criação da nota promissória. Além de unilateral, é uma promessa direta: do devedor para o credor. Devido ao fato de conter uma promessa unilateral e direta de pagar a outra pessoa, a nota promissória é chamada no direito italiano de "cambiale propria", distinguindo-se da letra de câmbio, que é chamada de "cambiale tratta", por ter havido um trato entre pessoas.

5.2. Importância da nota promissória

Esse título é dos mais comuns, freqüentes e importantes. É normalmente utilizado nas operações bancárias, como no mútuo bancário. Nas atividades civis é também muito utilizada; quando alguém deve dinheiro a outra pessoa, poderá materializar a promessa de pagar essa dívida com a emissão da nota promissória. É o título normal para uma simples promessa de pagamento e uma confissão direta de dívida. Não se justifica sua substituição pelo cheque pré-datado, como acontece atualmente. O cheque não se presta para documento de dívida, função que o direito reservou para a nota promissória.

Contudo, a nota promissória tem sido relegada ao segundo plano nos estudos cambiários e na legislação, o que faz ocorrer franca ignorância sobre ela e sobre as normas que a regulam. A Convenção de Genebra dedica-lhe os arts. 75, 76 e 78; o art. 77 diz que lhe são aplicáveis as disposições relativas à letra de câmbio, no que não forem contrárias à natureza da nota promissória. A Lei Saraiva vota à nota promissória igual desprezo, dedicando-lhe os arts. 54 e 55, após regulamentar exaustivamente a letra de câmbio. O direito italiano tem o mesmo reflexo, nem sequer lhe dedicando alguns artigos, mas fazendo-lhe algumas referências esparsas. Nem mesmo o nome de nota promissória aparece; com a designação única de *cambiale*, designa ambos os títulos: a letra de câmbio e a nota promissória. Quando se torna necessária a distinção, surgem os nomes de *cambiale tratta* para a letra de câmbio e *cambiale própria, vaglia cambiario* ou *paghero* para a nota promissória; esses nomes apenas são invocados quando se quer distinguir um título de outro.

A nota promissória predomina nas operações comerciais e financeiras, nas operações imobiliárias e em vários contratos. Conforme veremos neste compêndio, novas variantes da nota promissória têm sido criadas nos últimos anos, por ser um título versátil e maleável. Se formos examinar as ações de execução ou pedidos de falência em nosso judiciário, notaremos que a maioria dos procedimentos judiciais fundamenta-se na nota promissória. Bastante raro é encontrar uma letra de câmbio; esta é aplicada nas operações de comércio exterior, como nos contratos de importação/exportação e no crédito-documentário, como também no mercado de capitais. São porém transações pouco freqüentes. O fenômeno da preponderância da nota promissória sobre a letra de câmbio não é exclusivamente brasileiro, mas vem acontecendo nos principais países.

O Direito Cambiário está em constante evolução e novos títulos de crédito vão sendo criados; a própria nota promissória é um exemplo: surgiu como variante da letra de câmbio. Por outro lado, a nota promissória tem sido aplicada em várias atividades específicas, tendo sido criada no Brasil a nota promissória rural, por exemplo. Regulamentada por norma do Banco Central, surgiu recentemente a nota promissória comercial inspirada na prática norte-americana do *commercial papers*. É um tipo de nota promissória, mas ao portador e só emitida por uma sociedade anônima. Títulos dessa natureza são excepcionais e geralmente arranham os princípios gerais que os norteiam.

O mundo moderno tem revelado exigências de simplificação e ampliação das relações jurídicas, inclusive de direito cartular. Essas exigências, no que tange aos títulos de crédito, levam esses documentos à aplicação em diversos campos da atividade empresarial e, em conseqüência, muito variado pode ser o conteúdo do direito incorporado no título. Surgiram os títulos de crédito, a princípio com a letra de câmbio, para pagamento à distância, mas logo apresentaram vários modelos e ampliaram seu campo de aplicação ao crédito empresarial, ao pagamento local, nos transportes, nas empresas de armazéns gerais e até na administração pública. Nesse contínuo processo evolutivo, permaneceram as características gerais e os lineamentos essenciais; os títulos de crédito não se descaracterizaram. Sofreram porém modificações e adaptações, de tal forma que podemos encontrar títulos bem distintos uns dos outros, conforme veremos ao examinar cada um deles. É o que acontece com a nota promissória: de acordo com as várias finalidades de aplicação da nota promissória, foram surgindo variantes desse título, distinguindo-se uns dos outros, inclusive pelo nome, como "nota de crédito". Os caracteres estruturais da nota promissória, porém, permanecem e estão assegurados pela nossa lei.

5.3. Requisitos da nota promissória

A nota promissória é um título formal, como formais são todos os títulos de crédito. A lei prescreve para esse título uma série de formalidades, mormente quanto aos seus requisitos essenciais. Legislativamente, a nota promissória deverá conter os seguintes requisitos:

1 – O nome "nota promissória" inserido no próprio texto do título e expresso no idioma em que está redigido;

2 – a promessa incondicionada de pagar uma determinada soma de dinheiro, em moeda nacional, por extenso e algarismo;

3 – o nome da pessoa a quem deve ser pago o valor;

4 – o local em que deve ser paga;

5 – o vencimento, ou seja o dia em que deva ser paga;

6 – o local e a data em que a nota promissória é criada;

7 – a assinatura do próprio punho do emitente;

8 – a qualificação do emitente: nome e identificação.

Sobre esses requisitos devemos traçar algumas considerações:

1 – Necessidade imperiosa é a de constar, de forma bem frisante, a expressão "nota promissória". Se não constar, ninguém saberá que é uma nota promissória e qual a lei que a ela se aplica. Deve ser expressa no idioma em que o título está redigido e adotando denominação do país, uma vez que nem todos os países usam a expressão "nota promissória". Em Portugal recebe o nome de "livrança"; na Itália "cambiale propria", "vaglia cambiario" ou "pagherò"; na França "billet à l' ordre", sendo possível que outros países tenham designação diferente.

2 – A promessa de pagar um valor em dinheiro é uma confissão de dívida; está expressa no verbo aplicado na declaração de vontade: "pagarei" ou "pagaremos". A nota promissória é uma declaração de vontade, expressa normalmente nos seguintes termos:

"Por esta nota promissória pagarei ao sr. Fulano o valor de R$10,00 (dez reais) em São Paulo, no dia 31.12.95".

É muito sugestivo o verbo aplicado nessa declaração: PAGAREI.

Esse verbo encerra dois compromissos sérios e muito claros por parte de quem emite uma nota promissória, ou seja, quem a cria assina: é uma confissão de dívida e um compromisso puro e simples de pagar uma importância em dinheiro. A firmeza dessa expressão é que faz da nota promissória um título executivo, dispensando possível processo de conhecimento. Se o emitente da nota promissória faz uma declaração nesses termos e assina, que discussão caberá sobre a existência dessa obrigação a cumprir?

3 – O terceiro requisito na nota promissória é o nome do favorecido (ou beneficiário), ou seja, a pessoa a quem o valor deve ser pago. Não é possível nota promissória sem favorecido, pois seria promessa de pagar dinheiro a ninguém. O beneficiário deve ser uma pessoa certa e identificável, pois o devedor pode recusar-se a pagar uma nota promissória a quem não provar ser o legítimo detentor do direito de crédito. E o credor está obrigado a provar a legitimidade de seu direito, constando seu nome na nota promissória como beneficiário ou uma sucessão de endossos. Poderá ainda o devedor, que pagar a nota promissória, exigir que seja passado um recibo na própria nota promissória, e quem passar o recibo deverá identificar-se.

4 – Exige ainda a lei a indicação do lugar em que a nota promissória deverá ser paga. Esse requisito vem garantir a posição do devedor, pois, ao emiti-la, o emitente estabelece o lugar em que deverá cumprir sua obrigação. Nem seria justo deixar que o credor obrigasse o devedor a remover-se a local em que seria difícil ou impossível o cumprimento da obrigação. Por exemplo: o devedor mora em São Paulo e o credor apresenta o título para pagamento em Curitiba. Se o emitente deixar de colocar o lugar do pagamento, será considerado então o lugar de seu domicílio ou, se este não constar, do lugar em que ele emitir a nota promissória.

5 – Outro requisito, previsto legalmente, é o vencimento da nota promissória, isto é, o dia em que deverá ela ser paga. Não é possível estabelecer uma obrigação a ser cumprida nas calendas gregas. Por outro lado, o pagamento só pode ser exigido no vencimento, data em que se vencerá o prazo concedido para o devedor.

6 – Ao assinar a nota promissória, o emitente deve apor o local e a data em que a promissória é criada (ou emitida). Esse critério não é necessário apenas à nota promissória, mas a todo e qualquer compromisso assinado por uma pessoa, como um contrato. No caso desse título, o local será considerado como o do pagamento, caso não haja indicação

deste último. A data da emissão é tomada como base para a contagem do prazo, no caso de ter a nota promissória vencimento a certo termo de data.

7 – Exige a lei que a nota promissória seja assinada pelo próprio punho do emitente. E se alguém não souber ou não puder assinar? Nossa legislação não impede que um documento seja assinado por um procurador. Nessas condições, salvo melhor juízo, uma nota promissória pode ser assinada, sem ser pelo próprio punho do emitente. Poderá o emitente assiná-la por intermédio de procurador, desde que a procuração seja feita por instrumento público e com poderes especiais claramente definidos, isto é, que a procuração indique os poderes do procurador para emitir uma nota promissória com os requisitos essenciais bem definidos.

8 – Finalmente, o emitente deve estar qualificado, com o nome e a indicação de um documento oficial: cédula de identidade (RG), cadastro de pessoa física (CPF), título de eleitor ou carteira profissional. A lei posterior, que exigiu essa identificação para os títulos cambiários e as duplicatas de faturas, Lei 6.268/75, não foi muito clara ao indicar qual deva ser o documento obrigatório. Contudo, já se convencionou que a qualificação seja feita pelo CPF ou CIC. Em nossa opinião, deveria ser indicado o número do Registro Geral (RG), pois ele é exigido comumente por quem recebe um cheque ou qualquer outro título.

A nota promissória em branco, quer dizer, incompleta, em que falte algum desses requisitos, não produzirá os efeitos cambiários de nota promissória, o que significa que não será nota promissória. Assim, se num título não constar a designação "nota promissória", como se saberá que é uma nota promissória"? E como será aplicada a esse título a legislação referente à nota promissória, se ele não traz a indicação do tipo de documento? Se não houver a promessa de pagamento em dinheiro, como se poderá exigir que o emitente cumpra a promessa que não fez?

Há porém algumas exceções, exatamente três, mas essas omissões serão sanáveis, conforme a própria lei esclarece. A primeira exceção, a mais importante delas, é a de não constar no título a data do vencimento, isto é, o dia em que ela deverá ser paga. Neste caso, a nota promissória será com vencimento à vista, devendo ser paga no momento em que o portador apresentá-la ao devedor, exigindo o pagamento. A segunda exceção é a omissão do local de pagamento da nota promissória; essa omissão será suprida, considerando-se como local do pagamento o do domicílio do emitente ou, na falta deste, do local em que foi a nota promissória emitida. A terceira exceção será a omissão do local da emissão; considerar-se-á então como local de emissão o domicílio do emitente ou então o local de pagamento.

5.4. Figuras intervenientes

As figuras intervenientes são as pessoas que intervêm na nota promissória; essa intervenção dá-se pela declaração cambiária, constando sempre na assinatura do título. Em síntese, figura interveniente é quem assina um título de crédito, assumindo, com sua assinatura, uma posição no título. No caso de uma nota promissória, duas figuras intervenientes se fazem necessárias: o emitente e o favorecido. Duas outras figuras intervenientes podem surgir depois que a nota promissória se tenha aperfeiçoado: o endossante e o avalista. Contudo, é essencial a presença do emitente e do favorecido. A nota promissória apresenta entretanto uma peculiaridade: por ser uma promessa unilateral do emitente, a nota promissória não exige a assinatura do favorecido. O favorecido é, por conseguinte, uma figura interveniente do título, que não o assina.

O emitente é quem produz a nota promissória; é o seu criador. É o devedor direto e principal. Em muitos casos, ele pode ser o único devedor. Outros devedores poderão surgir nessa relação cambiária, com o endosso e o aval; mas serão eles contingentes e não essenciais. Sua obrigação direta e unilateral está expressa no verbo que utiliza: "pagarei". Nos países de língua espanhola, a nota promissória é chamada de "pagaré" e na Itália *pagherò*, ressaltando assim o sentido desse verbo. A natureza jurídica da emissão é evidente: trata-se de uma declaração unilateral de vontade. O emitente cria a nota promissória, dá-lhe existência e vida ao assiná-la; é chamada, por isso, de declaração originária, dando origem ao título. A declaração original é necessária e suficiente para transformar um pedaço de papel num título de crédito. As demais declarações cambiárias são chamadas de sucessivas e acessórias, em vista de serem apostas após a criação da nota promissória. É pois a emissão a principal declaração cambiária, o que faz do emitente o principal obrigado. É o único sem direito de regresso.

A outra figura interveniente é o favorecido, também chamado de beneficiário; é o credor originário da nota promissória. É a figura também obrigatória, pois se alguém promete pagar um valor em dinheiro, deve pagar a alguém. Não é possível haver um devedor sem credor, ou vice-versa. Não pode, portanto, haver nota promissória ao portador. O beneficiário ocupa o pólo ativo na relação cambiária; é ele que irá apresentar a nota promissória ao devedor, para exigir o pagamento. Como titular dos direitos creditórios, proprietário da cártula, o favorecido (ou beneficiário) tem o *jus utendi, fruendi et abutendi* sobre a nota promissória. O *jus abutendi* é o seu poder de dispor da nota, podendo transferi-la a quem bem entender.

Embora não assine a nota promissória, o favorecido não deixa de ser uma figura interveniente, pois será o portador dela e seu apresentante para o pagamento. É ainda um potencial assinante, uma vez que poderá transferir o título, tornando-se primeiro endossante. Com a assinatura do endosso, torna-se o beneficiário um coobrigado solidário e, caso o emitente não pague a nota promissória, poderá ser cobrado o pagamento do antigo favorecido, que não é mais favorecido, após o endosso.

5.5. As declarações cambiárias

Considera-se como declaração cambiária toda declaração unilateral de vontade manifestada num título de crédito. Essa declaração deve constar obrigatoriamente da assinatura de quem se manifesta, às vezes, dispensando outras referências. Toda declaração cambiária, ou seja, toda assinatura colocada na nota promissória, implica a obrigação de pagar o valor nela mencionado. Não existe, perante o direito, a assinatura "de favor" vulgarmente mencionada. Três declarações cambiárias se fazem presentes numa nota promissória: emissão, aval e endosso.

A emissão da assinatura do emitente é na parte frontal da nota promissória, no canto inferior direito. Pela posição da assinatura já se sabe que é a emissão. Como ato jurídico, a declaração cambiária exige que o declarante seja capaz, observando-se as normas sobre a capacidade previstas nos arts. 3º e 4º do novo Código Civil. O incapaz poderá contudo emitir a nota promissória por intermédio de seu procurador, conforme já exposto, ou firmar qualquer outra declaração cambiária. A capacidade jurídica do emitente verificar-se-á no momento da emissão, pois a perda posterior da capacidade não tira os efeitos jurídicos da nota promissória.

5.6. O endosso

Examinamos exaustivamente uma característica dos títulos de crédito, considerada como a principal, que é a circulabilidade. Foram eles criados para a mobilização do crédito e só com a circulação poderiam eles cumprir sua função. A nota promissória é um título de crédito circulável por excelência. O direito francês não usa o termo "nota promissória", mas dá a esse título o nome de "billet à l' ordre" (cédula à ordem). Se o próprio nome diz "à ordem", presume-se que não seja possível inserir a cláusula do contrário, senão seria um "billet à l'ordre non à l'ordre" (cédula à ordem não à ordem). Nossa lei não proíbe a inserção da cláusula "não à ordem" na nota promissória, o que, salvo melhor juízo, afrontaria a função do título.

Como regra geral, a nota promissória é transferível de mão em mão, ainda que ela não contenha a cláusula "à ordem". A transmissão da promissória dá-se pelo endosso, declaração cambiária destinada a transferir o título junto com os direitos que lhe estão incorporados. O endosso é a declaração cambiária reservada ao beneficiário do título, ao seu portador. Com o endosso, o beneficiário perde essa posição e torna-se uma outra figura interveniente: a de um coobrigado, uma vez que poderia ser cobrado, caso o devedor direto não pagar a soma cambiária. Passa então a ser chamado endossante, enquanto a pessoa a favor de quem terá ele endossado, é chamada de endossatário.

Não basta porém o endosso para transferir a promissória; necessária se torna sua tradição. Se o beneficiário endossar a promissória e a retiver em sua mão, será inócua a transferência; poderá ele, inclusive, riscar o endosso. Um título de crédito, por conseqüência, transfere-se por intermédio de dois atos: o endosso e a tradição.

Além da função normal de transferir o título, o endosso, no Direito Cambiário, tem ainda a função de uma promessa de pagamento, vinculando o endossante. É o que estabelece o art. 15 da Convenção de Genebra (Decreto 57.663/66), dizendo que o endossante é garantia do pagamento de um título de crédito, salvo a cláusula em contrário. Pode então o endossante proibir novo endosso, e, neste caso, não garante o pagamento às pessoas a quem a promissória for posteriormente endossada. Trata-se de um endosso não à ordem.

Essa declaração cambiária consta da assinatura do endossante no verso do título, podendo constar, antes da assinatura, o termo "por endosso". Não é necessário esse termo, pois se o beneficiário assina atrás do título, só pode constituir endosso e não qualquer outra declaração cambiária.

O endosso pode ser puro e simples; qualquer condição a que ele seja subordinado considera-se como não escrita (art. 12). Foi há pouco dito que o endosso corresponde a uma promessa de pagamento e as promessas cambiárias são "puras e simples", ou seja, incondicionadas; não é possível estabelecer condições num título de crédito, por contrariar suas características. Quanto à nulidade do endosso parcial, é clara a evidência: o endosso transmite todos os direitos emergentes do título (art. 14.) Ora, se transmite todos os direitos e estes estão incorporados na cártula, não será possível reservar alguns direitos, sem ter o título na mão. Vamos explicar melhor: o endossante faz um endosso parcial; por exemplo, em uma promissória de R$ 100,00 ele transfere a metade: R$50,00, entregando o título ao endossatário. Como poderá o endossante exigir seus direitos creditórios se não tem mais cártula?

Encontramos diversos tipos de endossos na lei: cambiário, o endosso-cobrança, o endosso-caução, o endosso póstumo. Por seu turno, o endosso cambiário apresenta-se sob diversas versões:

Endosso em branco – ocorre quando o endossante assina a promissória, sem indicar a pessoa a quem está endossando. Essa modalidade de endosso torna a promissória um título ao portador. A promissória, destarte, não pode ser emitida ao portador, mas pode transformar-se depois em título ao portador e, nessas condições, os direitos creditórios serão exercidos por quem a deter nas mãos. Por isso, diz o art. 13 da LUG: o endosso pode designar o beneficiário, ou consistir simplesmente na assinatura do endossante (endosso em branco); neste último caso, o endosso para ser válido deve ser escrito no verso da letra ou na folha anexa. Quando a lei fala em "anexo", ou "folha anexa" refere-se a um pedaço de papel anexado à promissória, prolongado-a quando o seu verso estiver repleto de declarações.

Quem receber a promissória com endosso em branco, ou seja, só com a assinatura do beneficiário, poderá, se quiser, colocar seu nome ou o nome de outra pessoa, transformando o endosso em branco em endosso em preto. Poderá também transferir a promissória para outra pessoa por simples tradição, ou mesmo endossá-la novamente em branco. Essas três opções foram garantidas pelo art. 14 da LUG.

Endosso em preto – Consta da assinatura do beneficiário no verso da promissória, mas encimada pela expressão "endosso a .....", ou "pague-se a ....", ou qualquer outra indicação que signifique o desejo de endossar o título a uma determinada pessoa. É chamado de endosso pleno ou completo. Neste caso há um endossatário ostensivo e identificado pelo nome; se ele quiser transferir o título, só poderá fazê-lo por novo endosso, vinculando-se às obrigações cambiárias. Essa é a principal diferença entre o endosso em branco e o endosso em preto, no que tange aos seus efeitos. Vimos já que o endosso não tem apenas a função de transferir a nota promissória a outra pessoa, com todos os direitos emergentes do título, mas também serve de garantia para o pagamento. O endossante é garantia do pagamento da nota promissória, como estabelece o art. 15, respondendo solidariamente pelo pagamento da soma cambiária, caso o devedor não pague antes. Não é legalmente possível a inserção de cláusula excludente dessa responsabilidade.

Com o endosso em branco, poderá o novo portador da promissória livrar-se dessa responsabilidade. Se ele recebe o título com endosso em branco, não consta seu nome nele, e, se ele o transfere só por tradição, sem novo endosso, não há assinatura dele. Logo, não haverá declaração cambiária expressa e ele será pessoa estranha ao título.

Afora o endosso cambiário, do qual acabamos de falar, várias outras modalidades de endosso existem, utilizados em casos especiais, como nas operações bancárias. Referimo-nos ao endosso-mandato, ao endosso-caução e ao endosso-póstumo. E deles falaremos desde já, embora sejam mais utilizados com duplicatas.

Endosso-mandato – Também chamado de endosso-procuração ou endosso-cobrança, observa-se quando o endossatário se encarregar da cobrança do título. Por exemplo: o portador de uma promissória precisa apresentá-la para pagamento, mas o emitente, o devedor direto, está residindo em Curitiba; nesse caso, o portador poderá entregá-la a um banco com agência em Curitiba, para pedir o pagamento. O portador dará então ao banco o endosso transferindo o título, mencionando acima da assinatura "endosso-mandato", valor em cobrança, ou qualquer outra afirmação que denote o intento de entregar o título para cobrança. O banco que irá apresentar a promissória ao devedor age como procurador do favorecido. O endosso que constar nesse título é apenas um instrumento de mandato; por ele não se transfere a propriedade da nota promissória e nem implica responsabilidade. O banco poderá receber o valor do título, protestá-lo se não for pago ou exercer os demais direitos, mas só como procurador do favorecido. O endosso que constar nesse título é apenas um instrumento de mandato; por ele não se transfere a propriedade da nota promissória e nem implica responsabilidade. O banco poderá receber o valor do título, protestá-lo se não for pago ou exercer os demais direitos, mas só como procurador, agindo em nome do endossante; ao receber a soma cambiária, obriga-se a entregá-la ao endossante, que continua a ser o beneficiário da promissória. Essa posição do banco, como procurador do beneficiário, é prevista pelo art. 18 da LUG.

Esse endosso-mandato tem uma peculiaridade, em desacordo com o mandato. Segundo a regulamentação do mandato, no Código Civil, a morte do mandante ou mandatário cancela automaticamente o mandato. Não é o que se dá com o mandato existente nesse endosso; mesmo morrendo o mandante, continua ele em vigor. A esse respeito, cumpre fazer um reparo ao art. 18, § 3°: fala ele na morte do mandatário; todavia é do mandante que fala a Convenção de Genebra. Nem teria lógica se, após a morte do mandatário, o mandato continuasse em vigor: como poderia o mandatário cumprir o mandato se ele já está morto? Por essa razão, transcrevemos esse parágrafo conforme consta no original da Convenção de Genebra:

| *Le mandat renfermé dans un endossement de procuration ne prend pas fin par le decès du mandant ou la survenance de son incapacité.* | (O mandato contido num endosso não se finda pela morte do mandante ou a superveniência de sua incapacidade.) |

Já fizemos referência ao fato de que a Convenção de Genebra foi redigida em francês e revela bom índice de perfeição. Contudo, a tradução feita para o nosso idioma, transformada em lei, está eivada de falhas, tanto que um professor da Universidade de Genebra qualificou-a como *affreuse* (medonha). Essa é uma dessas falhas.

O endossatário, como o banco no exemplo supracitado, poderá endossar o título a outra pessoa, mas será novo endosso-mandato, isto é, não implicará em obrigação de pagamento, nem transferirá a propriedade do título.

Endosso-caução – Caução significa penhor, garantia. O endosso-caução é utilizado para a transferência de um título de crédito, só para esse título garantir o cumprimento de uma obrigação. Embora possa ser aplicado de forma genérica e com a nota promissória ou qualquer outro título de crédito, o endosso-caução é mais utilizado com duplicatas.

Assim, um banco, ao conceder crédito a uma empresa, quer garantir-se. A empresa mutuária entrega então ao banco um conjunto de duplicatas em garantia desse empréstimo, transferindo-as pelo endosso-caução, que é bem parecido com o endosso-mandato. Ao receber o valor dessas duplicatas, o banco-endossatário está autorizado a apropriar-se desse valor, aplicando-o no pagamento de seu crédito.

O endosso-caução é também um endosso-mandato. O banco, nesse caso, age como procurador do titular dos direitos cambiários, só que, ao receber o valor dos títulos, está autorizado a ficar com o dinheiro, abatendo-o do débito do proprietário dos títulos. Está previsto o endosso-caução no art. 19. Deve utilizar os termos "endosso-caução", "valor em penhor", "valor em garantia", ou outro equivalente.

Endosso-póstumo – Nossa lei chama-o de "endosso posterior ao vencimento" e alguns juristas chamam-no de endosso "tardio". Há dois tipos de endosso póstumo, segundo o art. 20:
- endosso posterior ao vencimento – nesse caso, o portador do título poderá exercer seus direitos creditórios, reclamando o pagamento;
- endosso posterior ao protesto – produz apenas os efeitos de uma cessão de crédito.

5.7. O aval

O pagamento de um título de crédito pode ser no todo ou em parte garantido por aval. O aval é pois uma declaração cambiária típica da garantia. A fim de dar maior segurança ao pagamento de uma nota promissória, uma terceira pessoa avaliza-a, ficando responsável pelo pagamento dela, caso o emitente não a pague. Consta o aval da assinatura do avalista no verso da promissória, exprimindo pelas expressões "por aval", "bom para aval" ou qualquer fórmula equivalente. Nem é necessário porém fazer essa indicação, bastando a assinatura no verso da cártula. O emitente da nota promissória apõe sua assinatura na parte frontal dela, não se confundindo com o aval. O endosso consta da assinatura do beneficiário no verso. Logo, não sendo o emitente, nem o endossante, quem assina o título só pode ser o avalista.

O avalista da nota promissória normalmente é uma terceira pessoa, que vem integrar a relação jurídica cambiária. Pode ser o próprio emitente, mas o aval dele não tem sentido, pois é ele o devedor direto e não adiantaria garantir a responsabilidade dele. Quanto ao endossante, o aval tem cabimento, pois, no caso de uma execução, o avalista é equiparado ao devedor direto, como veremos no estudo da ação cambiária.

O "caput" do art. 32 traz uma disposição em termos esquisitos: "o dador do aval é responsável da mesma maneira que a pessoa por ele afiançada". O primeiro termo esquisito é "dador do aval", em lugar de avalista. É fruto da canhestra tradução do texto francês da Convenção de Genebra. A segunda extravagância é a confusão entre aval e fiança, institutos bem diferentes.

A obrigação do avalista mantém-se, mesmo no caso de obrigação que ele garantiu ser nula por qualquer razão que não seja um vício de forma (art. 32). Essa disposição nos faz interpretar o aval como declaração cambiária autônoma, sem vinculação com as outras. Aliás, a autonomia das obrigações cambiárias é um princípio do Direito Cambiário, uma das já faladas características dos títulos de crédito. Por essa razão, o aval subsiste por si, não importando se a obrigação por ele garantida for declarada nula. Note-se que a lei fala em "obrigação nula" e não em título nulo. Assim sendo, o aval dado a um documento em que não consta a palavra "nota promissória", é nulo, pois essa nota promissória tem um defeito de forma que não a faz produzir efeitos como nota promissória. Contudo, se a obrigação cambiária for nula, não por um grave vício de forma do título, mas por condição intrínseca da própria obrigação, como se o emitente da nota promissória for um incapaz, ou a assinatura do emitente for falsa, prevalece, devido ao fato de serem autônomas as duas declarações cambiárias: a emissão e o aval.

Surgem assim dúvidas quanto à eficácia da afirmação de que o aval deve indicar a pessoa para a qual seja dado e, se não houver essa indicação, entende-se que seja para o emitente da nota promissória. Levando essa norma com muito rigor, iríamos concluir que o aval está vinculado a uma certa figura interveniente da promissória e não seria autônomo portanto.

Não obstante seja o aval normalmente aposto no verso da promissória, não proíbe a lei que seja aposto na parte frontal da cártula, desde que não seja no mesmo lugar da emissão; nesse caso, o pretenso avalista seria um emitente, porquanto a promissória poderá ter vários emitentes, que terão responsabilidade solidária pela emissão. Esse posicionamento do aval, no verso ou reverso, está previsto inclusive no art. 14 da Lei Saraiva (Decreto 2.044/08): "Para a validade do aval, é suficiente a simples assinatura do próprio punho do avalista ou do mandatário especial, no verso ou no anverso da letra".

Outra disposição do art. 32 da LUG está na terceira alínea, afirmando que o avalista que paga a promissória fica sub-rogado nos direitos emergentes dela, contra a pessoa a favor de quem foi dado o aval e contra os obrigados para com esta em virtude da letra. Essa questão deverá ser tratada, sob o aspecto processual, no estudo da ação cambiária, mas será conveniente examinarmos, sob o ponto de vista substancial, o fenômeno da sub-rogação. Por exemplo: Ulpiano emite uma nota promissória para Papiniano, que é avalizada por Paulo. Ao chegar o vencimento, Ulpiano não paga essa promissória e Papiniano ameaça com a ação cambiária, tanto o emitente como o avalista. Paulo, o avalista, não quer ser envolvido em ação judicial e paga o título. Ao pagar o título, Paulo poderá empreender a ação cambiária contra Ulpiano, pois agora é o credor e o portador do título, quando antes era devedor. Paulo sub-rogou-se nos direitos cambiários, ou seja, adquiriu-os ao pagar o título, podendo exercê-los contra os devedores anteriores. É chamado "direito de regresso".

5.8. O vencimento

Vencimento é o dia marcado na nota promissória para que seja pago o valor nela mencionado. A promessa de pagamento deve ter um dia certo para ser cumprida. É o momento em que o portador da nota promissória poderá exigir o pagamento da soma cambiária. Embora a Convenção de Genebra fale em "época" de pagamento, entende-se como época um dia determinado, o dia final do prazo combinado para o cumprimento da obrigação cambiária. Não cumprindo sua obrigação nesse dia, o devedor está inadimplente, colocado em mora. Por isso, deve o vencimento ser claro e preciso; deve ser também uno e único. Não é possível estabelecer vários vencimentos numa só nota promissória ou vencimento alternativo.

Além do vencimento em um dia fixo, certo, preciso, será possível estabelecer mais duas espécies de vencimento: à vista, e a certo termo de data. Tratam-se de casos raros, mas são permitidos pela lei. A nota promissória com vencimento à vista deverá ser paga na sua apresentação. No lugar do vencimento poderá constar a indicação "à vista", ou poderá ficar em branco, sendo mais seguro riscar os claros no local da nota que estiver reservado ao vencimento. A nota promissória à vista serve mais para efeito de documentação, pois o emitente paga o que deve sem precisar de nota promissória, não se concebendo que a emita para pagá-la de imediato.

Outro tipo de vencimento permitido pela lei é o vencimento a certo termo da data; por exemplo, a 60 dias a partir da emissão. Assim, uma nota promissória emitida em 1.7.94 para ser paga no prazo de 60 dias; neste caso, ela deverá vencer-se em 1.9.94. É um caso muito raro essa modalidade de vencimento, que poderá causar confusão; bem mais fácil seria ao emitente colocar o vencimento no dia fixo e certo de 31.8.2002 ou 1.9.2002. O art. 36 da Convenção de Genebra estabelece algumas regras para esse tipo de vencimento, embora haja pouquíssima aplicação para elas:

a) a nota promissória com vencimento em um ou mais meses da data de emissão será na data correspondente do mês em que o pagamento se deve efetuar. Destarte, se uma nota promissória emitida em 1.6.2002 tiver vencimento após dois meses, será então em 1.8.2002.

b) quando a promissória for emitida a um ou mais meses e meio de data, contam-se primeiro os meses inteiros.

c) se o vencimento for fixado para o princípio, meado ou fim do mês, entende-se que a promissória será vencível no primeiro, no dia 15, ou no último desse mês.

d) as expressões "oito dias" ou "quinze dias" entendem-se não como uma ou duas semanas, mas como um prazo de 8 ou 15 dias efetivos.

e) a expressão "meio mês" indica um prazo de 15 dias.

O pagamento só pode ser exigido no vencimento, data em que se vencerá o prazo concedido para o devedor. A promissória, como todo título de crédito, deve ser líquida, certa e exigível, para dar ao seu legítimo portador o direito de apresentá-la a quem deverá pagá-la. O requisito a que se refere o termo "exigível" é que ele esteja vencido, sem o que não poderá ser exigível. O vencimento deverá ser único, certo, claro e bem definido; não comporta a promissória vários vencimentos, nem a indicação de um dia vago ou condicional, nem oferecer dúvidas quanto ao dia. Não pode haver vencimentos sucessivos.

5.9. O pagamento

Ao vencer-se a nota promissória, seu portador deve apresentá-la ao devedor, em princípio, o emitente, para que este possa pagá-la. O devedor só deve pagar um título de crédito se este lhe for apresentado uma vez que, pagando-o, tem ele o direito de exigir a entrega do título. Pode ainda o devedor exigir que o portador passe um recibo de recebimento, no próprio título. A nota promissória é um documento "quérable", ou seja, o credor deve procurar o devedor para que este pague.

Caso não tenha condições de pagar o valor total da promissória, o emitente poderá propor pagamento parcial, não podendo o portador recusar esse pagamento. Neste caso, o portador dará um recibo da importância do próprio título, mas ficará com este em seu poder. Poderá então exercer a ação cambiária para o recebimento do saldo. Entretanto, o portador da promissória, isto é, o favorecido, não está obrigado a receber o pagamento antes do vencimento. Se o emitente pagá-la antecipadamente, tê-la-á pago por sua responsabilidade.

Ao ser feito o pagamento pelo emitente, que é o devedor direto, a nota promissória deixa de existir como título de crédito, porquanto já cumpriu sua função. Esse título saiu da circulação, seu criador está desobrigado, por não mais existir a relação jurídica cambiária. É o efeito do pagamento: desobriga o devedor e dá fim ao título.

Quem paga um título, porém, deve tomar o devido cuidado, a fim de pagar ao legítimo portador: deve pagar ao benificiário, vale dizer, a quem ele passou a promissória. Se o beneficiário a transferiu por endosso, deve o devedor pagar ao último endossatário, podendo exigir a indentificação deste. Está na obrigação de quem pagar a nota verificar a regularidade da sucessão dos endossos, de tal forma que pareçam corretas as transmissões do título até o último endossatário, ficando demonstrado este seja o portador legitimado.

Chegado o dia do vencimento, cabe ao portador da promissória o dever de apresentá-la ao emitente para o pagamento, no lugar do pagamento designado no título, geralmente o domicílio do emitente. A obrigação cambiária, como a da promissória, é uma obrigação *quérable* e não *portable*, isto é, o credor deve procurar o devedor no domicílio deste último para receber o pagamento. Sendo feriado o dia do vencimento, a nota deverá ser apresentada para o pagamento no dia seguinte. O emitente cumprirá assim sua promessa de pagamento. De acordo com o estudo que faremos da ação cambiária, a falta da apresentação da promissória para o pagamento, no lugar designado e no dia do vencimento, ocasiona a perda, ao portador, do direito de regresso contra possíveis endossantes, nos termos do art. 20 da Lei Saraiva e 53 da Convenção de Genebra.

Ao pagar a promissória, o emitente poderá exigir que o portador lhe entregue o título e, com o respectivo recibo, passado no próprio documento, poderá e deverá fazer essa exigência.

5.10. A nota promissória vinculada

Já fizemos alusão ao intenso dinamismo da vida econômica e mercantil, provocando evolução constante no Direito Empresarial, com a criação de novos institutos jurídicos, novos contratos mercantis, novos valores mobiliários. Implica ainda a mais variada aplicação dos instrumentos de crédito, de tal forma que vão aparecendo novos usos e costumes na utilização dos títulos de crédito, Assim acontece com a nota promissória, título simples, versátil e dos mais populares; vem encontrando ampla aplicação e adaptação em múltiplas aspirações. Iremos falar agora sobre a nota promissória vinculada a contratos, principalmente a contrato de compra e venda de imóveis.

Num contrato de compra e venda de imóvel, com pagamento em prestações mensais, o promitente-comprador assina tantas novas promissórias quantas forem as prestações a pagar, com os mesmos valores e os mesmos vencimentos. Surgem simultaneamente duas relações jurídicas paralelas, mas com íntima conexão entre si: uma contratual e outra cambiária. A relação jurídica contratual decorre do contrato de compra e venda do imóvel, entre o promitente-vendedor e promitente-comprador. Este último é o devedor, obrigando-se ao pagamento das prestações mensais para complementar o preço do imóvel que comprou.

Concomitantemente, estabelecer-se-á uma relação jurídica cambiária, com a emissão de várias notas promissórias pelo promitente-comprador, tendo como favorecido o promitente-vendedor do imóvel. Ao chegar o vencimento da promissória, o emitente a paga e esse pagamento representa a quitação da promissória e da prestação do imóvel. Esta é a chamada promissória *pro solvendo*. Assim sendo, o devedor tem uma só dívida, mas juridicamente assumiu duas. Se não pagar a promissória, o emitente sofre duas sanções: poderá ser executado pelo inadimplemento da promissória e poderá ter rescindido o contrato de compra do imóvel.

Não julgamos nem lógica nem lícita essa transação, malgrado tenha sido ela aceita pelo nosso Judiciário. Lógico e lícito será, isto sim, a nota promissória *pro soluto*, ou seja, o promitente-comprador do imóvel paga o preço com as notas promissórias. Ao pagar o imóvel com esses títulos, recebe do promitente-vendedor plena e geral quitação do imóvel, mas ficará com a obrigação de solvê-los. Seria como se o vendedor do imóvel concedesse um empréstimo ao comprador, empréstimo esse lastreado em notas promissórias, aplicando-se esse empréstimo no pagamento do preço do imóvel.

O vendedor do imóvel poderá garantir-se do pagamento dessas notas promissórias, exigindo a hipoteca do imóvel vendido. Portanto, o uso da nota promissória *pro solvendo*, além de não encontrar amparo legal, é desnecessária. Para que então descaracterizar a nota promissória, menosprezar a lei e criar relações jurídicas ilegais, sem motivo plausível?

É o que também ocorre em contrato de abertura de crédito bancário. O mutuário entrega uma promissória ao banco, no valor do limite do crédito. Ao cobrar o saldo devedor em C/C, o banco executa a nota promissória, mas, na verdade, está executando o saldo devedor do contrato de abertura de crédito. Essa nota promissória está então entregue em penhor mercantil, em caução. Instruirão o processo de execução a nota promissória, o contrato e outros documentos referentes à abertura de crédito. Alegam alguns que a promissória capacita o banco credor a exercer a ação cambiária, enquanto que o contrato de abertura de crédito submeter-se-ia à ação ordinária. Todavia, não apenas títulos de crédito são títulos executivos, devendo ser consultado o art. 585 do Código de Processo Civil, que aqui transcrevemos:

"São títulos executivos extrajudiciais:

I – A letra de câmbio, a nota promissória, a duplicada e o cheque;

II – o documento público, ou o particular assinado pelo devedor e subscrito por duas testemunhas, do qual conste a obrigação de pagar quantia determinada, ou de entregar coisa fungível".

Portanto, o contrato de abertura de crédito, tendo o valor fixo, correspondente ao limite, com as duas testemunhas, é um título executivo como a nota promissória. Poderá ser protestado e ensejar a ação executiva, com as mesmas características da ação cambiária.

5.11. A nota promissória comercial

Com o nome de nota promissória comercial, o direito brasileiro adotou recentemente um novo título de crédito, classificado como "valor mobiliário". Foi a adaptação ao nosso país do *commercial paper*, em voga nos EUA e nos principais países. Não julgamos apropriada essa designação, pois essa nova modalidade de título de crédito rompe certas características essenciais da nota promissória. Também não parece boa a nomenclatura adotada nos EUA, país em que se originou esse título de crédito – *commercial paper* –, uma vez que "papéis" têm um significado muito genérico e "comerciais", além de genérico e vago, é paradoxalmente restritivo, uma vez que é mais utilizado por empresas industriais e instituições financeiras e não especificamente comerciais.

O CP é um título negociável, com valor mobiliário, sem garantia, representado por uma promessa de pagamento em dinheiro, à vista ou a prazo, emitido por sociedade por ações, destinado à oferta pública. Nota-se a primeira diferença da nota promissória comum: destina-se a captar dinheiro no mercado de capitais, enquanto aquela no mercado financeiro. A segunda diferença é poder esse título ser ao portador, enquanto a nota promissória, segundo a Convenção de Genebra, deve ser nominal. Na prática, o CP é uma promessa de pagamento a curto prazo, enquanto a nota promissória pode lastrear dívidas com prazo mais longo. Segundo nossas normas, é um valor mobiliário.

Assemelha-se aos Títulos de Dívida Pública, razão por que nada obsta a que seja emitido pelo Poder Público. São colocados à venda para captação de recursos a curto prazo, por serem títulos mais simples, ágeis e versáteis do que as debêntures. Se for emitido por uma instituição financeira chama-se "financial paper" e se por empresa industrial "industrial paper". As financeiras obtêm recursos extras com o CP. No Brasil, porém, não poderão ser emitidos por instituições financeiras, malgrado possam elas atuar como distribuidores desse título, como um Agente Fiduciário.

O CP, pelo que indica o próprio nome, surgiu nos EUA e lá se vulgarizou, para depois espalhar-se pelo mundo. Desde o início deste século já se notava sua presença no mercado de capitais. Nos EUA, o banco de um Estado não pode operar em outro; em conseqüência, às vezes falta dinheiro em um Estado enquanto sobra em outro. Eis um dos motivos do sucesso do CP nos EUA: a "corporation" (S/A) de um Estado, ao sentir dificuldades em conseguir crédito local, lança títulos para colocação em outro Estado, arrecadando assim o numerário que procura. A General Motors foi a principal emissora de CP, levando outras empresas a seguirem seu exemplo.

Dos EUA, o CP passou ao vizinho Canadá. As empresas americanas lançaram CP sobre o Canadá, tornando-se esse país forte investidor nesses papéis. Por seu turno, as empresas canadenses aditaram essa forma de captação de recursos, até mesmo no mercado norte-americano de capitais.

Introduziu-se depois na Inglaterra a partir de 1986, embora tivesse ela legislação bancária fortemente regulamentada. Esta porém foi contornada com o ingresso da Inglaterra na UE e o relacionamento financeiro com os EUA. Na mesma ocasião, a França adotou a inovação com o nome de *Billets de Trésorerie*, diferenciando-se dos *Billets à l'Ordre* (notas promissórias). Posteriormente, entrou na Itália sem muito brilho, mas realçou-se muito no Japão. Modernamente, os principais países o aceitam.

O CP EM NOSSO DIREITO

Esse título de crédito foi previsto inicialmente pela Resolução 1.723 do CMN – Conselho Monetário Nacional, de 27.06.90, considerada como valor mobiliário a nota promissória emitida por sociedade por ações, destinada a oferta pública. Excluiu porém da emissão dessas notas promissórias as instituições financeiras, sociedades corretoras e distribuidoras de valores mobiliários e sociedades de arrendamento mercantil; esse critério contrasta com o direito americano e de diversos países. A Resolução 1.723/90 autorizou a CVM – Comissão de Valores Mobiliários a baixar normas complementares e a adotar as medidas necessárias à adoção do novo título.

No mesmo ano, a CVM cumpriu sua missão, com a Instrução 134, de 1/11/90, regulamentando esse novo valor mobiliário criado pela Resolução 1.723/90. É o principal diploma jurídico sobre o assunto. No ano seguinte, o Comunicado-Conjunto CVM/SNPC, de 21.1.91, facultou às entidades fechadas de previdência privada adquirir notas promissórias emitidas pelas sociedades por ações conforme autorizado pela Resolução 1.723/90. O CMN, por seu turno, pela Resolução 1.795, de 27.2.91, autorizou igualmente as sociedades seguradoras e sociedades de capitalização e as entidades abertas de previdência privada. A Instrução 143, da CVM, de 18.4.91, isentou as operações com debêntures e notas promissórias, negociadas em bolsas de valores, de corretagem. Algumas formalidades foram dispensadas às companhias que efetuarem distribuição de notas promissórias, pela Instrução 155, da CVM, de 7.8.91.

Importante medida foi adotada pela Resolução 1.947, do CMN, de 29.7.92. Diz ela que os recursos garantidores das reservas técnicas não comprometidas das sociedades seguradoras, sociedades de capitalização e entidades abertas de previdência privada deverão ter aplicações dirigidas a determinados investimentos, incluindo neles as notas promissórias e as cédulas pignoratícias de debêntures. Tal medida veio prestigiar o nóvel valor mobiliário.

A expressão *comercial paper* foi utilizada pela primeira vez na Resolução 1.734, do CMN, de 31.7.90, que facultou ao BNDS a captação de recursos no mercado externo, mediante a emissão de CP. Essa faculdade foi ainda concedida a bancos de desenvolvimento, bancos de investimentos, bancos comerciais autorizados a operar em câmbio, bancos múltiplos com carteira comercial se autorizados a operar em câmbio, com carteira de investimentos ou de desenvolvimento. Essa Resolução não autoriza, porém, essas instituições financeiras a captar recursos no mercado de capitais interno, mas é sugestiva essa abertura para a utilização do CP.

O BACEN – Banco Central do Brasil, pelo Comunicado 2.759, de 19.3.92, regulamentou o pedido de autorização a ser dada por essa autarquia às operações acima referidas. O próprio BACEN, na Carta Circular 2.444, de 14.3.94, utilizou também a expressão *comercial paper*. O Ministro da Economia, na Portaria 490, de 25.6.92, fixou as alíquotas que incidem sobre operações de registro de emissão de notas promissórias comerciais. Sob o ponto de vista terminológico, foi muito feliz o uso da expressão "notas promissórias comerciais", pois caracteriza bem esse título e o distingue da nota promissória comum.

As designações usadas pelas normas emanadas dos órgãos legisladores aparecem sob três formas: *comercial paper*, "nota promissória comercial" e simplesmente "nota promissória". Fazemos restrição apenas a esta última designação, por ensejar confusão com a nota promissória comum.

REQUISITOS DO TÍTULO

Tal como foi regulamentado pela Instrução 134/90, as companhias poderão emitir para colocação pública, notas promissórias que conferirão a seus titulares direito de crédito contra a emitente. Pelo que expõe o art. 1º dessa instrução, há muita semelhança entre a debênture e essas notas promissórias. Elas circularão por endosso em preto, de mera transferência de titularidade, conforme previsto no art. 15 da Convenção de Genebra. Embora invoque o art. 15 da Convenção de Genebra, no endosso na nota promissória comercial constará obrigatoriamente a cláusula "sem garantia".

A emissão das notas promissórias para colocação no mercado de capitais é privativo das companhias (S/A), mas a Instrução exige que elas tenham o patrimônio mínimo de 10 (dez) milhões de BTNF. O índice do endividamento, computado o montante de notas promissórias a serem emitidas (Passivo Circulante mais Exigível a Longo Prazo, dividido pelo Patrimônio Líquido), não poderá exceder a 1,2. A cada deliberação de nova emissão de notas promissórias, a companhia emissora, para cômputo desse limite, deverá considerar as emissões já deliberadas e ainda não resgatadas. Não poderão, contudo, lançar novas notas promissórias as companhias que não estiverem em dia com as obrigações contraídas em colocações anteriores de notas promissórias. Não só a empresa emissora, como a emissão de notas promissórias, deverão estar registradas na CVM.

O valor nominal da nota promissória, expresso em moeda nacional, não poderá ser inferior à quantia equivalente a 80.000 BTNF, na data da deliberação de sua emissão. Tendo um valor fixo e, por sinal, um tanto elevado, a nota promissória não se torna muito versátil, mas parece não ter vocação para um título popular.

O vencimento da nota promissória é limitado pelo mínimo e pelo máximo: deve ser emitida com prazo mínimo de vencimento de 30 dias e máximo de 180, contados da data da emissão. A data da emissão da nota promissória deverá ser a data de sua efetiva integralização, a qual será feita em moeda corrente, à vista, quando da subscrição. Contando com a anuência expressa do titular, a emissora poderá resgatar antecipadamente a nota promissória. Se for resgate parcial, deverá ser feito mediante sorteio ou leilão, observando-se o prazo mínimo de 30 dias. O resgate da nota promissória implica na sua extinção, não podendo circular novamente ou ser mantida em tesouraria.

A deliberação da companhia sobre a emissão das notas promissórias comerciais deverá constar do estatuto social, que deverá dispor quanto a essa competência. Poderá ser assembléia de acionistas ou órgãos de administração, a nosso ver, o Conselho de Administração. A deliberação de emitir deverá dispor sobre: a) o valor de emissão e a sua divisão em séries, se for o caso; b) quantidade e valor nominal das notas promissórias comerciais; c) as condições de remuneração e de atualização monetária, se houver; d) prazo de vencimento dos títulos; e) garantias, quando for o caso; f) demonstrativo para comprovação dos limites previstos na Instrução 134/90; g) local de pagamento; h) contratação de prestação de serviços, tais como custódia, liquidação, emissão de certificados, agente pagador, conforme o caso.

Interessante notar a possibilidade de haver garantias nas notas promissórias comerciais, como por exemplo, aval. Se houver vinculação do patrimônio da companhia como garantia das notas promissórias comerciais, estas se assemelharão às debêntures; seria então o caso de a companhia apelar para esses títulos societários, pois já são tradicionais e conceituados. A maior parte das companhias brasileiras não tinham estatuto adaptado para a adoção desses novos valores mobiliários, razão pela qual se nota a reforma do estatuto de algumas S/A.

Cabe ainda falar da empresa emissora das notas promissórias comerciais. É sempre uma S/A, pois não sabemos da existência de sociedade em comandita por ações, que não encontraram acolhida na política empresarial brasileira. Necessitará estar com seu estatuto adaptado e devidamente registrado nos órgãos competentes, como ainda na CVM. Se pretender negociar tais títulos na Bolsa de Valores Mobiliários, deverá registrar-se nela, juntando a documentação exigida. Deverá ainda prestar amplas informações à CVM e ao próprio mercado sobre sua situação e suas atividades. Vê-se assim que a faculdade concedida acarreta a correspondente responsabilidade.

Cada lançamento de notas promissórias comerciais deverá ter seu registro requerido à CVM pela própria companhia emissora ou por instituição integrante do sistema de distribuição de valores mobiliários. Segue, mais ou menos, o mesmo sistema de registro. O requerimento de registro deverá estar instruído com ampla documentação sobre o lançamento, inclusive com a minuta do prospecto. Documento obrigatório para o lançamento, o prospecto contém os dados básicos sobre a operação da companhia emissora, como a existência ou não de garantias e, se houver, o tipo de garantias, informações sobre o garantidor e outros dados. Cópia do prospecto deverá ser entregue comprovadamente a cada adquirente da nota promissória comercial.

A distribuição de notas promissórias comerciais só poderá ser iniciada após a concessão do registro pela CVM. A empresa emissora deverá publicar anúncio da distribuição, colocando o prospecto à disposição dos investidores. A publicação, em jornal de livre circulação, de livre escolha da emissora, deverá esclarecer bem o mercado sobre as condições básicas do lançamento, conforme consta do prospecto e devidamente aprovadas pela CVM, constituindo falta grave publicação em desacordo, podendo o lançamento ser suspenso pela CVM ou pela BVM.

MODELO DE NOTA PROMISSÓRIA

N.º ....

Vencimento em .... de .... de 19..........

Cz$ ....

No dia .... de 19.........., pagar pela presente NOTA PROMISSÓRIA a .... N.º do CGC/CPF .... a quantia de .... ou à sua ordem, na cidade de ...., ... de .... de 19..........

em moeda corrente do país.

Emitente ....
CGC/CPF ....
Endereço ....
Cidade ....

6. LETRA DE CÂMBIO

6.1. Aspectos conceituais

6.2. O saque

6. 3. Requisitos do saque

6.4. O aceite

6.5. O aceite por intervenção

6.6. O endosso

6.7. O aval da letra de câmbio

6.8. A cambial em branco

6.9. O vencimento

6.10. O pagamento da letra de câmbio

6.11. O pagamento por intervenção

6.12. Dualidade legislativa

6.13. Ressaque

6.14. Pluridade de exemplares: duplicatas e cópias

6.1. Aspectos conceituais

A letra de câmbio é o protótipo dos títulos de crédito, o primeiro a ser criado, tendo derivado dela todos os demais. Modernamente, não é um título muito popular, mas elitista, utilizado principalmente no mercado de capitais e nas operações de comércio exterior. É uma declaração cambiária, pela qual uma pessoa dá uma ordem a uma segunda pessoa, para que esta pague a uma terceira pessoa uma soma em dinheiro, num determinado dia e lugar. Pela própria definição, nota-se a presença de três pessoas na letra de câmbio: as três figuras intervenientes. Quem dá a ordem de pagamento é chamado de sacador; quem recebe a ordem é o sacado; o beneficiário é a pessoa favorecida, a quem o valor deverá ser pago.

A letra de câmbio, como todo título de crédito, é uma cártula, um pedaço de papel, no qual serão feitas as declaraçõeos cambiárias. Nessa cártula incorporam-se direitos creditórios, decorrentes de uma relação jurídica triangular entre as três pessoas: o sacador, o sacado e o favorecido. A cártula é ainda utilizada em seus dois lados; a parte frontal é chamada pela lei de "anverso", sendo ainda conhecida como fronte ou face; a parte posterior é legalmente chamada de "verso", mas também conhecida como dorso ou costas. Conforme veremos posteriormente, o anverso (a parte frontal) destina-se à assinatura do sacador e do aceitante e o verso da letra de câmbio poderá conter muitas declarações cambiárias, não havendo limite para o número de endossantes, e avalistas; poderá ser a letra de câmbio alongada em um pedaço de papel, que é chamado de alongamento, para o qual porém a lei reserva o nome de "anexo", conforme se vê no art. 13 da LUG.

Letra é termo de origem latina, *littera* — letra, mas tinha também o significado de cártula, de documento escrito. Câmbio é de origem italiana, significando troca. O conceito de letra de câmbio não se afasta do sentido de sua origem etimológica: é normalmente um documento para propiciar uma troca de dinheiro atual por dinheiro futuro *(pecunia presenti cum pecunia absenti)*, tanto que surgiu em decorrência de operação com esse sentido, chamada de "câmbio trajetício".

Pode a letra de câmbio ser sacada à ordem do próprio sacador, ficando a mesma pessoa como sacador e favorecido. Pode ainda ser sacada sobre o próprio sacador, ficando então sacador e sacado a mesma pessoa.

Após a sua criação, a letra de câmbio pode ser alterada, segundo o art. 69. No caso de alteração de texto de uma letra de câmbio, os signatários posteriores a essa alteração ficam obrigados nos termos do texto alterado; os signatários anteriores são obrigados nos termos do texto original.

6.2. O saque

A letra de câmbio comporta quatro declarações cambiárias: saque, aceite, endosso, aval. O saque é a declaração cambiária criadora do título, sendo destarte declaração originária, principal e necessária. A letra de câmbio cria-se pelo saque, declaração cambiária feita pelo sacador, consistente em uma ordem para pagar. Embora seja o criador da letra de câmbio, o sacador não é o devedor direto. O saque é declaração originária porque o título surge graças a ele; antes dele não há quaisquer declarações; as outras surgem depois. É necessária porque sem ela não haverá letra de câmbio; basta ela para que esse título exista, ou seja, um pedaço de papel transformou-se em título cambiário e produz seus efeitos jurídicos. É principal porque todas as outras (aceite, aval e endosso) dependem dela; estas últimas são declarações que completam ou enriquecem a letra de câmbio, mas não são imprescindíveis. Se as outras declarações cambiárias são sucessivas e acessórias, não deixam de ser úteis.

O saque pressupõe uma relação jurídica entre sacador e sacado, para dar ao sacador o poder de dar uma ordem ao sacado. Essa relação jurídica pode ser de variadas modalidades, geralmente contratual. Como exemplo, podemos citar as letras de câmbio comumente utilizadas para captação de dinheiro no mercado de capitais. Quando um comprador adquire mercadoria em um magazine para pagamento futuro, esse magazine saca uma letra de câmbio contra o comprador, a favor de uma financeira; a letra é aceita por ocasião da compra. Há então entre o sacador e o sacado, por enquanto, uma relação jurídica contratual, decorrente de um contrato de compra e venda. É a chamada causa substancial ou subjacente da letra de câmbio.

Essa causa substancial é uma relação extracambiária e torna-se relação cambiária com o aceite dado pelo sacado. Até a aceitação, a letra de câmbio contém apenas um compromisso do sacador que acarreta a possibilidade de sofrer uma ação de regresso, caso o aceite não se efetue. O aceite por parte do sacado é fruto da obrigação assumida na relação extracambiária e deve constar explicitamene nela. Se não houve uma cláusula contratual, por exemplo, facultando ao credor o direito de sacar a letra de câmbio e impondo ao devedor a obrigação de aceitá-la, não haverá causa legal para o saque.

6.3. Requisitos do saque

O art. 1º, tanto da Lei Saraiva, como da Convenção de Genebra, estabelece os requisitos da letra de câmbio, mas que se referem mais ao saque. A letra de câmbio, como é característico dos títulos de crédito, é um documento formal, solene; a lei impõe-lhe vários requisitos essenciais, mais precisamente oito, que, se não foram observados, acarretarão a ineficácia do título. Não diz a lei que o documento seja nulo, mas que não produzirá os efeitos de uma letra de câmbio, ou seja, pode ser um documento qualquer, mas não letra de câmbio. Vejamos esses oito requisitos:

1 – A palavra "letra de câmbio" inserida no próprio texto do título;
2 – uma ordem de pagamento pura e simples, vale dizer, sem restrições nem condições, para pagar certo valor em dinheiro;
3 – o nome e identificação de quem deve pagar, isto é, o sacado;
4 – o vencimento, ou seja, o dia do pagamento;
5 – a indicação do lugar em que deve ser paga;
6 – o nome da pessoa a quem deve ser paga (favorecido);
7 – a indicação da data e do lugar em que é criada;
8 – a assinatura do próprio punho do sacador.

1. Como todo título de crédito, este deverá trazer seu nome: letra de câmbio. Se não houver esse nome inscrito na cártula, como se poderá saber que é uma letra de câmbio e que lei a ela se aplica? A Convenção de Genebra (Decreto 57.663/66) fala apenas "letra", palavra repetida em muitos artigos. É mais uma falha da tradução, pois o nome certo é letra de câmbio em todos os países de língua portuguesa.

2. A letra de câmbio traz um requisito que é o motivo de sua própria definição: uma ordem de pagamento. O sacador transmite ao sacado uma ordem para pagar um determinado valor pecuniário. Fala a lei numa ordem "pura e simples", o que significa uma ordem incondicionada e

irrestrita. A Convenção de Genebra (LUG) diz que deve conter um "mandato", mas não haveria sentido nessa disposição, pois não há mandato e sim ordem de pagamento. É uma ordem de pagamento em dinheiro, uma certa e líquida soma pecuniária, em moeda nacional. A letra de câmbio em moeda estrangeira só é permitida nas operações internacionais. Segundo o art. 41, se uma letra de câmbio estiver com pagamento estipulado em moeda estrangeira, pode a sua importância ser paga na moeda do país, segundo o seu valor no dia do vencimento. O valor a pagar deverá constar por extenso e por algarismo; em caso de discordância entre as duas, prevalecerá o valor indicado por extenso.

3. Deve ser indicado o nome e identificação da pessoa a quem a ordem de pagamento é dada, senão seria uma ordem a ninguém. Além do nome, também a identificação por um documento oficial; já se convencionou fazer a identificação do sacado pelo CPF e pelo RG. Tratando-se de uma empresa, deverá constar o CGC e CIC.

4. O vencimento é normalmente o primeiro requisito indicado na letra de câmbio, situando-se na parte de cima da cártula. O vencimento é o dia em que o portador da letra de câmbio poderá apresentá-la ao devedor e exigir o pagamento. Há na letra de câmbio quatro tipos de vencimentos, que veremos posteriormente.

5. O quinto requisito é o lugar do pagamento, ou seja, o lugar em que o título deverá ser apresentado para pagamento e o portador terá a faculdade de requerer a execução no caso de inadimplemento da ordem. O lugar do pagamento é o domicílio do aceitante para a apresentação da letra de câmbio e a comarca em cuja jurisdição poderá ela ser executada. Embora seja um requisito indispensável, caso não haja essa indicação, a omissão será suprida legalmente com o domicílio do sacado. Segundo o art. 4° pode ser indicado como lugar de pagamento o domicílio de um terceiro, ou seja, pessoa diversa do sacado, quer na mesma localidade do sacado, quer em outra. A lei proíbe que sejam indicados vários locais.

6. Deve constar o nome do favorecido; em outros termos, não há letra de câmbio ao portador. Não teria sentido uma ordem de pagamento dada a ninguém, mesmo porque a letra de câmbio é um título à ordem, ou seja, além de favorecido, o beneficiário pode dar ordem de pagamento a outra pessoa. É possível haver mais de um beneficiário.

7. Ao assinar a letra de câmbio, o sacador deverá anotar logo acima de sua assinatura o local e a data do saque. A data deve ser única, possível e certa: normalmente é expressa sempre que alguém assina qualquer

documento, mas na letra de câmbio é um requisito imprescindível. Se houver omissão do local do saque, considera-se legalmente como local do saque o domicílio do sacador.

8 – Finalmente, a letra de câmbio deve contar a assinatura do próprio punho do sacador. Não há necessidade de reconhecimento de firmas na letra de câmbio e demais títulos de crédito. No comércio exterior aplicam-se letras de câmbio sem qualquer assinatura, circulando ela por telex e garantida pelo sistema de "chave secreta"; é sacada por telex, aceita por telex e assim por diante, totalmente em desacordo com a Convenção de Genebra. Infelizmente, essa convenção é de 1930 e necessita de uma revisão, por não ter previsto as inovações tecnológicas do mundo atual.

Se a letra de câmbio contiver assinaturas de pessoas incapazes de se obrigarem por letras, assinaturas falsas, assinaturas de pessoas fictícias, ou assinaturas que por qualquer outra razão não poderiam obrigar as pessoas que assinaram a letra de câmbio, ou em nome das quais ela foi assinada, as obrigações dos outros signatários nem por isso deixam de ser válidas. Essa disposição do art. 7º consagra a autonomia das obrigações cambiárias. Quem assina um título de crédito obriga-se ao pagamento dele, seja endossante, avalista ou aceitante.

6.4. O aceite

Faz-se o aceite pela aposição da assinatura do sacado na parte frontal da letra, com a fórmula "aceito, "visto", ou qualquer outra indicação, ou mesmo com a simples assinatura, desde que não seja junto com a assinatura do sacador. É o que preceitua o art. 25:

"O aceite é escrito na própria letra. Exprime-se pela palavra "aceite", ou qualquer outra equivalente; o aceite é assinado pelo sacado. Vale como aceite a simples assinatura do sacado aposta na parte anterior da letra".

Com o aceite, completa-se a letra de câmbio, desgarrando-se ela da causa fundamental (substancial ou subjacente) e agora é um título abstrato. A abstração não significa a inexistência de causa para a letra de câmbio, mas que essa causa é irrelevante para ela. Surgiu agora uma nova relação jurídica: a relação cambiária, autônoma, vale dizer, sem qualquer vinculação com outras relações jurídicas. Na execução de uma letra de câmbio sem aceite, o sacado pode opor ao sacador exceções baseadas na causa substancial, mas, se estiver aceita, essa causa estará totalmente arredada da relação cambiária e não poderá fundamentar exceções.

A letra de câmbio pode ser apresentada até o vencimento ao aceite do sacado, no domicílio deste, pelo portador ou até por um simples detentor (art. 21). A apresentação da letra de câmbio é destarte uma faculdade do sacador, reservando-se a liberdade de escolher o dia, desde o dia do saque até o dia do vencimento. Não prevê a lei a obrigatoriedade da apresentação para o aceite, razão por que o sacador poderá passar a letra de câmbio diretamente ao beneficiário após o saque. Diz o art. 22 que o sacador pode, em qualquer letra, estipular que ela será apresentada ao aceite, com ou sem fixação de prazo. Fica portanto a data da apresentação ao arbítrio do sacador e não do beneficiário; contudo o interesse pelo aceite é mais do sacador do que o dos portadores do título. Se o sacador fizer circular a letra de câmbio sem o aceite, ficará ele o único responsável pelo pagamento.

A faculdade do sacador é ainda mais ampla no tocante à apresentação. Ele pode proibir na própria letra de câmbio a sua apresentação ao aceite, salvo se for ela pagável em domicílio de terceiro, ou de uma letra pagável em localidade diferente da do domicílio do sacado, ou se for sacada a certo termo de vista.

A respeito dessa última possibilidade é bom traçar algumas considerações. A letra de câmbio com saque a certo termo de vista é aquela cujo vencimento é fixado a um certo número de dias, a partir da apresentação para o aceite. Assim, por exemplo, uma letra de câmbio sacada com o vencimento em dez dias de vista, vale dizer, dez dias após o aceite; digamos que ela tenha sido sacada em 1.7.2002 e apresentada para aceite em 10.7.2002, quando foi aceita. O vencimento será então em 20.7.2002. Nesse caso, será obrigatória a apresentação do título para aceite; caso contrário, seria impossível a determinação do vencimento. A letra de câmbio a certo termo de vista, no sentido do art. 23, deverá ser apresentada ao sacado para o aceite no prazo de um ano, a partir do saque, podendo o sacador estipular um prazo maior ou reduzi-lo. Essa faculdade é estendida ao endossante que receber o título sem o aceite. Sendo pagável a certo termo de vista, ou que deva ser apresentada ao aceite dentro de um prazo determinado por estipulação especial, o aceite deve ser datado do dia em que foi dado, salvo se o portador exigir que a data seja a da apresentação. À falta de data, o portador, para conservar seus direitos de recurso contra os endossantes e contra o sacador, deve fazer constar essa omissão por um protesto em tempo útil (art. 25). A justificativa é simples: em princípio, basta a assinatura do sacado para se dar o aceite, não havendo necessidade de ser ele datado. Todavia, no caso dessa espécie de vencimento, a data do aceite é imprescindível, pois é a partir dela que se marca o prazo de pagamento.

Ao ser apresentada a letra de câmbio ao sacado, poderá ele pedir que lhe seja apresentada no dia seguinte ao da primeira apresentação, mas o portador não é obrigado a deixá-la nas mãos do sacado, pois o saque obriga o sacador e o título de crédito já estará circulando com a responsabilidade dele (art. 24).

O aceite é puro e simples, vale dizer, incondicional, não podendo o aceitante adicionar qualquer cláusula. Toda restrição ou modificação introduzidas pelo aceitante no enunciado da letra equivale a uma recusa de aceite. O que poderá fazer o sacado, entretanto, é aceitar parcialmente o valor da letra de câmbio, como por exemplo, se for sacada pelo valor de R$ 100,00, ele a aceita só por $ 50,00. Fica entretanto o aceitante obrigado nos termos de seu aceite; o restante da soma, não aceita, poderá ser protestada pelo sacador.

Quando o sacador tiver indicado na letra um lugar de pagamento diverso do domicílio do sacado, sem designar um terceiro em cujo domicílio o pagamento se deva efetuar, o sacado pode designar no ato do aceite a pessoa que deve pagar o título. Na falta dessa indicação, considera-se que o aceitante se obriga, ele próprio, a efetuar o pagamento no lugar indicado na letra. Se a letra for pagável no domicílio do sacado, este pode, no ato do aceite, indicar, para ser efetuado o pagamento, um outro domicílio no mesmo lugar (art. 27).

O aceite não produz efeito se for cancelado antes da restituição do título e, se o título apresentar um aceite cancelado, presume-se que o cancelamento se deu antes da restituição. Porém, se o sacado tiver avisado por escrito o portador ou outro signatário da letra que a aceitaria, e depois tenha cancelado o aceite, os efeitos permanecem, responsabilizando-se o aceitante arrependido ante o sacador e demais signatários da letra de câmbio, consoante reza o art. 29.

6.5. O aceite por intervenção

A Convenção de Genebra trouxe uma inovação, regulamentando o instituto da intervenção, não trazido pela Lei Saraiva. Parece ter-lhe dado sensível importância ao dedicar-lhe nove longos artigos no capítulo denominado "Da intervenção", distribuídos em três seções: Disposições Gerais, Aceite por Intervenção, Pagamento por Intervenção. Esse instituto aplica-se então ao aceite e ao pagamento.

A intervenção consta do ingresso de outra pessoa na relação cambiária, a fim de aceitar ou pagar a letra de câmbio. Não é uma nova figura interveniente, pois essa outra pessoa pode ser uma das figuras intervenientes: o sacador, um endossante ou um avalista podem indicar uma pessoa para, em caso de necessidade, aceitar ou pagar a letra de câmbio; pode ela ser aceita, nas condições a seguir descritas, ou paga por uma pessoa que intervenha ou um devedor qualquer, obrigado em via de regresso. O interveniente pode ser uma terceira pessoa, o próprio sacado, ou uma pessoa já obrigada cambiariamente, exceto o aceitante. O interveniente deve, nos dois dias úteis seguintes à sua intervenção, comunicá-la à pessoa pela qual interveio. Se houver inobservância desse prazo, o interveniente é responsável pela sua negligência se houver causado prejuízo, sem que o valor do ressarcimento possa superar o da letra de câmbio (art. 55).

No caso do aceite, a intervenção dá-se quando uma pessoa distinta do sacado, aceita na letra de câmbio, por haver sido indicada para isso, ou seja, a letra de câmbio é sacada contra uma pessoa, mas é aceita por outra. O aceite por intervenção é admitido no caso de uma letra de câmbio aceitável, no caso da falta de aceite ou da falência do sacado antes do aceite. Nesses dois casos, quando tiver sido indicada uma pessoa para firmar o aceite pelo sacado, a ação de regresso não pode ser exercida contra quem tenha indicado o interveniente e os portadores sucessivos, antes que a letra de câmbio seja apresentada; excetua-se a hipótese de ter sido recusado o aceite, comprovada a recusa pelo protesto.

A intervenção é prevista na própria letra, quando for indicado o potencial interveniente. Pode haver porém intervenção voluntária de outra pessoa; nesse caso, o portador do título pode recusá-la. Contudo, se aceitá-la, o portador poderá exercer a ação de regresso contra aquele por quem a indicação foi feita e contra os portadores sucessivos, após o vencimento.

O aceite por intervenção deve ser colocado na letra de câmbio com a assinatura do interveniente, que deverá indicar para quem interveio; na falta dessa indicação, presume-se que tenha sido o sacador (art. 57).

O aceite por intervenção implica a responsabilidade do interveniente, igual à da pessoa pela qual interveio, perante o portador e demais endossantes sucessivos. Apesar do aceite por intervenção, a figura interveniente por quem foi feita intervenção e seus garantes poderão pagar o valor da letra. Nesse caso, pagando eles regularmente, poderão exigir do portador a entrega da cártula com a devida quitação e, caso houver, com o instrumento de protesto.

Pelo que vimos, o ingresso do interveniente na relação cambiária, isto é, na letra de câmbio, dá-se por indicação do sacador, ficando o interveniente obrigado a manifestar-se. A lei cambiária italiana (Regio Decreto 1.345/34) chama essa modalidade de intervenção de "indicação necessária" *(indicazione al bisogno)*. É a intervenção provocada.

Consoante se deduz da terceira alínea do art. 56 da LUG, quando fala em "outros casos de intervenção", há possibilidade de ser interveniente qualquer outra pessoa, sem ter sido indicada, mas de forma espontânea ou voluntária intervém na letra de câmbio, ou aceitando-a ou pagando-a. É a que o direito italiano chama de "intervenção por honra de alguém" *(intervento per onore)*. Embora possa o portador da letra recusar o aceite ou pagamento voluntário, não há normalmente razão para a recusa. Digamos que o sacado de uma letra de câmbio tenha tido sua falência decretada antes de aceitá-la; o título ficará sem aceite e só restará ao portador habilitar seu crédito como credor quirografário. Se houver um interveniente, a letra de câmbio poderá então ser executada contra ele.

6.6. O endosso

A letra de câmbio é um título à ordem, ainda que não contenha essa cláusula expressa. Sendo à ordem, é transmissível de mão em mão, transmissão que se faz pelo endosso. Essa transmissão pode até voltar ao sacado e ao sacador. Por isso, diz o art. 11:

"O endosso pode ser feito mesmo a favor do sacado, aceitando ou não, do sacador ou de qualquer outro obrigado."

Deixa de ser à ordem se o sacador inserir nela a expressão "não à ordem", ou uma expressão equivalente, a letra só é transmissível pela forma e com os efeitos de uma cessão de créditos.

O endosso deve ser puro e simples, vale dizer, incondicional. Qualquer condição a que ele seja subordinado, considera-se como não escrita. Também não é possível endosso parcial; pode ser possível aceite parcial e aval parcial mas não o endosso parcial. A razão dessa impossibilidade é evidente: os direitos incorporados nela não podem ser separados dela.

Consta o endosso da assinatura do beneficiário no verso da letra de câmbio; se houver muitas assinaturas e não houver mais espaço, junta-se o anexo, isto é, uma folha de papel, prolongando a cártula, como também se faz para o aval.

Pode ser o endosso em preto e em branco, conforme seja ou não indicado o nome do endossatário. O endosso em branco consta apenas da assinatura do endossante, sem dizer a quem a letra está sendo transferida; nesse caso, o título foi transformado em título ao portador e se transfere pela simples tradição. Ao receber a letra de câmbio com o endosso em branco, o novo portador fica anônimo e se quiser transferir novamente o título não precisará endossá-lo, bastando a simples tradição. Assim sendo, a letra passou por sua posse mas ele permaneceu estranho a ela, sem responsabilizar-se pelo pagamento. Está livre portanto dos efeitos do direito de regresso, pois conforme diz o art. 15, o endossante, salvo cláusula em contrário, é garante tanto da aceitação como do pagamento da letra.

Assim sendo, o endossatário de uma letra em branco ocupa uma posição muito versátil, com várias opções:

1 – poderá transferi-la por simples tradição sem assiná-la;

2 – poderá colocar seu nome acima da assinatura do endossante, escrevendo "pague-se a", transformando-a em endosso em preto;

3 – endossá-la a terceira pessoa.

Há porém outro aspecto no endosso: não é ele apenas uma forma de transmissão da letra, mas também uma forma de garantia. Dissemos várias vezes que toda assinatura num título de crédito implica responsabilidade do pagamento dele; o endosso não é diferente. Ao transmitir a letra de câmbio a outra pessoa, o endossante obriga-se a pagá-la caso o devedor direto não a pague.

O endosso não pode ser condicionado, pois deve ser puro e simples; se a condição for colocada, isto não determinará a nulidade do título, mas será juridicamente irrelevante; considera-se como não escrita. Ao revés, nulo é o endosso parcial, como já vimos. Contudo, a lei não considera como condição a proibição de um novo endosso. Se o endossante colocar no endosso que fica vedado novo endosso, não impedirá que a letra de câmbio seja novamente transferida, mas ele não garante o pagamento às pessoas a quem seja ela posteriormente endossada.

Aplicam-se ainda à letra de câmbio as normas sobre o endosso-cobrança e o endosso-caução, mas como elas se aplicam mais às duplicatas faremos melhor estudo deles ao examinarmos esse título, como já tínhamos estudado com a nota promissória.

6.7. O aval da letra de câmbio

Como qualquer outra obrigação, as obrigações cambiárias podem ser garantidas por garantias pessoais, inclusive nas formas ordinárias de fidejussórias; é possível haver fiança para um título de crédito; não no título, mas fora dele. Poderá também haver garantia cambiária, no próprio título, chamada aval. Esta é uma obrigação cambiária de garantia e como tal constitui uma obrigação acessória, regulada de acordo com os princípios do direito cambiário.

Conforme o art. 30, o pagamento de uma letra de câmbio pode ser no todo ou em parte garantido por aval. Admite portanto a lei o aval parcial, como por exemplo, numa letra de R$ 100,00, o avalista só garante R$ 50,00. Como não há limite para o número de avalistas, o favorecido poderá pedir o aval para o restante do valor da letra, com outro avalista. O aval pode ser concedido por terceira pessoa ou mesmo por um dos signatários da letra, como o sacador. Não vemos razão para que uma letra de câmbio seja avalizada pelo sacador, pois ele já é um coobrigado e muito menos pelo sacado, que é o direto devedor do pagamento. Os endossantes sim, será de conveniência o aval deles, por não obrigar o portador da letra de câmbio a protestá-la nos dias seguintes ao vencimento (são só dois dias), caso ela não seja paga.

O aval é prestado com o uso da fórmula "por aval", "bom para aval" ou por qualquer outra fórmula equivalente, e assinado pelo avalista. Nem é necessária essa fórmula, uma vez que a assinatura de qualquer pessoa na letra de câmbio será considerada aval, desde que não seja a do sacador e a do sacado. Se for do favorecido será endosso, mas havendo duas assinaturas do favorecido, uma será do endosso e outra do aval. O aval deve ser dado na face anterior da letra, mas quase sempre é dada na parte traseira, para não ser confundido com o saque e o aceite, que são também dados na parte frontal. Caso não haja mais lugar para o avalista apor sua assinatura, poderá ser colocado um anexo à cártula, ou seja, um alongamento.

O art. 32 tem, no seu "caput", uma redação merecedora de reparos: "o dador do aval é responsável da mesma maneira que a pessoa por ele afiançada". A primeira estranheza é o termo "dador do aval" em vez de avalista; a segunda, a expressão "afiançada", confundindo aval com fiança. Esclarecendo essas confusões, concluiremos que o aval é uma obrigação acessória e, como tal, segue a obrigação principal *(accessorium sequitur suo principale)*. Assim sendo, o avalista do aceitante é um obrigado direto, pois o aceitante também é; o avalista de um endossante é um obrigado de regresso. Por isso, o aval deve indicar a pessoa para a qual seja dado; se não houver essa indicação, entender-se-á para o sacador.

A obrigação do avalista mantém-se, mesmo no caso de a obrigação que ele garantiu ser nula por qualquer razão que não seja um vício de forma. A sobrevida do aval deve-se também à autonomia das obrigações cambiárias; embora seja acessória, por ser posterior à criação do título, o aval tem vida própria. Contudo, a obrigação do avalista extingue-se quando se extinguir a obrigação do avalizado; por isso, se o endossante paga uma letra de câmbio ao ser cobrado pelo portador, extingue-se a responsabilidade desse endossante e conseqüentemente do avalista.

O avalista que pagar a letra adquire os direitos cambiários contra seu avalizado e os coobrigados anteriores. A este respeito, quem prestar o aval deve especificar para qual obrigado cambiário estará prestando; na ausência dessa indicação a lei considera que tenha sido prestada ao sacador (art. 31 – 3°). Vimos já que o aval poderá ser parcial, mas deve ser incondicional, ou como diz a nossa lei, "puro e simples".

Embora autônomo, sendo garantia, o aval é obrigação acessória, que pressupõe uma obrigação principal: é a do avalizado. Por isso diz o art. 31 que o avalista assume obrigação correspondente àquela da pessoa a quem foi prestado o aval. Se for dado em garantia do obrigado principal (o aceitante da letra de câmbio ou o emitente da nota promissória), garantirá o pagamento do título como obrigado principal. Se for dado ao sacador ou ao endossante, o avalista garantirá o pagamento como obrigado de regresso.

6.8. A cambial em branco

Chegamos agora a um ponto muito discutido: o problema da cambial em branco (entendemos como cambial os dois títulos: letra de câmbio e nota promissória). Título de crédito em branco não é totalmente em branco, mas ao qual faltam um ou mais requisitos, afora os três casos previstos no art. 2°: falta de vencimento, do local de pagamento e do saque. Nesses três casos, a própria lei provê a solução. A letra de câmbio que estiver sendo executada com falta de requisitos essenciais dará azo à exceção de vício de forma.

A lei, a seu turno, consente que o documento se complete, após sua criação, com os elementos necessários após a emissão, mas desde que esses preenchimentos dos claros esteja previsto e que seja conferido ao detentor sucessivo o necessário poder. Por essa razão, diz o Prof. Giuseppe Ferri, discípulo de Ascarelli e seu sucessor na cátedra de Direito Comercial da Universidade de Roma, que os claros foram deixados "intencionalmente" pelo criador do título. O "poder de preenchimento" não surge em conseqüência da posse do título incompleto, mas que foi atribuído pelo criador dele ao possuidor sucessivo e nos limites em que tenha sido atribuído.

Esse poder de preenchimento, estabelecido por acordo entre figuras intervenientes do título, é vinculante mas não só entre o criador e o possuidor imediato, com os demais possuidores sucessivos, como ainda o terceiro possuidor terá o poder de preencher apenas nos limites que lhe foram outorgados, e o complemento do título em desconformidade com o acordo feito constituirá abuso. Esse abuso do poder de preenchimento do título é oponível aos que adquiriram o título em branco, mas não àqueles que o tenham adquirido já preenchido, exceto no caso em que a aquisição esteja eivada de má-fé ou o possuidor tenha praticado falta grave ao adquiri-lo. A má-fé, neste caso, implica o conhecimento de que o título já tinha sido completado em desconformidade com o acordo.

Complementando mais esta análise sobre a cambial em branco, ou incompleta, como a chama o art. 10 da Convenção de Genebra, esclareçamos que ao falar em cambial, referimo-nos à letra de câmbio e à nota promissória, como faz o direito italiano. No exame que fazemos aqui, estendem-se as disposições da Convenção de Genebra aos demais títulos de crédito. Ao falar-se, ainda, em cambial em branco, não é totalmente em branco, pois isto não existe; seria apenas um pedaço de papel. Considera-se uma letra de câmbio em branco, o título a que faltar um ou mais requisitos essenciais; e não é só: é a que traz uma cláusula dando ao portador o "direito de preenchimento", ou seja, a autorização para preencher os dados em branco. Em termos mais radicais, pode ser uma letra de câmbio em que constar a expressão "letra de câmbio" e a assinatura do sacador; sem um desses requisitos, não haverá letra de câmbio. De forma semelhante com a nota promissória, diremos que um documento em que constar a expressão "nota promissória" e a assinatura do emitente é uma nota promissória, embora faltem os demais dados.

Essa é a interpretação do Prof. Giuseppe Ferri:

La cambiale in bianco non è la cambiale che manchi di taluni requisiti essenziali, ma quela in cui sia rimesso al possesso-re della cambiale di completare il do-cumento di quegli elementi che il emi-tente ha intenzionalmente lasciato in bianco.	A cambial em branco não é a cambial a que faltem alguns requisitos essenciais, mas em que tenha sido encarregado o portador dela de completar o documento com alguns elementos que o criador tenha intencionalmente deixado em branco.

6.9. O vencimento

O vencimento é o dia marcado na letra de câmbio, em que o beneficiário adquirirá o direito de apresentá-la ao devedor e exigir o pagamento. Para o devedor é o dia em que termina o prazo para a utilização do crédito cambiário, devendo ele devolver o dinheiro. O vencimento é um dos elementos essenciais da letra de câmbio, pois não há obrigação a ser cumprida nas calendas gregas. Normalmente, o vencimento se dá num certo e determinado dia, mas nem sempre é assim; há quatro modalidades de vencimento numa letra:
- pagável num dia fixado;
- à vista;
- a um certo termo de vista;
- a um certo termo de data.

O principal tipo de vencimento é o que ocorre num certo e determinado dia, indicando essa data (dia, mês e ano) na parte superior da letra, sendo ela repetida no texto. No Brasil não há diferença de calendário, razão por que o dia do vencimento é o mesmo em todo o território nacional.

A letra à vista não traz data do vencimento, ou então está no lugar do vencimento escrito "à vista". A letra à vista é pagável na apresentação. Deve ser apresentada a pagamento dentro do prazo de 1 (um) ano, a contar de sua data. O sacado pode reduzir esse prazo ou estipular um outro mais longo. Fica portanto ao arbítrio do sacador a escolha do dia para a apresentação, embora seja de seu interesse apresentá-la o mais breve possível. Se porém a letra passar para a posse de outras pessoas, os endossantes poderão apresentá-la antes de vencer o prazo. O sacado pode estipular que uma letra pagável à vista não deva ser apresentada ao pagamento antes de certa data, nesse caso, o prazo para a apresentação conta-se dessa data. Essa data não pode ser confundida com vencimento.

A letra de câmbio a um certo termo de vista é aquela cujo vencimento corresponde a determinado número de dias a partir do aceite. Por exemplo: o vencimento de uma letra diz: "a 30 dias de vista" e é aceita em 1.9.2002; nesse caso, o vencimento será 1.10.2002. Caso não haja data do aceite, a letra deverá ser protestada e o prazo para vencimento começa a correr a partir do protesto. Na falta de ambos, de protesto e da data do aceite, entende-se como se o aceite tivesse sido dado no último dia do prazo para a apresentação, ou seja, um ano a partir do saque.

O quarto tipo de vencimento para a letra de câmbio é a certo termo de data. Nesse caso, o prazo começa da data do saque. Por exemplo: o vencimento de uma letra é de 60 dias de data, sendo que essa letra foi sacada em 15.9.2002; nesse caso, o vencimento será em 15.11.2002.

O art. 36 dá algumas regras para a contagem do prazo para a estipulação do vencimento da letra a certo termo de vista ou de data, a saber:

- O vencimento de uma letra sacada a um ou mais meses da data ou de vista será na data correspondente do mês em que o pagamento se deve efetuar. Na falta da data correspondente, o vencimento será no último dia desse mês.

- Quando a letra for sacada a um ou mais meses e meio de data ou de vista, contam-se primeiro os meses inteiros.

- Se o vencimento for fixado para o princípio, meado ou fim do mês, entende-se que a letra será vencível no dia 15 (quinze), ou no último dia desse mês.

- As expressões "oito dias" ou "quinze dias" entendem-se não como uma ou duas semanas, mas como um prazo de oito ou quinze dias efetivos.

O pagamento de uma letra cujo vencimento recai em dia de feriado legal só pode ser exigido no primeiro dia útil seguinte. Da mesma forma, todos os atos relativos à letra de câmbio, especialmente a apresentação ao aceite e ao protesto, somente podem ser feitos em dia útil. Quando um desses atos tem de ser realizado num determinado prazo, e o último dia desse prazo é feriado legal, fica o dito prazo prorrogado até o primeiro dia útil que se seguir ao seu termo (art. 72). Os prazos legais ou convencionais não compreendem o dia que marca seu início (art. 73). Não são admitidos dias de perdão quer legal, quer judicial (art. 74).

6.10. O pagamento da letra de câmbio

O pagamento da letra de câmbio, como de todo título de crédito, deve ser pedido pelo portador do título, apresentando-o ao devedor. Estando o direito creditório materializado na cártula, é essencial que o pagamento se faça à vista dela e só por ela será possível ao pagador averiguar a legitimidade do portador do título, como por exemplo a sucessão dos endossos. Além disso, o devedor direto poderá ficar sabendo quais as outras pessoas obrigadas no título, caso ele não o pagar. A apresentação torna-se necessária, ainda que o sacado não tenha aceito a letra. Neste caso, a apresentação é para aceite e pagamento. Se o sacado tiver falecido, a letra deverá ser apresentada aos herdeiros ou ao inventariante; se for uma empresa falida, não deverá haver apresentação, mas o título instruirá a habilitação do crédito do portador na falência.

O portador da letra pagável em dia fixo ou a certo termo de vista deve apresentá-la a pagamento no dia em que ela é pagável ou num dos dois dias úteis seguintes. Se ela não for apresentada a pagamento dentro desses dois dias, qualquer devedor tem a faculdade de depositar a sua importância junto da autoridade competente à custa do portador e sob a responsabilidade deste. Nesse caso, será necessária então a Ação de Consignação de Pagamento, em que o aceitante requererá a intimação do favorecido e do sacador para se manifestarem, devendo o favorecido dizer se aceita ou não o depósito. Poderá ainda, malgrado seja inusitado, depositar o valor no Cartório de Protestos e protestar pelo pagamento contra o favorecido. Poucos sabem que é possível o protesto contra o credor.

    Ao ser-lhe apresentada a letra, o sacado deverá pagar o valor nela inserido, podendo exigir que ela lhe seja entregue com a respectiva quitação; o recibo é passado atrás da cártula. O aceitante ou qualquer outro coobrigado que pagar a letra no vencimento, fica validamente desobrigado, salvo se, da sua parte, tiver havido fraude ou falta grave. Está obrigado a verificar a regularidade da sucessão de endossos, mas não a assinatura dos endossantes. Em princípio, deverá ele pagar ao último endossatário e, se não o conhecer, poderá exigir identificação e pedir que no recibo conste o Registro Geral e o CIC do último endossatário.

    Se não tiver dinheiro suficiente para pagar o valor inscrito na letra, o sacado poderá oferecer pagamento inferior por conta. Nesse caso, o portador não poderá recusar o pagamento parcial, dando recibo do que receber. O título porém ficará retido nas mãos do portador, que só o entregará ao devedor quando do pagamento total. Por outro lado, o portador da letra não está obrigado a receber seu pagamento antes do vencimento e, se concordar com o pagamento, o sacado terá feito o pagamento sob sua responsabilidade. Consoante já vimos, o pagamento deve ser feito no local do pagamento, normalmente no domicílio do devedor, já que a letra de câmbio traz uma obrigação "quérable".

    Um título de crédito deve ser criado segundo a lei do lugar em que ele surgir e em moeda nacional. Título em moeda estrangeira não é um título líquido. Contudo, nas operações de comércio exterior, a letra é sacada em moeda estrangeira, geralmente em dólar, sendo chamada de "DRAFT" (saque). Pode ser emitida no Brasil ou vir do exterior para ser paga no Brasil. Se numa letra de câmbio se estipular o pagamento em moeda que não tenha curso legal no lugar do pagamento, pode a sua importância ser paga no Brasil segundo o seu valor no dia do vencimento. Se o devedor estiver em atraso, o portador pode, à sua escolha, pedir para que o pagamento do valor seja feito em moeda do país ao câmbio do dia do vencimento ou ao câmbio do dia do pagamento. A determinação do valor da moeda estrangeira será feita segundo os usos do lugar do pagamento. O sacador pode, todavia, estipular que a soma a pagar seja calculada segundo um câmbio fixado na própria letra.

6.11. O pagamento por intervenção

Ao chegar o vencimento de uma letra, o aceitante e os outros co-obrigados não a pagam. Uma terceira pessoa, estranha ao título, poderá então pagá-la. Esse pagamento é um outro tipo de intervenção. O pagamento pode ser efetuado por intervenção espontânea ou provocada; neste último caso, o interveniente para o pagamento será indicado pelo sacador ou possíveis endossantes para pagar, caso o devedor não pague. O pagamento por intervenção tem o escopo de evitar o exercício, pelo portador da cambial, da ação de regresso contra a pessoa pela qual houve a intervenção. Por isso, diz o art. 59: o pagamento por intervenção pode realizar-se em todos os casos em que o portador de uma letra tem direito de ação à data do vencimento ou antes dessa data.

O pagamento deve compreender toda a soma que deveria ser paga pelo devedor a favor de quem a intervenção se realizou; deverá ser feito o mais tardar no dia sucessivo ao último dia em que é permitido fazer o protesto por falta de pagamento. Se a letra foi aceita por intervenientes que tenham seu domicílio no lugar do pagamento, ou forem indicadas pessoas que tenham domicílio no mesmo lugar, o portador deve apresentar a letra a todas essas pessoas e, se for o caso, levá-la a protesto por falta de pagamento, o mais tardar no dia seguinte ao último dia permitido para o protesto. Se o protesto não for tirado nesse prazo, aquele que fez a indicação, ou por conta de quem a letra tiver sido aceita, e os endossantes posteriores ficam liberados de responsabilidade (art. 60). O portador pode recusar a quitação do pagamento por intervenção, mas se o recusar perde o direito de regresso contra os que teriam ficado exonerados (art. 61).

Deve ser dada a quitação do pagamento por intervenção na própria letra de câmbio, com a indicação da pessoa por quem foi ela paga. Na falta dessa indicação, presume-se que o pagamento foi feito em nome do sacador (art. 62). Tanto a letra de câmbio como o instrumento de protesto (se ele foi tirado) devem ser entregues ao interveniente, ou seja, à pessoa que efetuou o pagamento por intervenção (art. 63).

Quem pagar a letra por intervenção adquire os direitos emergentes do título contra aquele pelo qual tenha pago e contra aqueles que sejam obrigados cambiariamente com este último; não poderá, todavia, endossá-la novamente. Os endossantes subseqüentes ao obrigado pelo qual o pagamento foi feito ficam liberados da responsabilidade do pagamento.

Se mais pessoas oferecerem o pagamento por intervenção, a preferida será aquela cujo pagamento liberar o maior número de coobrigados. Quem, com conhecimento de causa, intervier em contraste com esta disposição, perde o direito de regresso contra os que teriam sido liberados de pagamento (art. 63).

6.12. Dualidade legislativa

O regime legal da letra de câmbio decorre principalmente de duas leis, chamadas ora uma ora outra de Lei Cambiária. A letra de câmbio foi prevista em 1850, por nosso Código Comercial, num título denominado "Das Letras, Notas Promissórias e Créditos Mercantis", ocupando os arts. 354 a 427. Em 1908 essa parte do Código Comercial foi derrogada pelo Dec. 2.044, conhecido por Lei Saraiva, por ter-se originado do projeto elaborado por parlamentar desse nome. Esse decreto vigora ainda hoje em nosso país e se notabilizou pela sua efetividade. Tomou por base a lei cambiária alemã.

Enquanto isso, muitos países ansiavam por uma lei única, uma lei uniforme que regulamentasse a letra de câmbio, visto ser ela um título de crédito que circula em muitos países. Após inúmeras conversações, foi firmado um tratado, em 1930, na cidade de Genebra (Suíça), por vários países, ficando adotada uma lei única, conhecida por Convenção de Genebra ou LUG — Lei Uniforme de Genebra.

A Convenção de Genebra foi transformada em lei nacional graças ao Dec. 57.663/66, que passou a vigorar juntamente com a Lei Saraiva, estabelecendo-se duas leis sobre o mesmo assunto, formando uma dualidade legislativa. Por ser lei mais recente, deve prevalecer a Convenção de Genebra, mas esta é extremamente confusa no seu texto traduzido, razão por que teremos de nos socorrer, de vez em quando, da Lei Saraiva.

Ambas as leis, entretanto, regulamentam a letra de câmbio, fazendo extensão para a nota promissória; não é propriamente uma lei cambiária em sentido amplo. O ideal seria a elaboração de uma nova lei cambiária, regulamentando a letra de câmbio e a nota promissória, e estabelecendo normas gerais para os títulos de crédito, substituindo a Lei Saraiva de quase um século de vigência. A Convenção de Genebra permanecerá e a nova lei terá que ser baseada nela, levando-se em conta a lei de vários países, para mantermos a maior uniformidade internacional possível.

Há mais de três anos corre no Congresso Nacional um projeto de lei nesse sentido, elaborado pelo autor deste compêndio e apresentado por um deputado paulista. Caminha porém em marcha lenta e julgamos difícil sua discussão, pois o Congresso Nacional está no final da legislatura, preocupando-se durante ela com os planos econômicos, impedimento do Presidente da República, as CPIs, as verbas do orçamento. Não acreditamos também que o novo Congresso esteja preocupado com a reformulação legislativa do país ou com nova lei cambiária.

Enquanto isso, repetimos, a letra de câmbio está regulamentada pela Convenção de Genebra, instituída no Brasil pelo Decreto 57/663/66. Como entretanto essa lei tem inúmeras falhas, decorrentes de uma péssima tradução, devemos apelar para a Lei Saraiva (Decreto 2.044/08) e chegaremos então a normas mais claras e seguras.

6.13. Ressaque

Outra disposição prevista na Convenção de Genebra e da qual não se sabe sobre sua aplicação é o ressaque, reconhecido no art. 52; já era reconhecido pelo art. 37 da Lei Saraiva. O ressaque produz uma nova via de letra de câmbio. Nunca porém ouvimos falar sobre a aplicação do ressaque no Brasil e por isso não sabemos sobre sua validade. Segundo o art. 52, qualquer pessoa que goze do direito de ação pode, salvo estipulação em contrário, embolsar-se por meio de uma nova letra (ressaque) à vista, sacada sobre um dos coobrigados e pagável no domicílio deste. O ressaque inclui, além das importâncias referentes ao valor da letra original, juros e despesas de protesto e das demais despesas, um direito de corretagem. Se o ressaque é sacado pelo portador, a sua importância é fixada segundo a taxa para uma letra à vista, sacado do lugar onde a primitiva letra era pagável sobre o lugar do domicílio do coobrigado. Se o ressaque é sacado por um endossante, a sua importância é fixada segundo a taxa para uma letra à vista, sacado do lugar onde o sacador do ressaque tem o seu domicílio sobre o lugar do domicílio do coobrigado.

Vejamos então um exemplo que justifique a aplicação do ressaque: o portador de uma letra de câmbio com vários coobrigados está cobrando alguns deles numa praça; há porém um coobrigado domiciliado em outra praça. Não é possível levar o título a essa praça e o portador faz o ressaque desse título, que é uma nova via, para ser cobrada pelo ressacador contra o ressacado. Pelo teor da lei, o ressaque só pode ser à vista; também só se aplica para um título já vencido; parece ser recomendável apenas quando o ressacado estiver domiciliado em praça diferente. Outra peculiaridade do ressaque é a de que o portador de letra de câmbio poderá dar o valor do capital acrescido dos acessórios.

6.14. Pluralidade de exemplares: duplicatas e cópias

Duplicatas – O instituto da pluralidade de exemplares, ou seja, duplicatas da letra de câmbio, parece ser peculiar a ela, por não ser estendido à nota promissória e outros títulos, como o cheque. Pode a letra de câmbio ser sacada por várias vias. Essas vias devem ser numeradas no próprio texto, na falta do que, cada via será considerada como letra de câmbio distinta. O portador de uma letra que não contenha a indicação de ter sido sacada numa única via pode exigir à sua custa a entrega de várias vias. Para esse efeito o portador deve dirigir-se ao seu endossante imediato, para que este o auxilie a proceder contra o seu próprio endossante e assim sucessivamente até chegar ao sacador. Os endossantes são obrigados a reproduzir os endossos nas novas vias (art. 64).

Os vários exemplares da letra de câmbio devem ser absolutamente idênticos, com as assinaturas autênticas dos vários coobrigados cambiários; devem ser os exemplares numerados no contexto de cada título, de forma bem frisante, com indicação de "1ª via", 2ª via", e assim por diante. Outrossim, o contexto de quase toda letra de câmbio ou nota promissória sempre traz a expressão "pagarei por esta única via"; neste caso, deverá ser riscada essa expressão.

O pagamento de uma das vias é liberatório, mesmo que não esteja estipulado que esse pagamento anula o efeito das outras. O sacado fica, porém, responsável por cada uma das vias que tenham o seu aceite e lhe não hajam sido restituídas. O endossante que transferiu vias da mesma letra a várias pessoas e os endossantes subseqüentes são responsáveis por todas as vias que contenham as suas assinaturas e que não hajam sido restituídas (art. 65). Todas as vias são exemplares da mesma letra de câmbio e, por isso, os coobrigados ficam responsabilizados apenas uma vez pelo pagamento, como se fosse uma única letra de câmbio. Em vista disso, o pagamento é liberatório: pagou uma, pagou todas. Impõe-se porém, a quem paga, exigir o recolhimento de todas as vias.

Aquele que enviar ao aceite uma das vias da letra deve indicar o nome da pessoa em cujas mãos aquela se encontra. Essa pessoa é obrigada a entregar essa via ao portador legítimo doutro exemplar. Se se recusar a fazê-lo, o portador só pode exercer seu direito de ação depois de ter feito constatar por um protesto:

1º – que a via enviada ao aceite lhe não foi restituída a seu pedido;

2º – que não foi possível conseguir o aceite ou o pagamento de uma outra via.

Cópias – Além das duplicatas da letra, é possível a extração de cópias de letra de câmbio. Será possível a extração também de cópias de nota promissória. Há diferença entre duplicatas e cópias: nas duplicatas há assinaturas autênticas, enquanto nas cópias há apenas a reprodução da cambial originária, inclusive das assinaturas. O portador de uma letra tem o direito de tirar cópias dela. A cópia deve reproduzir exatamente o original, com os endossos de todas as outras menções que nela figurem. Deve mencionar onde acaba a cópia. A cópia pode ser endossada e avalizada da mesma maneira e produzindo os mesmos efeitos que o original. Embora seja, pois, mera reprodução, a cópia poderá criar vida com aval e endosso autênticos; apesar de não fazer a lei referência, por analogia entendemos que uma cópia sem aceite pode também ser aceita.

A cópia deve indicar a pessoa em cuja posse se encontra o título original. Esta é obrigada a remeter dito título ao portador legítimo da cópia. Se se recusar a fazê-lo, o portador só pode exercer o seu direito de ação contra as pessoas que tenham endossado ou avalizado a cópia, depois de ter feito constatar por um protesto que o original lhe não foi entregue a seu pedido. Se o título original, em seguida ao último endosso feito antes de tirada a cópia, contiver cláusula "daqui em diante só é válido o endosso na cópia" ou qualquer outra fórmula equivalente, é nulo qualquer endosso ulteriormente assinado no original (art. 68).

Apesar de a lei prever a extração de cópias, é preferível levar em alta consideração a característica da unicidade, realçada por Ascarelli. A letra de câmbio é um documento autônomo, isolado, e portanto deve ser único. Podemos ver pelo modelo juntado a este compêndio que ela diz: "pague-se por esta primeira e única via de letra de câmbio". A cópia só pode ser tirada se for de imperiosa necessidade e em casos excepcionais, como no caso de o sacado pegar a cártula para aceitá-la e apropriar-se dela, sem devolvê-la. Contudo, voltamos a esclarecer que a extração de duplicatas ou cópias não abate a característica da unicidade, pois o título continua um só.

MODELO DE LETRA DE CÂMBIO

Apesar de a lei prever a extração de cópias, é preferível levar em alta consideração a característica de unicidade trabalhada por Ascarelli. A letra de câmbio é um documento autônomo, isolado, e portanto deve ser único. Podemos ver pelo modelo limitado a este compêndio que ela só se paga-se por esta primeira e única via de letra de câmbio". A cópia só pode ser usada se for de imperiosa necessidade e em casos excepcionais, como no caso de extraviado pegar a canhoto para aceitá-la e apropriar-se dela sem devolvê-la. Contudo, voltamos a esclarecer que a extinção da duplicata ou cópias não abala a característica da unicidade, pois o título continua uno.

MODELO DE LETRA DE CAMBIO

LETRA DE CRTA

7. DA AÇÃO CAMBIÁRIA

7.1. Conceito e natureza

7.2. A sub-rogação

7.3. A defesa na ação cambiária

7.4. Ação direta ou de regresso

7.5. Sujeito passivo da ação cambiária

7.6. Da prescrição cambiária

7.1. Conceito e natureza

A ação cambiária (preferimos essa designação ao invés de ação cambial) é o recurso reservado ao portador de um título de crédito, para exercer judicialmente seu direito creditório, no caso de inadimplência do devedor. É o instrumento de tutela não só dos interesses do credor, como também do título de crédito, por ser ela que dá a segurança ao exercício do direito cambiário. O título de crédito destina-se a ser pago e, no vencimento, o portador apresenta-o ao devedor, esperando receber o pagamento. O título de crédito líquido, certo e exigível, obriga todos os coobrigados ao pagamento da soma cambial. São os coobrigados:

– o aceitante da letra de câmbio, ou da duplicata;
– o emitente de uma nova promissória ou de um cheque;
– o sacador da letra de câmbio;
– os avalistas;
– os endossantes.

Não sendo pago o título no vencimento, o portador pode exercer o direito de ação contra eles, ação essa prevista na Convenção de Genebra, nos arts. 43 a 54. Está também reconhecida pela Lei Saraiva, nos arts. 49 a 51, com o nome de ação cambial. De nossa parte, preferimos o nome de ação cambiária. Todavia, a regulamentação geral desse tipo especial de ação está devidamente regulamentada pelo Código de Processo Civil, nos arts. 585 e seguintes, adotando outro nome, o mais longo entre todas as ações regulamentadas pelo nosso estatuto processual básico: AÇÃO DE EXECUÇÃO POR QUANTIA CERTA CONTRA DEVEDOR SOLVENTE POR TÍTULO EXECUTIVO EXTRAJUDICIAL.

Quantos aos aspectos judiciários dessa questão, será preferível deixar a cargo do Direito Processual Civil, reservando-nos ao estudo das normas e princípios do Direito Cambiário, expressos na LUG e na Lei Saraiva. As normas são genéricas, mas diferem um pouco, de acordo com o título de crédito. Assim, por exemplo, a LUG estabelece normas sobre a letra de câmbio, que se estende à nota promissória. Quanto ao cheque, entretanto, a própria lei do cheque prevê trâmites especiais, como ainda a Lei das Duplicatas.

Diz o art. 49 da Lei Saraiva que a ação cambiária é a executiva, hoje chamada de execução. Nosso CPC adota o longo nome já citado, mas comumente resumido para "ação de execução". A ação de execução é uma agressão direta ao patrimônio do devedor, visando a transformar esse patrimônio em pecúnia, para a satisfação do crédito inadimplido. A característica da execução decorre de ser o título de crédito um documento confessório e todo documento confessório é um título executivo, dispensando ação de conhecimento, ou seja, ação que declare uma obrigação. Se uma nota promissória, por exemplo, contém a declaração assinada: "pagarei o valor de R$ 10,00 ao sr. Vitélio", encerra uma confissão de dívida líquida e certa e desde que uma dívida é confessada, não há necessidade de se discutir se ela existe ou não. A confissão é a rainha das provas, a mais eficaz de todas (*confessio est probatio omnibus melior*).

Na execução, o devedor poderá defender-se e para tanto a lei faculta-lhe os mecanismos das exceções. Contudo, para defender-se, o devedor deverá primeiro garantir o juízo, oferecendo bens à penhora e, só após esta concretizada, abrir-se-á o prazo para contestação por via das execuções. Evitar-se-ão as delongas observadas no processo de conhecimento, que normalmente se eternizam, dando ao devedor tempo suficiente para esconder seus bens ou desfazer-se deles. Quando a justiça declara existente a obrigação e faculta ao credor executá-la, a execução fica normalmente frustrada, alegando o devedor não poder pagar seu débito e nem ter bens disponíveis para garantir esse débito. O credor só obtém assim uma vitória moral no plano judiciário. O credor ganhou, mas não levou. Na ação cambiária, entretanto, o devedor deverá primeiro garantir o pagamento de seu débito, depois discutir a questão. É, além disso, um procedimento mais rápido, destituído de maiores formalidades.

Outro motivo da efetividade da ação cambiária é a solidariedade das obrigações emergentes do título de crédito: todos se responsabilizam por todas as obrigações. O credor pode assim agir contra várias pessoas ao mesmo tempo, tendo pois várias possibilidades de ressarcimento. Com muita clareza, o art. 50 reserva esse direito ao portador do título:

"A ação cambial pode ser proposta contra um, alguns ou todos os coobrigados, sem estar o credor adstrito à observância da ordem dos endossos."

De forma idêntica, expõe a LUG (Decreto 57.663/66), no art. 47: "Os sacadores, aceitantes, endossantes e avalistas de uma letra são todos solidariamente responsáveis para com o portador. O portador tem o direito de acionar todas essas pessoas individualmente, sem estar adstrito a observar ordem por que elas se obrigaram. A ação intentada contra um dos coobrigados não impede acionar os outros, mesmo os posteriores àquele que foi acionado em primeiro lugar".

O portador do título de crédito, ou seja, o credor dos direitos cambiários tem então várias pessoas de quem cobrar, e poderá optar por qual deles começar, ou se aciona todos eles concomitantemente.

7.2. A sub-rogação

Já demos um conceito de sub-rogação, que na ação cambiária também se impõe. Digamos que o portador de um título de crédito esteja acionando uma nota promissória, atingindo o aceitante, o avalista e o endossante. Ao ser citado, o endossante deposita o valor do débito, que é levantado pelo exeqüente. Tendo sido satisfeito o seu crédito, o exeqüente retira-se da relação cambiária e seu lugar é tomado pelo endossante que pagou a soma cambiária. Não há necessidade de ele exercer nova ação cambiária, bastando requerer a continuação do processo: é a ação de regresso, do devedor que paga o título, contra os coobrigados anteriores.

7.3. A defesa na ação cambiária

O devedor poderá defender-se na ação cambiária por meio dos instrumentos necessários, chamados cambiariamente de exceções. Perante nosso Direito Processual, a defesa se faz por meio de embargos. Todavia, conforme fora referido, o executado, para defender-se, deverá depositar em juízo o valor do título de crédito executado, ou oferecer bens à penhora. A intimação da penhora dará início ao prazo de 10 dias para o executado oferecer sua defesa nos embargos. Os embargos constituem uma ação autônoma, em autos próprios, apesar de correrem em apenso aos autos da execução. Constituem ainda um processo de conhecimento, terminando com uma sentença declaratória de direito, vale dizer, se o executado-embargante tem razão, se existe ou não um direito. A ação cambiária, em si, não admite defesa, visto que o título de crédito é um documento dotado de direito líquido, certo e exigível. Não pretende condenar o devedor a pagar, mas realizar o direito, ou seja, a satisfação da pretensão. Essa é a grande virtude da ação cambiária. A defesa do devedor fica então reservada aos embargos.

Por outro lado, a defesa do devedor não é livre e desembaraçada, mas restrita a três exceções relacionadas no art. 51 da Lei Saraiva:

"Na ação cambial, somente é admissível defesa fundada no direito pessoal do réu contra o autor, em defeito de forma do título e na falta de requisito necessário ao exercício da ação".

A primeira hipótese aventada pelo art. 51 do Dec. 2.044/08 é a defesa fundada no direito pessoal do réu para com o autor, pessoal e diretamente. Por exemplo: se o devedor assinou o título sob coação irresistível ou se a assinatura se deu por comprovada fraude, ou se o título foi anulado judicialmente. É bom ressaltar que esse direito pessoal e direto entre credor e devedor, por ser estranho ao título, não pode contrariar a característica da abstração. Não é fácil, pois, sua invocação.

Voltamos a repetir que o art. 51 fala em direito pessoal do réu contra o autor, o que significa as partes no processo de execução, chamadas pelo CPC de exeqüente e executado. Não caberia essa exceção contra terceiro de boa-fé. Por exemplo: Modestino emite uma nota promissória a favor de Pompônio; este porém a transfere por endosso a Gaio, que passa a ser o portador do título. Ao chegar o vencimento, Modestino não paga, obrigando Gaio a exercer a ação cambiária. Modestino opõe a Gaio a defesa no fato de que pagara parte da nota promissória com o perdão de uma dívida que Pompônio tinha com ele. Tal defesa não pode prevalecer, posto que esse crédito não constitui direito pessoal de Modestino (réu) contra Gaio (autor), mas contra Pompônio, que não é parte nesse processo de execução. Não há uma obrigação assumida pessoal, particular e individualmente por Gaio, o autor da ação (exeqüente).

Essa restrição à defesa que não seja baseada nas relações jurídicas entre réu e autor constitui o princípio da "inoponibilidade das exceções ao terceiro de boa-fé". Esse princípio é confirmado pelo art. 17 da LUG com referência à letra de câmbio, mas com abrangência sobre os demais títulos de crédito. Vejamos o que nos ensina esse artigo:

"As pessoas acionadas em virtude de uma letra não podem opor ao portador exceções fundadas sobre as relações pessoais delas com o sacador ou com os portadores anteriores, a menos que o portador ao adquirir a letra tenha procedido conscientemente em detrimento do devedor".

O que o art. 55 estabeleceu, junto com mais duas hipóteses, o art. 17 estabeleceu sobre a hipótese das relações pessoais entre executado e exeqüente, de forma mais precisa. Exemplificamos com uma letra de câmbio executada sem a observância desse artigo: Saturnino emite uma letra de câmbio contra Paulo, que a aceitou, tendo Labeo como favorecido. Entretanto, Labeo endossou a letra para Papiniano; este para Ulpiano e este para Marciano. Chegando o vencimento, Paulo não a paga. Marciano move execução contra Paulo, o devedor direto (aceitante) e os demais coobrigados: Saturnino (sacador), Labeo, Papiniano e Ulpiano (endossantes). Em sua defesa, Paulo alega, contra Marciano, que não paga porque combinou com Saturnino que ambos pagariam meio a meio; os endossantes, Labeo, Papiniano e Ulpiano, dizem que combinaram, entre eles, de cada um pagar uma parte. Ora, Marciano nada tem a ver com essas combinações e, por isso, Saturnino não pode opor contra ele essa defesa. Marcelino é um portador de boa-fé, a menos que provem cabalmente em contrário.

Aplica-se, nesse caso, além do princípio da inoponibilidade das exceções a terceiro de boa-fé, como também do princípio da autonomia das obrigações cambiárias. Marciano adquiriu a letra de câmbio, por endosso, diretamente de Ulpiano; é portanto um terceiro de boa-fé e possui um direito autônomo e próprio; não é um direito derivado das anteriores relações cambiárias. Tanto o art. 51 como o 16, reconhecendo essa característica dos títulos de crédito, o da autonomia das obrigações cambiárias, garantem a limpidez do título de crédito; garantem a liquidez, a segurança e a confiabilidade deles, facilitam sua circulação.

Todavia, os direitos do devedor também são respeitados; para tanto, diz o art. 17: "a menos que o portador, ao adquirir a letra, tenha procedido conscientemente em detrimento do devedor". Neste caso, se tiver havido uma trapaça entre Marciano (o portador do título) e os outros endossantes, visando a prejudicar os direitos de Saturnino (o devedor). Essa trapaça não se presume, se prova. Saturnino terá de comprovar ter havido um conluio ilícito entre os coobrigados anteriores, para prejudicar seus direitos. Isto não é fácil, mesmo porque Saturnino, sendo o devedor, tem mais obrigações do que direitos. Existe então a oponibilidade das exceções, mas não a terceiros de boa-fé.

Examinemos agora a segunda hipótese de exceções, ou seja, a defesa do devedor cambiário contra a pretensão do credor cambiário (o exeqüente): defeito de forma do título. Vimos, no início deste compêndio, que uma das características dos títulos de crédito é o seu rigoroso formalismo. A lei que regulamenta cada título de crédito traz geralmente no 1º artigo os requisitos essenciais de sua forma. Digamos, por exemplo, que um título de crédito não tenha sua designação, como uma nota promissória em que não há referência de que seja uma nota promissória. A lei não declara nulo esse documento, mas ele não produz efeito como nota promissória. Portanto, o devedor executado opõe embargos à execução, alegando defeito formal nesse título; alega que não é uma nota promissória. Digamos ainda que essa nota promissória tenha sido emitida ao portador: não é um título exigível e o devedor pode embargar a execução. Não se trata pois de um direito subjetivo, pessoal, mas uma razão de ordem técnica, um defeito extrínseco do documento que está sendo discutido: não se discute um direito pessoal, mas a validade e eficácia desse documento; se é ou não um título de crédito desnaturado. Se esse título carece dos requisitos formais prescritos pela lei, é portador de um vício insanável e dá azo a embargos do executado.

Afora esses defeitos extrínsecos existem ainda defeitos intrínsecos, ou seja, que não se ressaltam visualmente, mas estão subjacentes na cártula. É o caso, por exemplo, de uma nota promissória emitida por um incapaz (um menor de idade, um interdito, uma empresa falida). Podemos citar ainda uma empresa que tenha assinado um título, mas as pessoas que assinaram por ela não tinham poderes para tanto. Ou então, o embargante diz que sua assinatura é falsa. Pode ser também o caso em que um título foi assinado por um procurador e o exeqüente não junta a procuração.

Chegamos enfim ao terceiro fundamento possível de embargos de execução, que é a falta de requisito necessário ao exercício da ação. Trata-se agora de uma questão processual; é a falta de pressupostos processuais, a ausência de *"legitimatio ad causam"* por quem postula em juízo um crédito cambiário. Por exemplo, na execução de um cheque, não foi juntado o cheque. O título de crédito é o documento necessário para o exercício do direito literal e autônomo nele mencionado, segundo a concepção de Vivante. Se ele é necessário, não se concebe ação cambiária sem a sua presença.

Vamos citar outros casos: o título foi juntado aos autos, mas ainda não está vencido. Há falta de um pressuposto essencial da ação, pois o título tem de ser certo, líquido e exigível; nesse caso, o título poderá ser líquido e certo, mas não exigível. Caso semelhante é o de uma cambial cujo vencimento já se deu há mais de três anos: está prescrita (art. 70). Ou então, se a cambial já tiver sido paga.

7.4. Ação direta ou de regresso

A obrigação cambiária apresenta-se sob dois aspectos: a originária e a derivada. Em conseqüência desses tipos de obrigações, a ação cambiá-

ria também se apresenta sob dois aspectos: a direta e a indireta. A ação direta é dirigida contra o devedor direto: os seguintes:
– o emitente da nota promissória e o cheque;
– o aceitante de uma letra de câmbio ou de duplicata.

7.5. Sujeito passivo da ação cambiária

O devedor direto é o da obrigação originária, a que se origina com o título, ou a que o completa. O que ainda caracteriza o devedor direto é que ele não tem o direito de regresso, vale dizer, quando ele pagou, morreu o título, uma vez que não sobram nem direitos nem obrigações. É o caso de uma nota promissória em que haja um emitente, vários endossantes e vários avalistas. Se qualquer um desses últimos pagar o título, haverá direito de regresso, mas se o pagamento for feito pelo emitente estará liquidada a questão. Assim também ocorrerá quando o aceitante da letra de câmbio ou da duplicata pagar o título. Contra o devedor originário não haverá necessidade de protesto. Iguala-se ao devedor originário o avalista que tenha declarado ser seu avalista, conforme preceitua o art. 32, quando diz que o avalista é responsável da mesma maneira que a pessoa por ele avalizada.

Devedores indiretos são os endossantes e avalistas, bem como o sacador de uma letra de câmbio e da duplicata. Endossantes entram no título após a criação. Há muitos efeitos desses dois tipos de ação, conforme veremos. O mais importante efeito do pagamento efetuado por um devedor indireto é a aquisição dos direitos creditórios, de tal maneira que ele se transforma de devedor em credor. Dá-se o fenômeno da sub-rogação, da qual já fizemos uma rápida análise. A ação direta passa a ser de regresso.

A ação de regresso é a que compete ao credor que tenha assumido essa posição, em vista de ter sido cobrado e pago o título, por não haver o devedor originário cumprido o pagamento. Vamos exemplificar como se dá essa sub-rogação: Saturnino emite uma nota promissória a favor de Labeo; Labeo entretanto endossou-a a favor de Servílio, que passou a ser o portador do título, mas Servílio endossou-o a favor de Vitélio. Ao chegar o vencimento, Saturnino (emitente) não paga a nota promissória a Vitélio, o último endossatário e legítimo portador do título. Vitélio então executa todos eles: Saturnino (emitente) Labeo e Servílio (endossantes). É um direito que cabe a Vitélio, pois os três executados são devedores solidários. É o que diz o art. 43 da LUG: "o portador de uma letra pode exercer os seus direitos de ação contra os endossantes, sacador e outros coobrigados". Em princípio, a ação contra Saturnino, Labeo e Servílio é direta e, se houver avalistas, será direta também contra eles (embora eles sejam devedores indiretos).

Todavia, digamos que na ação acima, Labeo pagou o título e, ao pagá-lo, Vitélio saiu da relação cambiária e Labeo assumiu o lugar de credor e portador do título. Labeo executa então Saturnino (emitente), que era devedor anterior. Labeo porém não pode cobrar de Servílio, pois este surgiu posteriormente; o direito de regresso, conforme o nome diz, é contra os devedores anteriores. Se o título tivesse sido pago por Servílio, este teria recuperado a sua posição de portador do título, e poderia voltar-se contra Saturnino e Labeo, que eram obrigados antecedentes. O pagamento efetuado por um coobrigado em via de regresso é, por conseguinte, um pagamento recuperatório e não satisfatório.

Há um importante pressuposto formal do direito de regresso: é a constatação do fato de ter sido o título apresentado para pagamento e não ter sido pago. Essa constatação se faz pelo protesto. É o que exige o art. 44 da LUG: "a recusa de aceite ou de pagamento deve ser comprovada por um ato formal (protesto por falta de aceite ou falta de pagamento). Assim também exige o art. 32 da Lei Saraiva:

"O portador que não tira, em tempo útil e forma regular, o instrumento de protesto da letra, perde o direito de regresso contra o sacador, endossadores e avalistas."

Assim também afirma o art. 53 da LUG. Os avalistas a que se refere o artigo retrocitado são os avalistas posteriores, ou seja, não os avalistas do devedor direto (emitente da nota promissória e aceitante da letra de câmbio). O protesto, como se sabe, consiste numa constatação solene de fatos, mediante ato público lavrado por cartório. Pelo art. 46, é possível a dispensa do protesto, em certos casos. O sacador de uma letra de câmbio, um endossante ou um avalista de qualquer título de crédito pode, pela cláusula "sem despesas", "sem protesto", ou outra cláusula equivalente, dispensar o portador de fazer um protesto por falta de aceite de uma letra de câmbio ou falta de pagamento, para poder exercer os seus direitos de ação. Nesse caso, é o próprio interessado que abre mão desse direito. Se for o sacador da letra de câmbio ou da duplicata que tiver inserido essa cláusula, produzirá ela seus efeitos para todas as demais figuras intervenientes. Igualmente, se for inserida pelo emitente da nota promissória, uma vez que os coobrigados posteriores já saberão da existência dessa cláusula, antes de firmar a declaração cambiária. Contudo, se for inserida a cláusula liberatória do protesto por um avalista ou endossante, ela só produzirá efeitos frente a quem a inserir; quanto aos outros coobrigados, o portador do título não fica desonerado da obrigação do protesto.

O grande problema do protesto continua sendo o prazo em que deva ser tirado. Segundo o art. 44, em sua terceira alínea, o protesto por falta de pagamento de um título pagável em dia fixo deve ser feito num dos 2 (dois) dias úteis seguintes àquele em o título for pagável. É um prazo muito curto e produz uma situação constrangedora, tanto para o credor, com para os devedores. É preferível então introduzir nos títulos a cláusula liberatória. Mesmo que não seja necessário o protesto, o portador tem o dever de dar aviso da falta de pagamento do título, ou da falta de aceite da letra de câmbio ao seu endossante e eventuais avalistas, dentro de 4 (quatro) dias úteis sucessivos ao dia do protesto ou da apresentação, se no título tiver a cláusula liberatória do protesto.

A falta de protesto implica a decadência do direito de regresso, mas a falta de aviso não implica apenas o ressarcimento de eventuais danos, até o limite máximo da soma indicada no título.

7.6. Da prescrição cambiária

A prescrição cambiária está relatada na própria LUG, nos arts. 70 e 71, verificando-se em escalas e em prazos mais curtos em relação ao direito comum. Aplica-se a prescrição cambiária com vários prazos, de acordo com o tipo de ação: se direta ou indireta. Falamos aqui em sentido geral, ou então sobre a prescrição aplicada à cambial (nota promissória e letra de câmbio). O cheque, por exemplo, apresenta um sistema prescricional peculiar a ele.

Quanto à ação direta, ou seja, a movida contra o emitente da nota promissória ou aceitante da letra de câmbio e seus respectivos avalistas, prescreve em três anos, contando-se do vencimento. No tocante à ação de regresso, prescreve em um ano, mas com o prazo prescricional dependente da existência ou não da cláusula liberatória do protesto; se a houver, conta-se o prazo a partir do vencimento; se não a houver, a partir da data do protesto feito em tempo útil.

A ação de um endossante contra outro ou contra o sacador prescreve em 6 (seis) meses, a contar do dia em que ele pagou o título.

Conforme tínhamos visto no exame das exceções, em defesa do devedor, este poderá invocar a prescrição, tanto na ação direta como na de regresso. Sendo a prescrição estabelecida por lei, não poderá haver acordo entre as partes modificando-a, malgrado o poder de renúncia do devedor.

A prescrição cambiária pode interromper-se pelas formas normais de direito. Apenas produz efeito em relação à pessoa para quem ela foi feita. Estando um título em execução, interrompe-se a prescrição quando o executado for citado. É importante ressaltar porém que a prescrição não se interrompe com o protesto nem com a propositura da ação de execução. Se um título estiver prestes a prescrever, é conveniente requerer que o juiz decrete a interrupção.

8. CHEQUE

8.1. Conceito

8.2. Legislação do cheque

8.3. Requisitos

8.4. Figuras intervenientes

8.5. Confronto com a letra de câmbio

8.6. Endosso

8.7. A garantia do cheque: aval

8.8. Apresentação e pagamento

8.9. Sustação do pagamento

8.10. Cobrança judicial

8.11. Inoponibilidade das exceções

8.12. O saque sem provisão

8.13. Pluralidade de exemplares

8.14. Modalidades especiais de cheque

8.15. Convenção Interamericana sobre Cheques

8.1. Conceito

O cheque é uma ordem de pagamento à vista. Pelo conceito, o cheque parece ser uma letra de câmbio, mas esta pode ser à vista ou a prazo. Veremos após que muitas diferenças se opõem entre os dois títulos de crédito, malgrado o conceito coincidente. As figuras intervenientes são as mesmas: sacador, sacado, favorecido. É um título de crédito, ainda que contenha uma ordem de pagamento à vista. Entre a emissão do cheque e o pagamento há normalmente um hiato: é um prazo. É o fator tempo, exigido para o crédito. O fator confiança também está presente, visto que demonstra confiança quem aceita um cheque em pagamento. Evidenciam-se destarte os dois fatores essenciais nos títulos de crédito: o tempo e a confiança. É um documento necessário para o exercício do direito literal e autônomo nele mencionado, amoldando-se na definição de Vivante.

O cheque tem contudo uma função às vezes diferente: servir de saque de dinheiro pelo próprio sacador, isto é, o sacado e o favorecido são a mesma pessoa. Nesse caso, o cheque não exerce a função costumeira de servir como meio de pagamento, mas de pedir de volta um bem depositado em mãos de outra pessoa. Nesse caso, faltam ao cheque os dois fatores essenciais do crédito, vale dizer, o tempo e a confiança; não há prazo pois a apresentação do cheque dá-se na mesma ocasião do pagamento. Falta ainda o fator confiança, pois o banco não faz o pagamento em confiança, mas devolve ao depositante um dinheiro em depósito. Não vemos nesse cheque as características de um título de crédito.

Considera-se não escrita a estipulação de juros inserida no cheque (art. 10). O cheque portanto, segundo o conceito adotado, não se presta a lastrear empréstimo de dinheiro, por ser ordem de pagamento à vista.

8.2. Legislação do cheque

Paralelamente com a legislação da letra de câmbio e da nota promissória, caminhou a legislação do cheque. Era regulamentado pela Lei 2.591, de 1908, até que veio a Convenção de Genebra sobre o cheque, passando a conviver duas leis: a Lei 2.591/08 e o Decreto 57.595/66, que adotou em nosso país a LUG sobre o cheque.

Contudo, em 2.9.85 surgiu nova lei nacional do cheque, a Lei 7.357/85 que revogou a Lei 2.591/08. A nossa lei atual é moderna, clara e eficaz; embora continue em vigor a Convenção de Genebra, oficializada pelo Decreto 57.595/66, podemos esquecê-la, pois nossa lei atual a suplanta. Não está porém revogada a Convenção de Genebra. Os conflitos de leis em matéria de cheque serão resolvidos de acordo com as normas constantes das Convenções aprovadas, promulgadas e mandadas aplicar no Brasil, na forma prevista pela Constituição Federal (art. 63). Não há porém conflitos entre a nossa lei do cheque e a Convenção de Genebra, havendo artigos iguais, "*ipsis litteris*"; nossa lei incorpora ainda certos artigos da Convenção de Genebra sobre letra de câmbio e nota promissória.

8.3. Requisitos

O cheque é um título de crédito que realiza com rapidez o valor nele inserido, ou seja, é transformado facilmente em dinheiro. É mais uma razão para ser ele provido de rigoroso formalismo. Por isso, traça-lhe a lei os requisitos essenciais, em número de seis. Os seis requisitos estão elencados no art. 1º, a saber:

1 – a denominação "cheque", inscrita no contexto do título e expressa na língua em que é redigido;

2 – a ordem incondicional de pagar quantia determinada;

3 – o nome do banco ou da instituição financeira que deve pagar (sacado);

4 – a indicação do lugar do pagamento;

5 – a indicação da data e do lugar da emissão;

6 – a assinatura do emitente (ou sacador), ou de seu mandatário com poderes especiais. A assinatura do emitente ou a do mandatário com poderes especiais pode ser constituída, na forma da legislação específica, por chancela mecânica ou processo equivalente.

Será conveniente um comentário especial sobre esses seis requisitos, e a atenção que eles merecem, pois o cheque a que falte qualquer desses requisitos não vale como cheque. A lei não pretende dizer que o documento seja nulo, mas não produz os efeitos peculiares ao cheque. Pode ser um documento útil para outras finalidades, mas não terá a eficácia que a lei reserva ao cheque, como a força executiva.

1. É essencial que o documento tenha a indicação de ser um cheque. Se não constar no seu contexto a expressão "cheque", não se saberá que é um cheque, nem que a ele se aplica a Lei 7.357/85.

2. O próprio conceito do cheque diz que deve conter uma ordem de pagamento e uma ordem incondicional, vale dizer, sem impor condições ou restrições. É o que nossa lei do cheque chama de ordem de pagamento "pura e simples". A quantia a pagar deve ser determinada e certa, expressa em moeda nacional. O valor deve ser indicado por extenso e algarismos, prevalecendo, no caso da discrepância entre ambos, o valor expresso por extenso. Feita a indicação da quantia em algarismos e por extenso, prevalece esta no caso de divergência. Indicada a quantia mais de uma vez, quer por extenso, quer por algarismos, prevalece no caso de divergência, a indicação da menor quantia.

3. Deve constar o nome do sacado, isto é, do banco ou instituição financeira que deverá pagar. Embora indique também as demais instituições financeiras, além de bancos, não conhecemos aplicação de cheque a não ser nos bancos comerciais.

4. Deve ser indicado o local do pagamento, o que parece óbvio, pois quem paga é o banco e portanto o local em que ele se situa é o local do pagamento. O cheque é preenchido em impresso próprio, fornecido pelo banco sacado em talonário. No cheque impresso já consta o nome do banco sacado, o número e o endereço da agência encarregada do pagamento. O art. 2º faz entretanto um suprimento no caso da omissão desse requisito: na falta de indicação do local de pagamento, será levado em consideração o lugar designado junto ao nome do sacado; se designados vários lugares, o cheque é pagável no primeiro deles; não existindo qualquer indicação, o cheque é pagável no lugar de sua emissão (art. 11).

5. A indicação da data e do lugar de emissão é exigência não só do cheque, mas de todo título de crédito e qualquer documento. Sempre que se assina um documento, deve-se indicar o local e a data da assinatura, pois, a partir daí começam os direitos e obrigações provocados pela assinatura. Também nesse dado, o art. 2º supre possível ausência desse preenchimento: não indicado o lugar de emissão, considera-se emitido o cheque no lugar indicado junto ao nome do emitente.

6. O sexto e último requisito é a assinatura do emitente (sacador), ou de seu mandatário com poderes especiais. Por ser recente, a lei do cheque previu que a assinatura do emitente ou de seu mandatário com poderes especiais pode ser constituída, na forma da legislação específica,

por chancela mecânica ou processo equivalente. Essa inovação não constava da Convenção de Genebra, nem do cheque, nem da letra de câmbio e nota promissória, como também da antiga lei do cheque, a Lei 2.581/08.

Quanto aos requisitos do cheque, surgem ainda as dúvidas sobre o cheque em branco, isto é, ao qual faltam alguns requisitos, mas o emitente autorizou o portador a preencher os claros. Se o cheque, incompleto no ato da emissão, for completado com inobservância do convencionado com o emitente, tal fato não pode ser oposto ao portador, a não ser que este tenha adquirido o cheque de má-fé (art. 16). Aplica-se, neste caso, o princípio da inoponibilidade das exceções; o emitente poderá opor exceção apenas ao primeiro favorecido, a quem autorizou o preenchimento. Se o primeiro favorecido tiver endossado o cheque a outra pessoa, esta estará a salvo de qualquer objeção por parte do emitente. Caberá ao emitente o ônus da prova de que o pacto entre as partes era diferente.

8.4. Figuras intervenientes

Conforme houvéramos falado, três são as figuras intervenientes de um cheque, aliás as mesmas da letra de câmbio: sacador, sacado e beneficiário. Contudo, essas pessoas distinguem-se pela posição nos dois títulos de crédito. O sacador, emitente ou passador é o criador do cheque. Basta a sua assinatura para que o cheque crie vida e se complete, independente da manifestação do banco sacado. O cheque não admite aceite, considerando-se não escrita qualquer declaração com esse sentido (art. 6°).

O sacador deverá manter anteriormente com o sacado combinação para adquirir o direito ao saque de cheque. Quase sempre esse acerto consta de um contrato de C/C bancária ou contrato de depósito de dinheiro em C/C bancária, tanto que o talão de cheques é fornecido pelo próprio banco sacado. A utilização dos cheques depende normalmente de haver entre o sacador e o sacado a celebração de um contrato de depósito de dinheiro em C/C bancária. Nesse contrato, o depositante será o sacador e o depositário o sacado. Depositando o dinheiro nas mãos do banco, o depositante receberá o talão de cheques, podendo então sacar o dinheiro depositado, denominado provisão de fundos.

De acordo com o art. 4°, o emitente do cheque (sacador) deve ter fundos disponíveis em poder do sacado e estar autorizado a sobre eles emitir cheques, em virtude de contrato expresso ou tácito. A infração desses preceitos não prejudica a validade do título como cheque. A existência de fundos disponíveis é verificada no momento da apresentação do cheque para o pagamento. Consideram-se fundos disponíveis:

a – os créditos constantes de C/C bancária não subordinados a termo;

b – o saldo exigível de C/C contratual;

c – a soma proveniente de abertura de crédito.

Não convém entrarmos nas considerações sobre esses diversos tipos de contratos bancários, mas todos eles propiciam um crédito do sacador contra o sacado, constante de fundos disponíveis, o que lhe dá o direito de sacar cheques.

O beneficiário é a pessoa a quem o cheque deverá ser pago; é o titular do direito cambiário, geralmente o portador do cheque. Segundo a lei, é a pessoa nomeada pelo sacador para receber o pagamento. Pelo art. 8º, pode-se estipular no cheque que seu pagamento seja feito:

I – à pessoa nomeada, com ou sem cláusula expressa "à ordem";

II – à pessoa nomeada, com a cláusula "não à ordem", ou outra equivalente;

III – ao portador; vale como cheque ao portador o que não contém indicação do beneficiário e o emitido em favor de pessoa nomeada com a cláusula "ou ao portador", ou expressão equivalente.

Falemos agora do sacado. O cheque é emitido contra banco, ou instituição financeira que lhe seja equiparada, sob pena de não valer como cheque (art. 3º). É outra diferença apresentada pelo cheque ante a letra de câmbio, cujo sacado poderá ser qualquer pessoa. O banco sacado é também um prestador de serviços, administrando a C/C; sua posição é um tanto diferente daquela do sacado da letra de câmbio. O domicílio do sacado corresponde também ao do local em que o cheque deverá ser pago. Segundo o art. 67, a palavra "banco", para os fins cambiários, designa também a instituição financeira contra a qual a lei admite a emissão de cheque.

8.5. Confronto com a letra de câmbio

O cheque é um meio ou instrumento de pagamento e é precisamente essa a função que o caracteriza e o faz distinguir-se da letra de câmbio, malgrado sejam ambos os títulos definidos da mesma forma e contenham uma ordem de pagamento incondicional, do sacador ou sacado, de pagar determinada importância ao portador. A letra de câmbio tem função creditória e o cheque função de pagamento; o sacador do cheque, ao emiti-lo, não deseja obter crédito, mas praticar um ato de disposição dos fundos em depósito no banco, cumprindo obrigação indicada no título, e, do outro lado, o beneficiário do cheque recebe-o, não para conceder crédito, mas para ver satisfeito seu crédito.

Não é a única função do cheque a de servir de meio de pagamento, mas também para movimentar os fundos disponíveis do emitente na instituição financeira. Sob esse aspecto, o cheque é sacado a favor do próprio sacador e geralmente apresentado para pagamento na hora da emissão. Com o advento do cartão magnético, essa função caiu em desuso, mas não deixou de ser observada.

Pelas funções previstas para o cheque, a própria lei faz depender o instituto do cheque de certas causas substanciais antes da emissão, o que não acontece com a letra de câmbio. Essas condições anteriores à emissão apresentam-se com as duas principais, a seguir expostas:

1º – a existência de um acordo entre sacado e sacador, pelo qual o sacador fica legitimado e autorizado a sacar cheques a serem pagos pelo banco sacado;

2º – a existência dos fundos necessários à emissão dos cheques.

Outro requisito intrínseco do cheque, em conseqüência das suas duas funções, é a qualificação do sacado; enquanto a letra de câmbio pode ser sacada contra qualquer outra pessoa, o cheque só pode ser sacado contra um banco, uma pessoa legalmente autorizada a manter em depósito fundos disponíveis de outras pessoas. O banco sacado ocupa uma posição peculiar no cheque; é uma figura interveniente, mas não pode obrigar-se cambiariamente; não poderá endossar ou avalizar o cheque, nem aceitá-lo, agindo assim o banco como um delegado do sacador, um seu prestador de serviços. Afirmam alguns que o banco seja um mandatário do sacador, agindo portanto em nome deste último. A esse respeito, convém ressaltar o que afirma o art. 3º, de que o cheque é emitido contra banco, ou instituição financeira que lhe seja equiparada, sob pena de não valer como cheque. A palavra "banco", para os fins da lei do cheque, designa também a instituição financeira contra a qual a lei admite a emissão do cheque (art. 67).

Sendo o sacado forçosamente um banco, ou outro tipo de instituição financeira, aplicam-se à utilização de cheque algumas normas do Direito Bancário e as emitidas por órgãos competentes, como o Conselho Monetário Nacional e o Banco Central. Fica ressalvada a competência do Conselho Monetário nacional, nos termos e nos limites da legislação específica, para expedir normas relativas à matéria bancária relacionada com o cheque. É da competência do CMN:

a – a determinação das normas a que devem obedecer as contas de depósito para que possam ser fornecidos os talões de cheque aos depositantes;

b – a determinação das conseqüências do uso indevido do cheque, relativamente à conta do depositante;

c – a disciplina das relações entre o sacado e o oponente, no tocante à ordem de suspensão do pagamento do cheque pelo emitente.

8.6. Endosso

Diferente da nota promissória, letra de câmbio e duplicata, o cheque não é um título destinado à circulação; sua vida deve ser breve, tanto que não há aceite nem vencimento. Esse caráter do cheque não impede a possibilidade de circulação pelo endosso. Consoante afirma o art. 8°, o cheque pode ser emitido, com efeitos variados na transmissão, de três formas; de acordo com essas formas, haverá três tipos de endosso. Vejamo-las:

1 – ao portador;

2 – à pessoa nomeada, com a cláusula "não à ordem", ou outra equivalente;

3 – à pessoa nomeada, com ou sem cláusula expressa "à ordem".

O primeiro caso, o do cheque ao portador, não necessita de endosso para ser transferido; transfere-se pela simples tradição. Ainda que seja ao portador, o cheque pode ser endossado, vinculando assim o endossante e dando ao endossatário, além da garantia do endosso, a segurança na aquisição do cheque, por indicar a forma de como o adquiriu. O endosso num cheque passado ao portador torna o endossante responsável, nos termos das disposições que regulam o direito de ação, mas nem por isso converte o título num cheque "à ordem" (art. 23).

O segundo caso, em que o cheque seja pagável à pessoa nomeada, com a cláusula "à ordem", ou outra equivalente, só é transmissível pela forma e com os efeitos de cessão. Assim sendo, o cheque perde seus efeitos cambiários, sendo equiparado aos documentos comuns.

O mais importante porém é o cheque em que não haja a cláusula "à ordem". O cheque pagável à pessoa nomeada (nominativo), com ou sem cláusula expressa "à ordem", é transmissível por via de endosso; o endosso pode ser feito ao emitente, ou a outro obrigado, que podem novamente endossar o cheque (art. 17).

O endosso consta da assinatura do favorecido no verso do cheque. Deve ser lançado no cheque ou na folha de alongamento e assinado pelo endossante, ou seu mandatário com poderes especiais (art. 19). O endosso deve ser puro e simples, reputando-se não escrita qualquer condição a que seja subordinado (art. 18). O significado de "puro e simples" significa que seja incondicional, vale dizer, sem condições nem restrições. São nulos o endosso parcial e o do sacado. Não terá sentido o banco sacado transferir o cheque para outra pessoa: seria uma recusa de pagamento. O endosso parcial é impraticável por ser o cheque um título de crédito e, como tal, indivisível, tanto o cheque como o direito nele incorporado.

O endosso pode ser em branco ou em preto. No endosso em branco não fica designado o endossatário, consistindo apenas na assinatura do endossante; nesse caso, só é válido quando lançado no verso do cheque ou na folha de alongamento. Vale como em branco o endosso ao portador, ou seja, designando-se com a expressão "ao portador". O endosso ao sacado vale apenas como quitação, salvo no caso de o sacado ter vários estabelecimentos e o endosso ser feito em favor do estabelecimento diverso daquele contra o qual o cheque foi emitido. A assinatura do endossante, ou a de seus mandatários com poderes especiais, pode ser constituída, na forma da legislação específica, por chancela mecânica ou processo equivalente.

Como acontece com a letra de câmbio e a nota promissória, se o endosso for em branco, poderá o portador transformá-lo em preto, colocando o seu nome ou da outra pessoa; nesse caso, só poderá transferir o cheque com novo endosso. Não fazendo constar seu nome, poderá transferi-lo por simples tradição ou endossá-lo novamente, ainda que seja em branco. Se endossá-lo, porém, obriga-se cambiariamente, pois salvo estipulação em contrário, o endossante garante o pagamento. Contudo, pode o endossante proibir novo endosso; nesse caso, não garante o pagamento a quem seja o cheque posteriormente transferido (art. 21). Quando um endosso em branco for seguido de outro, entende-se que o signatário deste adquiriu o cheque pelo endosso em branco.

Se o endosso fizer menção ao nome do endossatário, ou seja, ao novo beneficiário do cheque, será em preto; nesse caso, o novo beneficiário só poderá transferi-lo pelo novo endosso, que poderá ser em preto ou em branco. O banco sacado só poderá pagar esse cheque ao último endossatário. O detentor de cheque "à ordem" é considerado portador legitimado, se provar seu direito por uma séria ininterrupta de endosso, mesmo que o último seja em branco. Para esse efeito, os endossos cancelados são considerados não-escritos (art. 22). Esta disposição é semelhante à prevista para a letra de câmbio, no art. 16 da Convenção de Genebra sobre letras de câmbio e notas promissórias. Assim sendo, o banco sacado, ao pagar o cheque, deve pagá-lo ao último endossatário, exigindo sua identificação. Não precisará conferir as assinaturas dos endossos, mas se todos os endossantes anteriores assinaram. Por exemplo: Gallo emite um cheque para Arístio; este o endossa para Varro e Varro para Crátino. O banco deverá pagar a Crátino, mas verificará que não há assinatura de Varro; neste caso, Crátino, o último endossatário não prova ser o portador legitimado graças a uma série ininterrupta de endossos. O banco não lhe deve pagar esse cheque.

O cheque pode ser colocado em cobrança no caso de ser pagável em outra praça. Trata-se de uma operação em desuso, visto que os serviços bancários aprimoraram-se e os bancos fazem a cobrança internamente. Caso entretanto se torne necessário, o art. 26 admite o endosso-cobrança, nos termos semelhantes aos dos demais títulos de crédito. A lei admite também endosso póstumo. O endosso posterior ao protesto, ou declaração equivalente, ou à expiração do prazo de apresentação produz apenas os efeitos de cessão. Salvo prova em contrário, o endosso sem data presume-se anterior ao protesto, ou declaração equivalente, ou à expiração do prazo de apresentação (art. 27).

8.7. A garantia do cheque: aval

O pagamento do cheque pode ser garantido, no todo ou em parte, por aval prestado por terceiro, exceto o sacado, ou mesmo por signatário do título (art. 29). Parece estranho o aval num título que contenha ordem de pagamento à vista e serve mais como instrumento de pagamento, mas cabe em alguns aspectos. Por exemplo: dois amigos entram num restaurante e um deles paga a conta com cheque; o restaurante reluta em aceitar por não conhecer o emitente; o amigo acompanhante então avaliza o cheque, garantindo seu pagamento.

O aval é lançado no cheque ou na folha de alongamento. Exprime-se pelas palavras "por aval", ou fórmula equivalente, com a assinatura do avalista. Considera-se como resultante da simples assinatura do avalista, aposta no anverso do cheque, salvo quando se tratar da assinatura do emitente. O aval deve indicar o avalizado; na falta de indicação, considera-se avalizado o emitente (art. 30).

O aval no cheque é uma declaração cambiária autônoma, como sói acontecer com as obrigações cambiárias. As obrigações contraídas no cheque são autônomas e independentes. A assinatura da pessoa capaz cria obrigações para o signatário, mesmo que o cheque contenha assinatura de pessoas incapazes de se obrigar por cheque, ou assinaturas falsas, ou assinaturas fictícias, ou assinaturas que, por qualquer outra razão, não poderiam obrigar as pessoas que assinaram o cheque ou em nome das quais ele foi assinado (art. 13). Assim, o avalista dá o aval ao emitente do cheque; posteriormente constata-se que a assinatura do emitente é falsa; continua válido o aval, por ser uma obrigação autônoma e independente da obrigação do avalizado. O avalista se obriga da mesma maneira que o avalizado. Subsiste sua obrigação, ainda que nula a por ele garantida, salvo se a nulidade resultar de vício de forma (art. 31).

Cabe porém ao avalista o direito de regresso. O avalista que paga o cheque adquire todos os direitos dele resultantes contra o avalizado e contra os obrigados para com este em virtude do cheque. Temos nos referido amiúde sobre o direito de regresso e no cheque se observa o mesmo critério observado na letra de câmbio.

8.8. Apresentação e pagamento

O cheque é pagável à vista; considera-se não escrita qualquer menção em contrário; o cheque apresentado para pagamento, antes do dia indicado como data de emissão, é pagável no dia da apresentação (art.

32). Se é uma ordem de pagamento à vista, não existe prazo no cheque e deve ser pago no momento em que for apresentado ao banco sacado. Por essa razão, não há justificativa legal para o cheque pré-datado, hoje tão em voga; ainda que seja apresentado antes da data de sua emissão, está na obrigação do banco pagá-lo. É evidente que a data da emissão é fictícia; como pode, por exemplo, um cheque apresentado no dia 5, ser emitido no dia 10? Ainda que o emitente escreva no cheque que ele não deva ser apresentado antes de tal dia, não terá validade essa declaração.

Sendo ordem de pagamento à vista, pressupõe-se que deva o cheque ser apresentado imediatamente. Deve ser respeitada porém a liberdade do portador, podendo ele apresentá-lo para recebimento num prazo que lhe convenha, impondo a lei um prazo máximo. O cheque deve ser apresentado para pagamento, a contar do dia da emissão, no prazo de 30 dias, quando emitido no lugar onde houver de ser pago; e de 60 dias quando emitido em outro lugar no País ou no exterior (art. 33). Passados os 30 dias de prazo, o banco não está na obrigação de pagar, mas a lei não o proíbe e normalmente os cheques retardados são pagos. A apresentação do cheque à Câmara de Compensação equivale à apresentação a pagamento (art. 34). A Câmara de Compensação, originada na Inglaterra com o nome de *clearing house*, é uma instituição centralizadora para a compensação de papéis de crédito. Sob o ponto de vista doméstico, a Câmara de Compensação é um órgão do Banco do Brasil, no qual se reúnem os diversos bancos de um lugar, levando os cheques depositados e cada um faz do outro uma cobrança coletiva.

A morte do emitente ou sua incapacidade superveniente à emissão não invalidam os efeitos do cheque (art. 37). O que se exige, pois, é a capacidade jurídica do emitente no momento da emissão. O pagamento deve ser feito a quem apresentar o cheque ao banco sacado; sendo ao portador, não precisará este identificar-se. Se o cheque for nominativo, isto é, que deverá ser pago a pessoa nomeada, o favorecido deverá identificar-se, pois a ordem dada ao banco foi a de que o cheque fosse pago a ele. Mais sério será o caso em que o cheque for apresentado não pelo primeiro favorecido mas pelo último endossatário, havendo vários endossantes anteriores. Nesse caso, o banco sacado, que paga cheque "à ordem", é obrigado a verificar a regularidade da série de endossos, mas não a autenticidade das assinaturas. A mesma obrigação incumbe ao banco apresentante do cheque à Câmara de Compensação. Os motivos desses cuidados estão na análise do art. 22, a respeito da titularidade e legitimação cambiária, estudadas em capítulo próprio no estudo da teoria geral dos títulos de crédito.

A apresentação e o não-pagamento do cheque devem ser comprovados por ato formal, mais precisamente pelo protesto, conforme vimos várias vezes, tal como acontece com os demais títulos de crédito. Essa exigência para o cheque consta do art. 47. A apresentação do cheque, o protesto ou a declaração equivalente só podem ser feitos em dia útil, durante o expediente dos estabelecimentos de crédito, câmaras de compensação e cartório de protestos.

8.9. Sustação do pagamento

Nossa lei permite a sustação do cheque, como também a LUG sobre o cheque, mas esta só prevê a sustação após transcorrer o prazo para a apresentação. O emitente do cheque pagável no Brasil pode revogá-lo, mercê de contra-ordem dada por aviso epistolar, ou por via judicial ou extrajudicial, com as razões motivadoras do ato. A revogação ou contra-ordem só produz efeito depois de expirado o prazo de apresentação (art. 35). Nesse caso, o portador deixou de apresentar o cheque nos trinta dias do prazo e como, apesar disso, o banco poderá pagá-lo, o emitente evitará o pagamento com a sustação. Há nessa sustação as razões motivadoras do ato, pois decorreu o prazo legal para que o portador do cheque o apresentasse.

Não é só porém nesse caso que se oferece a possibilidade de sustação. Mesmo durante o prazo de apresentação, o emitente e o portador legitimado podem fazer sustar o pagamento, manifestando ao sacado, por escrito, oposição fundada em relevante razão de direito. A oposição do emitente e a revogação ou contra-ordem se excluem reciprocamente. Não cabe ao sacado julgar da relevância da razão invocada pelo oponente (art. 36). Se não cabe ao banco sacado julgar da relevância da razão invocada pelo emitente do cheque, por que não deverá este invocar relevante razão de direito? Provavelmente, nossa lei já preveja a possibilidade de ação judicial provocada pela sustação e essa relevante razão de direito deverá ser discutida em juízo.

Por relevante razão de direito, entendemos motivos previstos em lei para que o emitente impeça o cheque de ser pago. É o caso, por exemplo, de ter sido o cheque roubado, ou extraviado, ou extorquido.

São causas portanto que serão alvo de posterior discussão judicial. O problema, porém, está nas falhas de comunicação dos bancos. O cheque sustado é devolvido com um carimbo, geralmente confuso e apagado, indicando com uma letra o motivo da devolução do cheque. O portador fica sem saber qual o motivo exato da devolução; também não se sabe se o cheque sustado tinha ou não provisão de fundos.

Entretanto, a sustação do pagamento de um cheque por parte do emitente significa o não-pagamento dele. Sujeita, portanto, o emitente ao protesto do cheque e sua execução, ficando ao seu ônus a prova da relevante razão de direito para o não-pagamento.

8.10. Cobrança judicial

O não-pagamento do cheque deve, antes de mais nada, ser comprovado pelo protesto. Tendo sido protestado, o cheque poderá ser cobrado judicialmente, apelando inclusive o portador à ação cambiária. O regime jurídico a que se submete o cheque é diferente dos demais títulos, a começar do sistema prescricional, que vai desgastando o cheque pouco a pouco. Vejamos, porém, como gradativamente vai o cheque perdendo sua força processual.

O primeiro desgaste se dá no prazo da apresentação. Conforme vimos no estudo da apresentação, diz o art. 33 que o cheque deve ser apresentado para pagamento a contar do dia da emissão, no prazo de trinta dias, quando emitido no lugar onde houver de ser pago; e de 60 dias, quando emitido em outro lugar do país ou no exterior. Passando esses prazos, o portador perde o direito de exigir do banco o pagamento do cheque. Esse prazo, porém, terá outro sentido: é a partir dele que começará a correr o prazo prescricional.

A ação cambiária deverá ser prescrita no prazo de seis meses, contados do prazo para a apresentação, o que equivale a sete meses a partir da emissão. Passado esse prazo, não mais poderá apelar o portador para a execução do cheque. Mesmo tendo perdido sua força executiva, o cheque não perderá sua validade; poderá ser cobrado pelas vias processuais ordinárias. A ação originária de cobrança tem um prazo maior de prescrição: é de dois anos, a partir do dia em que se consumar a prescrição da ação cambiária. É a chamada ação de enriquecimento indevido (não é ilícito). Diremos então que a ação de enriquecimento prescreve em dois anos e sete meses, a partir da emissão.

Falamos até agora das medidas judiciais do portador contra o emitente e os demais coobrigados. Examinemos agora a ação de regresso de um coobrigado que tenha pago o cheque, como o endossante e o avalista; nesse caso, a ação prescreve em seis meses, contados do dia em que esse coobrigado tenha pago o cheque, ou do dia em que ele tenha sido acionado. Vamos dar um exemplo: Modestino emitiu o cheque para Paulo, mas Paulo o endossou para Ulpiano. O cheque não foi pago e Ulpiano executou-o contra Modestino e Paulo. Entretanto, Paulo (o endossante) pagou esse cheque em juízo e tornou-se o titular dele; neste caso seu direito à ação cambiária prescreverá em seis meses, a partir do dia em que pagou o cheque em juízo.

Pode ser interrompida a prescrição do cheque. A interrupção da prescrição produz efeito somente contra o coobrigado em relação ao qual foi promovido o ato interruptivo (art. 60). A respeito dessa questão delicada, importante e debatida, será conveniente esclarecermos alguns pontos relevantes. A interrupção da prescrição se dá pela citação do executado. Nem o protesto, nem a distribuição da execução, nem o despacho do juiz determinando a citação do executado são suficientes para interromper a prescrição. Digamos então que o portador entre com a execução dez dias antes de vencer-se o prazo de sete meses da emissão: não haverá tempo hábil para que o executado seja citado. Nessa situação, será conveniente ao portador requerer ao juiz para que este conceda a interrupção.

Pode o portador promover a execução do cheque:

I – contra o emitente e seu avalista;

II – contra os endossantes e seus avalistas, se o cheque apresentado em tempo hábil e a recusa de pagamento é comprovada pelo protesto ou por declaração do sacado, escrita e datada sobre o cheque, com indicação do dia da apresentação, ou, ainda, por declaração escrita e datada por câmara de compensação.

O portador que não apresentar o cheque em tempo hábil, ou não comprovar a recusa de pagamento pela forma acima indicada, perde o direito de execução contra o emitente, se este tinha fundos disponíveis durante o prazo de apresentação e os deixou de ter, em razão de fato que não lhe seja imputável. Nossa lei não nos orienta sobre o que considera como "fato que não seja imputável ao emitente". Fica claramente reservada ao portador do cheque tanto a ação direta como a de regresso, ressaltando a necessidade da apresentação do cheque em tempo hábil e do protesto para a ação de regresso. A execução deverá estar instruída com o instrumento de protesto, elaborado de acordo com o art. 48.

Exige o art. 49 que o portador do cheque envie aviso da falta de pagamento ao seu endossante e ao emitente, nos quatro dias úteis seguintes ao do protesto ou, havendo cláusula sem despesa, ao da apresentação. Por seu turno, o endossante deverá avisar o endossante anterior, incluindo-se nessa obrigação o aviso aos respectivos avalistas. Se o endossante não houver indicado seu endereço, ou o tiver feito de forma ilegível, basta o aviso ao endossante que o preceder. O aviso pode ser dado por qualquer forma, até pela simples devolução do cheque. Esse aviso deve ser provado por qualquer forma, como o comprovante de ter sido posta carta no correio. Não decai do direito de regresso o que deixa de dar o aviso no prazo estabelecido; responde, porém, pelo dano causado por sua negligência, sem que a indenização exceda o valor do cheque.

Não vemos muita relevância para essas exigências, impondo obrigações ao portador frustrado no recebimento de seu cheque. Para que dar aviso ao emitente de um cheque protestado, se o próprio protesto já é um aviso? Se os endossantes e os avalistas já foram avisados do protesto pelo cartório, por conta do portador, por que submetê-lo a esse encargo? Felizmente, não nos consta que algum exeqüente tenha sido demandado a indenizar um devedor inadimplente e faltoso por esse motivo.

Ao empreender a execução, o portador do cheque poderá exigir o pagamento de um, alguns e todos os coobrigados, sem estar sujeito a observar a ordem em que se obrigaram, já que todos eles respondem solidariamente para com o portador do cheque, mesmo durante a execução: por exemplo: o exeqüente inicia a ação contra o emitente do cheque, mas como este não paga, o exeqüente inclui seu avalista no processo. Ou então, o portador do cheque executa apenas o endossante, deixando o avalista de lado. Assim acontece também com o coobrigado que pagar o cheque; poderá exercer a ação de regresso contra os co-obrigados que escolher.

Tanto o portador do cheque, como o coobrigado que o pagar, poderão exigir do devedor o pagamento do valor do cheque, juros e correção monetária e as despesas e custas, inclusive honorários advocatícios de seu advogado (art. 53). O devedor que pagar o cheque terá, porém, o direito de exigir recibo do pagamento total, bem como a entrega do cheque e do instrumento de protesto. Caso esteja o cheque em execução, poderá requerer o desentranhamento desses documentos; nesse caso não fica obrigado o credor a dar recibo, pois o recibo do depósito judicial constitui prova de pagamento.

8.11. Inoponibilidade das exceções

Já tivemos ocasião de falar várias vezes no princípio da inoponibilidade das exceções. Esse princípio aplica-se também ao cheque. Quem for demandado por obrigação resultante de cheque não pode opor ao portador exceções fundadas em relações pessoais com o emitente, ou com os portadores anteriores, salvo se o portador o adquiriu conscientemente em detrimento do devedor (art. 25). Para compreender melhor esse preceito, será conveniente um exemplo: Ulpiano emite um cheque para Modestino, mas Modestino o endossa para Paulo. O cheque não é pago e Paulo aciona Ulpiano; este, porém, se defende pela exceção contra Paulo, alegando que Modestino devia um dinheiro a ele. Ora, Paulo não tem nada a ver com as relações entre Ulpiano e Modestino e, portanto, não pode ser aceita a defesa de Ulpiano.

Ulpiano tem direito a defesa, mas só poderá alegar o direito pessoal contra Paulo, se o tiver, a menos que prove que Paulo adquiriu o cheque de má-fé, mediante fraude. Se não provar fraude de Paulo, este será um terceiro de boa-fé e estará resguardado de embargos, pelo princípio da inoponibilidade das exceções aos terceiros de boa-fé.

8.12. O saque sem provisão

Problema dos mais sérios e graves é o uso do cheque para fraudes ou estelionato, principalmente a emissão de cheque sem a competente provisão de fundos. É o famoso "cheque voador" ou "cow-boy" (salva-se quem sacar primeiro). Não se pode criticar a lei, uma vez que a ação cambiária habilita o portador a postular a cobrança na órbita civil e o Código Penal estabelece sanções na órbita penal. Quanto às sanções penais, a Lei Cambiária remete a questão ao Direito Penal, pelo que se vê no art. 65:

"Os efeitos penais da emissão do cheque sem suficiente provisão de fundos, da frustração do pagamento do cheque, da falsidade, da falsificação e da alteração do cheque continuam regidos pela legislação criminal".

Nem sempre constitui crime de estelionato a emissão de cheque sem fundos. Exemplo freqüente é o que se nota nos postos de gasolina, alguns dos quais colocam faixa oferecendo gasolina com pagamento em cheque, a ser apresentado dez dias depois. Trata-se de fornecimento financiado de gasolina, emitindo o comprador um cheque sem fundos, com plena ciência do favorecido do cheque; não há má-fé de nenhuma das partes. Cheque nessas condições é um sucedâneo da nota promissória. Em inúmeros outros tipos de operações econômicas, observa-se a emissão de cheque sem fundos, sem má-fé do emitente, mas o cheque faz parte de pacto entre as partes.

Crime será, isto sim, o cheque sem fundos emitido com má-fé, dolosamente, em que o emitente engana o favorecido, causando-lhe prejuízos, em proveito próprio. Em princípio, não há crime na emissão, ainda que não haja fundos, pois o emitente não causou prejuízos a ninguém. O possível crime só ocorrerá se o cheque for apresentado e não for pago por não haver provisão. Vejamos destarte duas hipóteses:

a – o emitente emite cheque sem fundos, mas antes que o cheque seja apresentado, o emitente provê os fundos necessários e o cheque é pago ao ser apresentado. Não há crime nenhum, pois o portador não foi prejudicado;

b – o emitente emite um cheque, tendo provisão de fundos; logo em seguida saca os fundos e quando o cheque é apresentado, não é pago por insuficiência de fundos. Nesse caso, houve crime, pois houve má-fé e o portador do cheque saiu prejudicado, em benefício do emitente.

Concluímos então que será na apresentação do cheque e seu não-pagamento por falta de fundos, que ficará caracterizada a conduta dolosa do emitente. Por essa razão, será no local do domicílio do banco sacado que estará a jurisdição para o processamento da questão. Assim, por exemplo, um cidadão passa em São Paulo um cheque sem fundos, a ser pago num banco de Curitiba. Caso o portador quiser apresentar queixa-crime contra o emitente, terá que apresentá-la na comarca de Curitiba, pois foi lá que ocorreu o crime.

8.13. Pluralidade de exemplares

Da mesma forma que a letra de câmbio e a nota promissória, o cheque é um título de crédito universalmente adotado e circula muitas vezes de um país para outro. É possível que um cidadão brasileiro emita um cheque na Europa, para ser pago no Brasil, ou vice-versa. Por essa razão, pocuraram vários países estabelecer uma convenção internacional para a unificação das normas que regulam o cheque. Não foi sem motivo, então, que a Convenção de Genebra relativa a cheque tivesse adotado a possibilidade de várias vias do cheque, reproduzida nos arts. 56 e 57 de nossa lei. A pluralidade de exemplares, porém, só é admitida para o cheque ao portador e quando for emitido num país, para ser pago em outro.

Excetuado o cheque ao portador, qualquer cheque emitido em um país e pagável em outro pode ser feito em vários exemplares idênticos, que devem ser numerados no próprio texto do título, sob pena de cada exemplar ser considerado cheque distinto (art. 56). O pagamento feito contra a apresentação de um exemplar é liberatório, ainda que não estipulado que o pagamento torna sem efeito os outros exemplares. O endossante que transferir os exemplares a diferentes pessoas e os endossantes posteriores respondem por todos os exemplares que assinarem e que não forem restituídos (art. 57).

Pelo que se nota, parece que a lei do cheque transplantou o que foi estatuído pela LUG no capítulo "Da Pluralidade de Exemplares e das Cópias" (arts. 64 a 68). Entretanto, a lei do cheque fala apenas nas duplicatas do cheque e não em cópias. O objetivo da pluralidade de exemplares é distinto entre o cheque e a letra de câmbio: na letra de câmbio servem as duplicatas para facilitar o aceite, mas como não há aceite no cheque servem para facilitar seu recebimento. Tendo que ser enviado para longe, atravessando os mares, há o risco de extravio do cheque. Sendo enviado o cheque em várias duplicatas, um ou outro acabará chegando mais rapidamente às mãos do favorecido. Sendo apresentado e pago o primeiro exemplar, ficam anulados todos os demais.

A pluralidade de exemplares está hoje superada pelo progresso e meio de comunicação. Um documento pode chegar, em nossos dias, de forma segura e rápida às mãos do destinatário, como por exemplo, pelo fax. Em certos países, como Itália e França, a duplicação do cheque é permitida até mesmo quando o cheque circule no próprio país mas atravesse os mares. Também nesses países essa prática tornou-se obsoleta.

8.14. Modalidades especiais de cheque

Como documento de larga aplicação, é natural que o cheque vá-se amoldando, cada vez mais, a novas situações e surjam clientes privilegiados quanto a seus cheques. Como exemplo, podemos citar cheques de várias cores, cada uma apresentando características especiais, ou então cheque com determinado número de estrelas, e outros sinais distintivos. Surgiram assim modalidades de cheques, criadas pelos próprios bancos, outros de forma extra-oficial, outros por órgãos públicos como a Junta Comercial, e outros pela própria lei. Assim é que nossa moderna lei incluiu nela certas espécies de cheques já vulgarizados no mundo moderno. Examinaremos pois os mais comuns, como o visado, o cruzado, o para ser creditado em conta, o viajante e o marcado.

CHEQUE VISADO

Esse sistema de garantia de pagamento do cheque surgiu da prática bancária, mas foi depois oficializado pela Junta Comercial, de acordo com os "usos e costumes" previstos na Lei do Registro do Comércio. Foi, em seguida, instituído pelo art. 7º da atual lei do cheque (Lei 7.357/85). É também chamado "cheque com visto".

Pode o sacado, a pedido do emitente ou do portador legitimado, lançar e assinar, no verso do cheque não ao portador e ainda não endossado, visto, certificação no título. A aposição de visto, certificação ou outra declaração equivalente obriga o sacado a debitar à conta do emitente a quantia indicada no cheque e a reservá-la em benefício do portador legitimado, durante o prazo de apresentação, sem que fiquem exonerados o emitente, endossantes e demais coobrigados. O banco sacado creditará à conta do emitente a quantia reservada, uma vez vencido o prazo de apresentação; e antes disso, se o cheque lhe for entregue para inutilização (art. 7º).

O visto no cheque foi a fórmula encontrada para valorizar e garantir o cheque, uma vez que o pagamento conta com a responsabilidade cartular do banco sacado. O visto aumenta a confiança do portador do cheque e favorece a circulação, eliminando a dúvida sobre a existência ou não de fundos. Tem o efeito de um aceite do cheque pelo banco, embora o cheque não admita o aceite.

O cheque visado tem um prazo de apresentação expresso no próprio cheque, geralmente de um mês. Passado esse prazo, cessa a garantia do banco sacado, e o dinheiro reservado para essa garantia retorna à conta do cliente. A cessação dos efeitos do visto, porém, não invalida o cheque; sendo apresentado e havendo provisão de fundos, o cheque será pago.

CHEQUE CRUZADO

A adoção de métodos tendentes a limitar os riscos referentes à circulação dos cheques levou à regulamentação do cheque cruzado. O cruzamento do cheque faz-se com a colocação de duas linhas paralelas na face frontal (ou anverso), que poderá ser feita tanto pelo emitente ou qualquer portador do cheque. O cruzamento pode ser geral ou especial.

O cruzamento é geral se entre os dois traços não houver nenhuma indicação ou existir apenas a indicação "banco" ou outra equivalente. Em outras palavras, não pode haver entre as duas linhas o nome de um banco. O primeiro efeito do cruzamento é o de que o banco sacado não poderá pagá-lo no caixa, mas apenas a outro banco, mediante crédito em conta. Portanto, o portador de um cheque cruzado deverá depositá-lo em sua C/C bancária para poder receber o valor do cheque.

O cruzamento é especial quando, entre as duas linhas paralelas, houver o nome de um banco. Neste caso, só o banco indicado no cruzamento poderá receber o cheque do banco sacado. Pode ser porém o próprio banco sacado; por exemplo: um cheque cruzado tendo o nome do UNIBANCO. Da mesma forma que o cheque com cruzamento geral, só um banco poderá receber o especial.

O portador do cheque poderá colocar no meio das linhas paralelas o nome de um banco, transformando o cruzamento geral em especial, mas não o contrário, ou seja, riscar o nome do banco, transformando o cruzamento especial em geral. A inutilização do cruzamento ou a do nome do banco é reputada como não existente. O banco sacado e o banco portador respondem pelo dano, até a concorrência do montante do cheque, se não observarem as normas referentes ao cheque cruzado.

CHEQUE PARA SER CREDITADO

Outra forma de restringir e dar segurança ao uso do cheque é destiná-lo ao crédito em conta. O emitente ou o portador podem proibir que o cheque seja pago em dinheiro, mediante a inscrição transversal, no anverso do título, da "cláusula" para ser creditado em conta, ou outra equivalente. Nesse caso, o sacado só pode proceder a lançamento contábil (crédito em conta, transferência ou compensação), que vale como pagamento. O depósito do cheque em conta do beneficiário dispensa o respectivo endosso. A inutilização da cláusula é considerada como não existente. Responde pelo dano, até a concorrência do montante do cheque, o sacado que não observar as disposições precedentes (art. 46).

Trata-se de um cheque com escopo já determinado e vedando pagamento em dinheiro. Não é necessário que o portador tenha conta, mas poderá abri-la com o próprio cheque. É possível ainda que o cheque se destine ao pagamento de um débito do emitente, operando-se uma compensação. Por exemplo, o emitente do cheque tem uma duplicata contra si, em cobrança num banco, e emite o cheque para pagar essa duplicata. Nesse caso, deverá constar no cheque o fim a que se destina: há neste caso uma compensação, com o cheque indo a débito do emitente e este recebendo um débito quitado.

TRAVELLER'S CHECK

Também chamado de cheque viajante ou viajeiro e cheque de viagem, surgiu o *traveller's check* como medida de segurança contra os riscos de fraude, furto ou falsificação, subordinando o pagamento do cheque a dupla assinatura, uma no momento da emissão e outra no momento do pagamento. O título de crédito foi previsto primeiramente no art. 44 da lei do cheque italiana, com o nome de *assegno turistico* (cheque turístico), mas vulgarizou-se no mundo inteiro, malgrado não tenha entrado na legislação de muitos países. Trata-se de um cheque sacado por um banco, contra seu correspondente em outro país, geralmente em moeda diferente, em que a legitimação do beneficiário ou do possível portador para o exercício do direito cartular está subordinada à existência, no próprio cheque, de duas assinaturas. Discute-se quanto à possibilidade de ser transferido por endosso, mas ultimamente tem sido comum essa transferência, sem problemas.

Digamos, por exemplo, que um brasileiro deseje viajar a Buenos Aires, mas não quer levar dinheiro em espécie. Adquire então no seu banco um *traveller's check*, que poderá ser em real, dólar, austral, ou outra moeda. Nesse cheque há duas linhas para assinatura; no momento da emissão do cheque o portador o assina. Ao chegar em Buenos Aires, o portador apresenta o *traveller's check* para pagamento no banco correspondente e novamente o assina. A primeira assinatura serve de modelo para a segunda. O portador identifica-se com o passaporte ou outros documentos idôneos e hábeis. Há portanto muita segurança para todos, pois o turista é pessoa desconhecida no país em que receberá o valor do cheque. Tanto é eficiente o cheque viajante que ele é endossado nos próprios hotéis ou agências de turismo, dispensando o comparecimento do portador no banco correspondente. A segunda assinatura do portador, aposta no momento de receber o valor do cheque, serve também como endosso.

CHEQUE ADMINISTRATIVO

É cheque emitido por um banco contra ele próprio, com segurança de pagamento, por ser da responsabilidade do banco. Foi reconhecido legalmente pelo Decreto 24.777/34, que não lhe deu porém regulamentação. Foi regulamentado pormenorizadamente pela lei cambiária italiana, nos arts. 82 a 86, com o nome de *"assegno circolare"* (cheque circular). O direito italiano considera dois tipos de cheques: o cheque bancário (*assegno bancario*) e o cheque circular (*assegno circolare*), o primeiro inspirado na letra de câmbio e o segundo na nota promissória.

O cheque administrativo tem realmente algumas características da nota promissória, com as mesmas figuras intervenientes (emitente e favorecido). É um título de crédito à ordem, emitido por um banco e pagável à vista; o banco desempenha o papel de sacador e sacado ao mesmo tempo. Muitas vezes é chamado de "cheque comprado", pois um cliente deposita no banco o valor do cheque, pedindo um cheque administrativo, que é debitado na conta do cliente.

8.15. Convenção Interamericana sobre Cheques

O cheque é um documento universal, aplicado em todos os países e, muitas vezes, ultrapassa fronteiras. Em conseqüência desse universalismo, surgiu a Convenção de Genebra sobre Cheques, que instituiu a LUG sobre o cheque. Consoante houvéramos já falado, uma convenção (ou tratado) internacional é um compromisso assumido por um país para ser cumprido no plano internacional. Não obriga, entretanto, sua adoção no plano interno. Para transformar-se em lei nacional, necessários se tornam dois atos: que seja aprovada pelo Congresso Nacional, por Decreto Legislativo e seja promulgada por um Decreto Executivo. Foi o que aconteceu com a Convenção de Genebra sobre a Letra de Câmbio e a Nota Promissória e com a Convenção de Genebra sobre cheques.

A criação da Organização dos Estados Americanos e do MERCOSUL e a ampliação do mercado consumidor entre as nações americanas levaram a OEA a promover uma convenção na cidade de Montevidéu, a fim de estabelecer uma norma a ser observada pelos países membros da OEA sobre o cheque. Realizou-se essa convenção em maio de 1979, chamada de Convenção Interamericana sobre Conflitos de Leis em Matéria de Cheques. As razões acima referidas levaram o governo brasileiro a transformar essa convenção em lei nacional, graças ao Decreto 1.240/94. Antes, porém, essa convenção fora aprovada pelo Congresso Nacional pelo Decreto Legislativo 9/94. Quase todos os países americanos aderiram a essa convenção, que foi registrada na ONU. Como se trata agora de uma lei nacional, devemos conhecê-la, pois deverá ser invocada quando um cheque de outro país adentrar o Brasil. A Convenção de Montevidéu tem 17 artigos.

O referido tratado internacional considera necessário adotar, no Sistema Interamericano, normas que permitam a solução dos conflitos de leis em matéria de cheques. Convieram os países membros da OEA elaborar uma norma geral, a fim de harmonizar as leis sobre cheques nos diversos países americanos. No ano de 1995, contudo, realça-se a possibilidade de maior aplicação entre os países atualmente no MERCOSUL: Brasil, Argentina, Uruguai e Paraguai, uma vez que está crescendo a circulação de cheques entre estes quatro países.

Segundo o art. 1º da Convenção Interamericana sobre Conflito de Leis em Matéria de Cheques, a capacidade para obrigar-se por meio de cheque rege-se pela lei do lugar onde a obrigação tiver sido contraída. Entretanto, se a obrigação tiver sido contraída por quem for incapaz, segundo a referida lei, tal incapacidade não prevalecerá no território de qualquer outro Estado participante dessa Convenção, cuja lei considere válida a obrigação. Exemplifiquemos essa possibilidade. Digamos que no Paraguai só pode emitir cheque o maior de 21 anos. Se um menor de 21 anos emitir cheque no Paraguai será ele nulo, por ser emitente juridicamente incapaz. Contudo, se este cheque tiver que ser pago no Brasil, será ele válido e seu pagamento não poderá ser recusado sob a alegação de menoridade do emitente, uma vez que nossa lei permite a emissão de cheque a um menor de 21 anos.

A forma de emissão, endosso, aval, protesto e demais atos jurídicos que possam materializar-se no cheque fica sujeita à lei do lugar em que cada um dos referidos atos for praticado. Não cremos que essa disposição possa provocar muitos problemas, pois as declarações cambiárias foram bem definidas pela Convenção de Genebra sobre os cheques e todos os países do MERCOSUL são signatários dessa convenção. Destarte, se um cheque for emitido no Brasil, avalizado e endossado no Brasil, todas essas declarações cambiárias seguem a lei brasileira. Todavia, esse cheque deverá ser pago na Argentina e lá poderá ter mais um avalista e pode ser endossado; neste caso, predomina a lei argentina. Assim sendo, esse mesmo cheque ficou submetido a dois sistemas jurídicos, a duas legislações. Predomina neste caso o princípio de *locus regit actum* (o local rege o ato). Quanto ao protesto, que não é uma declaração cambiária, deverá ser tirado no local do pagamento do cheque e seguirá portanto a lei desse lugar.

Quanto às obrigações cambiárias, estatuiu a Convenção que todas as obrigações contraídas num cheque regem-se pela lei do lugar em que foram contraídas. Prevalece também o princípio do *locus regit actum*. Se uma ou mais obrigações contraídas num cheque não forem válidas perante a lei aplicável, a invalidade não se estenderá às outras obrigações validamente assumidas de acordo com a lei do lugar em que tiverem sido contraídas. Esse fenômeno não se observa apenas no cheque mas é uma característica geral dos títulos de crédito: a autonomia das obrigações cambiárias. Assim, por exemplo, alguém avaliza um cheque ou o endossa; posteriormente foi constatado que a assinatura do emitente era falsa, sendo portanto nula. A assinatura nula do emitente não afeta a validade do aval ou do endosso. Esse princípio consta também na nossa Lei Cambiária.

Quando não for indicado no cheque o lugar em que tiver sido contraída a obrigação respectiva ou praticado o ato jurídico materializado no documento, entender-se-á que a referida obrigação ou ato teve origem no lugar em que o cheque deva ser pago e, se este constar, no lugar de sua emissão. Consoante a Convenção de Genebra, há três lugares indicados no cheque: 1 – local do pagamento, 2 – local da emissão, 3 –

local em que se situa a agência do banco sacado. Às vezes, há diferença entre esses dois últimos: podemos emitir um cheque para ser pago em Curitiba, mas o banco em que mantemos a conta corrente está em São Paulo. Para os efeitos desta Convenção Interamericana sobre Conflitos de Leis em Matéria de Cheques, quando não houver indicação do lugar em que houver a emissão, o aval e o endosso, considerar-se-á como sendo o do local de pagamento.

Quanto aos procedimentos e prazos para o protesto de um cheque ou outro ato equivalente para preservar os direitos contra os endossantes, o emitente ou outros obrigados ficam sujeitos à lei do lugar em que o protesto ou esse outro ato equivalente for praticado ou deva ser praticado. Trata-se aqui do protesto cambiário, ou seja, o protesto destinado a preservar o "direito de regresso" contra os coobrigados anteriores. Vigora então a lei do lugar em que o protesto deva ser tirado. Por outro lado, o protesto cambiário deve ser tirado no local do pagamento do cheque.

O local em que o cheque deva ser pago implica a aplicação da lei ainda no que tange à natureza; às modalidades e seus efeitos; ao prazo de apresentação; às pessoas contra as quais pode ser emitido; se pode ser emitido para depósito em conta, cruzado, visado ou confirmado, e os efeitos dessas operações; aos direitos do portador sobre a provisão de fundos e à natureza de tais direitos; se o portador pode exigir ou se está obrigado a receber um pagamento parcial; aos direitos do emitente de cancelar o cheque ou opor-se ao pagamento; à necessidade do protesto ou outro ato equivalente para preservar os direitos contra os endossantes, o emitente e outros obrigados; às medidas que devem ser adotadas em caso de roubo, furto, falsificação, extravio, destruição ou inutilização material do documento; e, em geral, todas as situações referentes ao pagamento do cheque.

Os cheques que forem apresentados a uma câmara de compensação intra-regional reger-se-ão no que for aplicável pela Convenção. Não há, no presente momento, essa câmara de compensação intra-regional, mas já se cogita de sua criação no MERCOSUL. A câmara de compensação, conforme já foi estudado, é um órgão em que se concentra a apresentação de cheque para pagamento.

A lei declarada aplicável pela Convenção poderá não ser aplicada no território de um país-membro, se este a considerar como manifestamente contrária à sua ordem pública. Um país poderá formular reservas à Convenção, como sói acontecer com as convenções internacionais. As reservas são vetos parciais a uma convenção, ou seja, a uma ou mais disposições específicas. Necessário, porém, que essas reservas não sejam incompatíveis com o objeto e o fim da convenção.

Não existem parâmetros definidos para leis contrárias à ordem pública de um país; haverá necessidade de exame para casos especiais. Uma prática comum no Brasil pode nos dar um exemplo: em nosso país pode trabalhar um maior de 14 anos e seu salário depositado em banco, podendo esse menor emitir cheques sobre essa conta. Essa norma poderá afrontar a ordem pública de outros países e estes estão autorizados a não adotá-la.

9. A DUPLICATA

9.1. Conceito, origem e evolução

9.2. O composto documental

9.3. Requisitos da duplicata

9.4. Remessa e aceite

9.5. O aval

9.6. A circulação por endosso

9.7. O pagamento

9.8. O protesto

9.9. A cobrança judicial

9.10. O Livro de Registro de Duplicatas

9.11. A duplicata simulada

9.1. Conceito, origem e evolução

A duplicata é um título de crédito sacado por uma empresa, contendo uma ordem de pagamento ao sacado, para que pague determinado valor ao próprio sacador. Sendo uma ordem de pagamento, é marcante sua semelhança com a letra de câmbio, mas na duplicata o sacador e o favorecido são a mesma pessoa e só poderá ser uma empresa, individual ou coletiva, mercantil ou civil. Uma peculiaridade, porém, revela-se na duplicata: tem ela sua causa substancial (ou subjacente) numa operação de venda. É, em princípio, um título causal, tanto que será nula se não tiver a causa subjacente prevista pela lei.

As figuras intervenientes são as mesmas da letra de câmbio: sacador, sacado e favorecido. As declarações cambiárias são também as mesmas: saque, aceite, aval e endosso. Ressaltem-se as diferenças entre os dois títulos: malgrado a possibilidade de a letra de câmbio poder ser sacada à ordem do próprio sacador, raramente acontece, enquanto na duplicata sempre acontece de ser a mesma pessoa o sacado e o sacador. Mesmo assim, a lei não veda expressamente que seja a duplicata sacada a favor de outra pessoa. Outro fator peculiar à duplicata é o de que deverá emergir ela de um contrato de compra e venda, enquanto a letra de câmbio é abstraída de sua causa substancial.

Após essas considerações, podemos definir a duplicata como sendo um título de crédito, pelo qual uma pessoa, chamada sacador, dá uma ordem a outra pessoa, chamada sacado, para que este pague ao próprio sacador um determinado valor em dinheiro, num determinado dia e num determinado lugar.

A origem da duplicata pode ser encontrada no próprio direito brasileiro. Trata-se de um título eminentemente nacional, criação do gênio jurídico brasileiro, que gerou um título de crédito de elevada efetividade. Não consta que qualquer outro país a tenha adotado. O inolvidável jurista Tullio Ascarelli, em sua estada no Brasil, tornou-se admirador da duplicata e, em várias palestras, recomendou aos países europeus que adotassem a criação brasileira. Sua origem está em nosso Código Comercial, no art. 219, dizendo que no contrato de compra e venda deve ser extraída a fatura "por duplicado". Para melhor compreensão, conveniente se torna transcrever aqui o art. 219 do Código Comercial, que faz parte da regulamentação do contrato de compra e venda:

"Nas vendas em grosso ou por atacado entre comerciantes, o vendedor é obrigado a apresentar ao comprador por duplicado, no ato da entrega das mercadorias, a fatura ou conta dos gêneros vendidos, as quais serão por ambos assinadas, uma para ficar na mão do vendedor e outra na do comprador. Não se declarando na fatura o prazo do pagamento, presume-se que a compra foi à vista. As faturas sobreditas, não sendo reclamadas pelo vendedor ou comprador, dentro de 10 dias subseqüentes à entrega e recebimento, presumem-se líquidas".

A exigência da fatura em duplicata, ou "por duplicado" como diz o Código Comercial, só nele consta. O código francês fala só em fatura; o português e espanhol não faziam essa exigência. Nem o extinto código comercial italiano, que em 1942 foi fundido com o código civil, nem o atual Código Civil prevêem essa duplicação. Posteriormente, foi regulamentada a duplicata por lei especial e, atualmente, as normas sobre ela constam na Lei 5.474/68, conhecida como Lei da Duplicata. Como se trata de um título cambiário, aplicam-se à duplicata e à triplicata, no que couber, os dispositivos da legislação sobre emissão, circulação e pagamento das letras de câmbio (art. 25).

A duplicata segue modelos elaborados pelo Conselho Monetário Nacional, expostos na Resolução 128/70, conforme tinha sido previsto no art. 27 da Lei da Duplicata.

9.2. O composto documental

A duplicata forma com outros documentos um composto documental, sendo os documentos cognatos, ou seja, oriundos de um fato comum. Conforme veremos depois, esse fato não atenta contra a característica da unicidade, da qual falamos constantemente. Apesar de o contrato de compra e venda não necessitar normalmente de documento escrito, seja ou não um contrato escrito, a compra e venda é um ato essencial para ensejar a duplicata. De qualquer maneira, a compra e venda será documentada pelos demais documentos do composto documental.

O primeiro documento provocado pela compra e venda é a nota fiscal, que comprova a venda e dá ao comprador a legitimidade da propriedade. A nota fiscal sempre acompanha a mercadoria vendida até ser entregue nas mãos do comprador e fica com este. A fatura sucede à nota fiscal; é um documento que relaciona as mercadorias vendidas, com a quantidade e preço. Às vezes, consta o número da nota fiscal, pois as notas fiscais trazem a data da venda já consumada, sendo emitida pelo vendedor e enviada ao comprador. Ao ser recebida pelo comprador, fica ele obrigado ao pagamento do preço da compra.

Junto com a fatura, poderá ser extraída a duplicata. Poderá e não deverá, pois não é obrigatória; a fatura sim, desde que comprador e vendedor estejam domiciliados no território nacional e o prazo de pagamento seja superior a um mês. Na venda à vista não há necessidade de fatura, bastando a nota fiscal. A este respeito, será conveniente transcrever o art. 1º da Lei da Duplicata (Lei 5.474/68):

"Em todo o contrato de compra e venda mercantil entre partes domiciliadas no território brasileiro, com prazo não inferior a trinta dias, contado da data da entrega ou despacho das mercadorias, o vendedor extrairá a respectiva fatura para apresentação ao comprador.

Parágrafo único – A fatura discriminará as mercadorias vendidas ou, quando convier ao vendedor, indicará somente os números e valores das notas parciais expedidas por ocasião das vendas, despachos ou entregas das mercadorias".

Se a venda for ao exterior, outra será a fatura, denominada *commercial invoice*. Note-se a força do verbo: "extrairá", sendo portanto obrigatória a extração da fatura no caso em tela. A duplicata é facultativa, mas é extraída junto com a fatura e com os mesmos dizeres; aliás, é chamada assim por ser duplicata da fatura. Diz o art. 2º que no ato da emissão da fatura, dela poderá ser extraída uma duplicada para circulação como efeito comercial, não sendo admitida qualquer outra espécie de títulos de crédito para documentar o saque do vendedor pela importância faturada ao comprador.

Ressalte-se a expressão da lei sobre o escopo da duplicata: "para circulação como efeito comercial". Destina-se pois a mobilizar o crédito, raramente ficando o sacador com duplicatas em carteira, a não ser as de pequeno valor.

Uma só duplicata não pode corresponder a mais de uma fatura, ou seja, deverá ter os mesmos dados da fatura. Se uma duplicata correspondesse a várias faturas, o valor dela seria maior, pois englobaria o valor delas em conjunto. A duplicata indicará sempre o valor da fatura, ainda que o comprador tenha direito a qualquer rebate, mencionando o vendedor o valor líquido que o comprador deverá reconhecer como obrigação a pagar. Não se incluirão no valor total da duplicata os abatimentos de preços das mercadorias feitos pelo vendedor até o ato de faturamento, desde que constem da fatura. Nos casos de venda para pagamento em parcelas, poderá ser emitida duplicata única, em que se discriminarão todas as prestações e seus vencimentos, ou série de duplicatas, uma para cada prestação, distinguindo-se a numeração a que se refere o item I do § 1º do art. 2º.

9.3. Requisitos da duplicata

A duplicata deverá conter:

1 – a denominação "duplicata", a data de sua emissão e o número de ordem;

2 – o número da fatura (geralmente é o mesmo número da duplicata);

3 – a data certa do vencimento ou a declaração de ser "à vista"; vê-se destarte que só há duas modalidades de vencimento para a duplicata: a dia certo ou à vista;

4 – o nome e o domicílio do vendedor e do comprador, isto é, do sacador e do sacado. Na verdade, é preciso melhor identificação das duas figuras intervenientes, como a indicação do CGC. É possível porém haver várias duplicatas de uma só fatura, cada uma com vencimento diferente;

5 – a importância a pagar, em algarismo e por extenso;

6 – a praça do pagamento;

7 – a cláusula "à ordem" (a duplicata destina-se à circulação);

8 – a declaração de reconhecimento de sua exatidão e da obrigação de pagá-la, a ser assinada pelo comprador, como aceite cambial;

9 – a assinatura do emitente (é utilizada a chancela mecânica).

Da duplicata poderão constar outras indicações, desde que não alterem sua feição característica (art. 24). Podem constar assim na duplicata o logotipo da empresa sacadora, o ramo de atividade e outras indicações, mas os nove requisitos essenciais deverão permanecer.

9.4. Remessa e aceite

Fatura e duplicata são títulos xifópagos; são irmãos gêmeos. Nascem juntos e juntos iniciam sua vida, saindo da mesma mãe, o sacador, e sendo enviados ao sacado juntos. Ao chegar ao sacado, dá-se a separação: a fatura é documento pertencente à contabilidade do sacado, mas a duplicata deve ser devolvida ao sacador, que vai utilizá-la para promover seu crédito. A remessa da duplicata poderá ser feita diretamente pelo vendedor ou por seus representantes, por intermédio de instituições financeiras, procuradores ou correspondentes que se incumbam de apresentá-la ao comprador na praça ou no lugar de seu estabelecimento, podendo os intermediários devolvê-la, depois de assinada, ou conservá-la em seu poder até o momento do resgate, segundo as instruções de quem lhes cometeu o encargo. O prazo para remessa da duplicata será de trinta dias, contado da data da emissão. Se a remessa for feita por intermédio de representantes, instituições financeiras, procuradores ou correspondentes, estes deverão apresentar o título ao comprador dentro de dez dias, contados da data de seu recebimento na praça de pagamento.

A duplicata, porém, deverá ser devolvida ao sacador com a assinatura do sacado, ou seja, devidamente aceita. O aceite torna a duplicata um título líquido e certo, podendo ensejar a ação cambiária caso não seja paga no vencimento. O aceite não é exigível no momento da apresentação, como na letra de câmbio; o sacado terá o prazo de dez dias, a fim de verificar a mercadoria adquirida e se o contrato de compra e venda foi devidamente cumprido pelo vendedor-sacador. Assim, diz o art. 7º que a duplicata, quando não for à vista, deverá ser devolvida pelo comprador ao apresentante dentro do prazo de dez dias, contados da data de sua apresentação, devidamente assinada ou acompanhada de declaração por escrito, contendo as razões da falta de aceite. Caso a duplicata esteja sendo cobrada por um banco, havendo expressa concordância da instituição financeira cobradora, o sacado poderá reter a duplicata em seu poder até a data do vencimento, desde que comunique, por escrito, à apresentante, o aceite e a retenção; essa comunicação substituirá, quando necessário, no ato do protesto ou na execução judicial, a duplicata a que se refere.

Portanto, a duplicata dependerá ainda do aceite para tornar-se um título líquido e certo e o aceite dependerá de acertos do contrato de compra e venda. Até então a duplicata é um título causal, com o aceite vinculado ao cumprimento de cláusulas contratuais. Todavia, o sacado encontra restrições no seu poder de recusa. Não poderá reter a duplicata em suas mãos e, ainda que não a aceite, deverá devolvê-la ao sacador, com a justificativa devida. Além da exigência dessa justificativa exposta pelo art. 7º, o comprador-sacado ficará restrito a apenas três motivos para recusar o aceite, expostos no art. 8º, a saber:

153

a – avaria ou não recebimento das mercadorias, quando não expedidas ou não entregues por sua conta e risco;

b – vícios, defeitos e diferenças na qualidade ou na quantidade de mercadorias, devidamente comprovados;

c – divergência nos prazos ou nos preços ajustados.

Até o aceite, a duplicata é um título causal, ainda discutível, como acabamos de examinar. Com o aceite, entretanto, abstrai-se ela de sua causa subjacente, tornando-se assim um título abstrato. O aceite é uma declaração cambiária e as declarações cambiárias são autônomas e independentes. O aceite contém uma promessa de pagamento e, como tal, faz a duplicata equiparar-se à nota promissória. Se continuasse ela vinculada ao contrato de compra e venda, encontraria dificuldades na sua circulação.

9.5. O aval

Da mesma forma que os demais títulos de crédito já vistos, nota promissória, letra de câmbio e cheque, a duplicata pode também ser garantida por aval, submetido às normas cambiárias comuns. O pagamento da duplicata poderá ser assegurado por aval, sendo o avalista equiparado àquele cujo nome indicar; na falta da indicação, àquele abaixo de cuja firma lançar a sua; fora desses casos, ao comprador. O aval dado posteriormente ao vencimento do título produzirá os mesmos efeitos que o prestado anteriormente àquela ocorrência (art. 12).

O aval deve constar da assinatura do avalista no verso do título. Certa ocasião, o sacado assinou no verso de um título: nesse caso, ele não aceitou, mas avalizou a duplicata. Esse aval porém tem o mesmo valor que o aceite, pois o sacado obrigou-se no título, confessando tacitamente ser o devedor direto.

9.6. A circulação por endosso

A lei da Duplicata não estabelece as normas sobre o endosso, mas é ele feito na forma costumeira de transferência dos títulos de crédito. Mais do que nos outros títulos, o endosso é freqüente na duplicata, por ser ela um título essencialmente circulável. A transferência da duplicata dá-se, muitas vezes, antes mesmo do aceite. O sacador já envia aos bancos suas duplicatas, realizando-as com o crédito, encarregando-se o banco de enviá-las para o aceite. As duplicatas são transferidas em decorrência das operações de desconto nos bancos ou aplicadas em operações de *"factoring"*.

O endosso-mandato é bastante utilizado para a duplicata, quando esta é entregue em cobrança, principalmente se for pagável em praça diferente da praça da emissão. Da mesma forma o endosso-caução; a duplicata é um valor com ótimas condições de servir à caução para obrigações, principalmente os empréstimos bancários.

9.7. O pagamento

A duplicata deverá ser paga no vencimento. É lícito ao comprador-sacado resgatá-la antes de aceitá-la ou antes da data do vencimento, segundo o art. 9°. Esse pagamento poderá ser declarado ineficaz se constituir fraude contra credores. Por exemplo: uma empresa tem várias dívidas e não as paga; entretanto paga uma duplicata não vencida, em flagrante favorecimento a um credor, em detrimento dos outros. Se a duplicata for paga no banco, será ela entregue ao pagador com o recibo mecânico; se for paga ao próprio sacador, este deverá entregar a duplicata devidamente quitada. A prova do pagamento é o recibo, passado pelo legítimo portador ou por seu representante com poderes especiais, no verso do próprio título ou em documento, em separado, com referência expressa à duplicata. O recibo em separado é excepcional, mas se justifica porque grande parte das duplicatas são cobradas por bancos e o sacador terá a facilidade de pagar em qualquer agência bancária.

Constituirá, igualmente, prova de pagamento, total ou parcial, da duplicata, a liquidação do cheque, a favor do estabelecimento endossatário, no qual conste, no verso, que seu valor se destina à amortização ou liquidação da duplicata nele caracterizada. Tínhamos já falado dessa questão no estudo do cheque. O sacado pode entregar ao banco um cheque destinado ao pagamento de uma duplicata, devendo constar no cheque que ele se destina a esse pagamento. Se o banco recebe o valor do cheque, enviará ao pagador a duplicata quitada. Note-se que é possível o pagamento parcial da duplicata, ficando porém o sacado com a responsabilidade de pagar o restante.

No pagamento da duplicata poderão ser deduzidos quaisquer créditos a favor do devedor, resultantes de devolução de mercadorias, diferenças de preço, enganos verificados, pagamentos por conta e outros motivos assemelhados, desde que devidamente autorizados (art. 10).

A duplicata admite reforma ou prorrogação do prazo de vencimento, mediante declaração em separado ou nela escrita, assinada pelo vendedor ou endossatário, ou por representante com poderes especiais. A reforma ou prorrogação de que trata este artigo, para manter a co-obrigação dos demais intervenientes por endosso ou aval, requer a anuência expressa destes (art. 11). Essa possibilidade, de se fazer a reforma ou prorrogação da duplicata, atenta contra o princípio da literalidade e da unicidade, pois o instrumento da reforma passa a fazer parte integrante da duplicata.

9.8. O protesto

O protesto da duplicata apresenta facetas especiais, por haver três tipos de protestos. A duplicata é protestável por falta de aceite, de devolução ou de pagamento. O protesto deverá ser tirado na praça de pagamento constante no título. O portador que não tirar o protesto da duplicata, em forma regular e dentro do prazo de trinta dias, contado da data do vencimento, perderá o direito de regresso contra os endossantes e respectivos avalistas.

O protesto contra a devolução da duplicata ocorre se o sacado não a devolve no prazo de dez dias após havê-la recebido. Como a duplicata está em poder do sacado, o sacador deverá extrair uma triplicata ou então fazer a indicação por um documento que comprove o envio da duplicata, tendo os dados dela. A perda ou extravio da duplicata obrigará o vendedor-sacador a extrair triplicata, que terá os mesmos efeitos e requisitos e obedecerá às mesmas formalidades daquela (art. 23).

O protesto por falta de aceite ocorre se o sacado devolver a duplicata sem aceite nem explicações ou cuja justificativa não seja aceita pelo sacador. É um tanto raro esse protesto, porque o sacador normalmente entra em entendimentos com o sacado para o acerto até chegar ao vencimento. Se vencida a duplicata e não paga, faz-se o protesto por falta de aceite e de pagamento. Também é raro o protesto por falta de devolução, pois o que interessa ao sacador é receber seu crédito no vencimento e não receber de volta a duplicata.

Protestado o título, o cartório extrairá o instrumento de protesto, que deverá conter os requisitos legais e instruirá o processo de execução da duplicata ou eventualmente, de pedido da falência, caso o sacado seja uma empresa mercantil.

De muita importância será o instrumento de protesto se a duplicata não tiver sido aceita. Tendo o sacador documento comprobatório da entrega da mercadoria, com o instrumento de protesto, os dois documentos darão o "suprimento de aceite", considerando-se a duplicata um título executável, desde que o sacado não tenha apresentado razões de direito para a recusa do aceite.

9.9. A cobrança judicial

Não sendo paga no vencimento, sem relevante razão de direito, poderá o portador da duplicata socorrer-se da ação cambiária, executando-a conforme regulamenta o Código de Processo Civil. A execução deverá estar instruída com a duplicata aceita, não havendo necessidade de protesto contra o aceitante e seu avalista. Será preciso, porém, o instrumento de protesto se a execução for contra endossante e o avalista dele ou, se a duplicata não estiver aceita, caso em que será também preciso o comprovante da entrega da mercadoria.

Caso o sacado não tenha aceito a duplicata por motivos plausíveis, conforme prevê o art. 8°, o sacador poderá contudo exercer a cobrança pela ação ordinária. Mesmo em se tratando de ação ordinária, a cobrança pode ser realizada contra os coobrigados no total deles ou contra algum, sem observância da ordem em que figurem no título, como acontece com os demais títulos de crédito. Todos os coobrigados respondem solidariamente pelo aceite e pelo pagamento, já que as obrigações cambiárias são autônomas e solidárias. O foro competente para a cobrança judicial da duplicata ou da triplicata é o da praça de pagamento constante do título, conforme consta do aceite. Contra os demais co-obrigados, deverá ser o do domicílio deles, pois a cobrança deve contar com a apresentação do título.

A ação de execução prescreve de formas diversas, de acordo com a posição do executado:

a – contra o sacado, o prazo de prescrição é de três anos, a partir da data do vencimento da duplicata; o mesmo prazo é adotado para o avalista do sacado;

b – contra o endossante e seus avalistas, o prazo prescricional é de um ano, a contar da data do protesto;

c – caso um coobrigado pague a duplicata, terá o prazo de um ano, contado da data em que tenha pago o título, para o exercício do direito de regresso.

9.10. O Livro de Registro de Duplicatas

Segundo o art. 19 da Lei da Duplicata, formando um capítulo denominado "Da Escrita Especial", adiciona-se entre as obrigações da empresa a adoção de um livro especial: O Livro de Registro de Duplicatas. Nesse livro serão escrituradas, cronologicamente, todas as duplicatas emitidas, com o número de ordem, data e valor das faturas originárias e data de sua expedição; nome e domicílio do comprador; anotações das reformas, prorrogações e outras circunstâncias necessárias.

A escrituração deverá ser feita na forma que o Código Comercial chama de "sistema mercantil", ou seja, não poderá conter emendas, borrões, rasuras e entrelinhas. O livro deverá ser conservado na própria empresa. Quando se fala em livro, todavia, não significa um tomo, mas um tipo de registro; poderá adotar as formas da moderna escrituração, como os disquetes de computadores ou as fichas de contabilidade mecanizada. Exige-se, porém, que constem os dados exigidos pela lei.

As duplicatas de prestação de serviços

Reconhece a lei dois tipos de duplicatas: a duplicata mercantil e a duplicata de prestação de serviços. A primeira é sacada por uma empresa mercantil, individual ou coletiva. A empresa mercantil é registrada na Junta Comercial. A duplicata de prestação de serviços é sacada por uma empresa civil ou entidade a ela assemelhada. A empresa civil pode ser individual ou coletiva, mas não pode dedicar-se a atividades mercantis, como a de compra e venda de mercadorias. Poderá a empresa civil, caracterizada em seu nome pela expressão "sociedade civil" ou abreviada "S/C", dedicar-se à prestação de serviços. Não se registra ela na Junta Comercial mas no Cartório de registro de Pessoas Jurídicas. À empresa civil, para os efeitos da venda de serviços, equiparam-se outras entidades prestadoras de serviços, como as fundações e os profissionais liberais.

Essas empresas (por ser mais recente, a Lei das Duplicatas fala empresa e não comerciante) podem emitir faturas, duplicatas e triplicatas. Esse título é chamado de "duplicata de prestação de serviços" e tem os mesmos efeitos da duplicata mercantil, razão por que não necessitaria de uma regulamentação especial. A fatura deverá discriminar a natureza dos serviços prestados e a soma a pagar em dinheiro corresponderá ao preço desses serviços.

Aplicam-se à fatura e à duplicata ou triplicata de prestação de serviços, com as adaptações cabíveis, as disposições referentes à fatura e à duplicata ou triplicata de venda mercantil, constituindo documento hábil para transcrição do instrumento de protesto, qualquer documento que comprove a efetiva prestação dos serviços e o vínculo contratual que a autorizou. A fatura e a duplicata são extraídas conjuntamente e enviadas ao adquirente dos serviços, ou seja, ao sacado, que reterá a fatura como documento seu e devolverá ao sacador a duplicata aceita. O sacado poderá deixar de aceitar a duplicata de prestação de serviços por motivos semelhantes aos da duplicata mercantil: não correspondência com os serviços efetivamente contratados; vícios ou defeitos na qualidade dos serviços prestados, devidamente comprovados; divergências nos prazos ou nos preços ajustados (art. 21).

Não vemos razão para que a lei imponha aos profissionais liberais (advogados, médicos, dentistas etc.) o registro da "fatura ou conta" no Cartório de Registro de Títulos e Documentos, antes de ser remetida ao sacado. Além disso, o que deve ser registrado seria a duplicata, o que nos leva a acreditar que os profissionais liberais só possam emitir nota fiscal e fatura, mas não duplicata. Por outro lado, o § 3º do art. 22 estabelece que o não-pagamento da fatura ou conta no prazo nela fixado, autorizará o credor a levá-la a protesto, valendo, na ausência do original, certidão do cartório competente. Destarte, com o registro, o cartório dará certidão, que suprirá a ausência da fatura, se esta ficar retida com o sacado. Neste caso, não há endosso nem aval, pois a fatura ou conta não são títulos de crédito e não se destinam à circulação. Apenas transforma a fatura em título executivo.

9.11. A duplicata simulada

A Lei 5.474/68 não deixou passar sem referência a duplicata simulada, ou seja, duplicata sem fatura ou nota fiscal e sem contrato de compra e venda. Uma empresa, para conseguir crédito, emite uma duplicata para apresentá-la a um banco, para desconto, sabendo-se que a duplicata é um título muito idôneo para obtenção de crédito, em vista de estar lastreada pela mercadoria vendida. É, porém, um título fictício, meramente escritural, pois não houve venda, ainda que tenham sido emitidas a nota fiscal e a fatura. Às vezes, também há participação do sacado na fraude, aceitando a duplicata simulada, quando ele nada comprou.

Malgrado a lembrança da Lei da Duplicata, esta remeteu a questão para o Código Penal, que capitulou a duplicata simulada como crime, no art. 172. Assim diz esse artigo:

"Expedir ou aceitar duplicata que não corresponda, juntamente com a fatura respectiva, a uma venda efetiva de bens ou a uma real prestação de serviço.

Pena: detenção de um a cinco anos, e multa equivalente a 20% sobre o valor da duplicata.

Parágrafo único – Nas mesmas penas incorrerá aquele que falsificar ou adulterar a escrituração no Livro de Registro das Duplicatas".

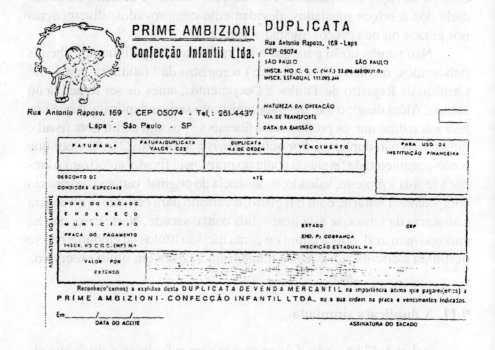

10. *WARRANT* E CONHECIMENTO DE DEPÓSITO

10.1. As empresas de armazéns gerais

10.2. O contrato de depósito

10.3. Emissão e circulação dos dois títulos

10.4. Vencimento e pagamento do warrant

10.5. As salas de vendas públicas

10.6. Disposições penais

10.7. A legislação

10.1. As empresas de armazéns gerais

Chegamos agora ao exame de dois títulos de crédito muito especiais: o *warrant* e o conhecimento de depósito. São emitidos por um tipo peculiar de empresa, chamada empresa de armazéns gerais. Estão eles regulamentados por uma lei antiga, cuja elaboração se deve ao extraordinário comercialista patrício, Carvalho de Mendonça: é o Decreto 1.102, de 1903. Com mais de 90 anos de vigência, esta lei permanece intocável, tal é o seu grau de perfeição, embora quase um século de progresso tenha provocado alguns pontos de dúvida. O Decreto 1.102/03 é bastante longo, com 39 artigos minuciosos.

A primeira parte do Dec. 1.102/03 regulamenta a empresa encarregada da emissão desses títulos. Só ela poderá emiti-los, razão pela qual há íntima conexão entre eles: a empresa e os títulos de crédito. A empresa de armazéns gerais dedica-se a manter armazéns de depósito de mercadorias, junto aos portos ou estradas de ferro ou de rodagem, estocando mercadorias de terceiros. Sua atividade repousa principalmente nos contratos de depósito de mercadorias. A peculiaridade primordial da empresa de armazéns gerais é a faculdade privativa para emitir os dois títulos de crédito dos quais estamos nos ocupando: o *warrant* e o conhecimento de depósito. Trata-se de uma empresa mercantil, com registro obrigatório na Junta Comercial. Pode ser uma empresa individual ou coletiva, mas não se conhece nenhuma empresa individual, sendo a maioria delas revestidas de forma de S/A. Devem ser empresas de elevado porte, exigentes de elevado capital, pois um depósito geralmente requer alto investimento, principalmente junto aos portos. A maioria delas são empresas privadas e pertencem aos conglomerados financeiros, mas há algumas avulsas e algumas empresas públicas, como a CIBRAZÉM.

Para o registro na Junta Comercial, são exigidas as condições gerais para toda empresa, mas tem a empresa de armazéns gerais um registro especial com várias exigências extras. Deverá juntar documentos descritivos da capacidade técnica para o exercício de sua atividade, com a denominação, a situação, o número, a capacidade, a comodidade e a segurança dos armazéns. Precisará expor a natureza das mercadorias que recebem em depósito, como feijão, milho, soja, ou se é frigorífico para carnes. O objeto social da empresa de armazéns gerais deve ser bem completo, com as operações e serviços a que se propõe. A essas declarações, a empresa de armazéns gerais juntará ainda o regulamento interno dos armazéns e da sala de vendas públicas, e a tarifa remuneratória do depósito e de outros serviços.

Nesse registro especial, juntará ainda a certidão do contrato social (se for sociedade por cotas) ou do estatuto (se for S/A). A Junta Comercial deverá examinar o regulamento interno da empresa de armazéns gerais e só concederá a matrícula se estiver de acordo com o Dec. 1.102/03. Os empresários que dirigirem a empresa de armazéns gerais terão que assinar um termo de responsabilidade, como fiéis depositários dos gêneros e mercadorias que receberem, e só depois de preenchida esta formalidade, que se fará conhecida de terceiros por novo edital da Junta Comercial, poderão ser iniciados os serviços e operações que constituem o objeto social da empresa. Além dos empresários, os **administradores** dos armazéns gerais, os fiéis-depositários e outros prepostos, antes de entrarem em exercício, receberão da empresa de armazéns gerais (a proponente) uma nomeação escrita, que será inscrita na Junta Comercial.

Não poderão ser empresários, administradores ou fiéis de armazéns os que tiverem sofrido condenação por crimes falimentares, estelionato, abuso de confiança, falsidade, roubo ou furto. Como se vê, são muito rigorosas as exigências da lei para as empresas de armazéns gerais, como para seus dirigentes, envolvendo até mesmo seus altos funcionários.

Vão mais além as implicações legais. Devem ser afixados nos locais de movimento da empresa o regulamento interno e a tarifa cobrada. Obriga-se ainda a manter um livro de entrada e saída de mercadorias, as vendas e demais circunstâncias que ocorrerem relativamente às mercadorias depositadas.

10.2. O contrato de depósito

Afora a questão societária, tratada nos primeiros artigos do Dec. 1.102/03, outro aspecto importante é o do contrato de depósito. Esse contrato é disciplinado pelo Código Civil nos arts. 1.265 a 1.287. Por outro lado, o Código Comercial disciplina esse mesmo contrato, com o nome de depósito mercantil, nos arts. 280 a 286. A relevância dessa questão é dupla: uma é que a empresa de armazéns gerais trabalha principalmente com base nesse contrato; a outra é que o contrato de depósito constitui a causa fundamental para a extração do *warrant* e do conhecimento de depósito. São títulos causais, uma vez que possuem uma causa subjacente. Há alguma analogia com a fatura e a duplicata; estas têm como causa subjacente (substancial ou fundamental) o contrato de compra e venda, enquanto o *warrant* e o conhecimento têm como causa o contrato de depósito mercantil.

Um conceito do contrato de depósito encontra-se no art. 1.265 do Código Civil: pelo contrato de depósito recebe o depositário um objeto móvel, para guardar, até que o depositante o reclame. As partes desse contrato são, pois, depositante e depositário. O contrato de depósito é gratuito na órbita civil, mas o contrato de depósito mercantil é remunerado, porquanto na vida empresarial não se concebe atividade gratuita. A empresa de armazéns gerais é normalmente a depositária; sua atividade primordial é a de receber mercadorias para guardar e conservar, até que o depositante as peça de volta. Por esse trabalho, a empresa de armazéns gerais cobra uma tarifa remuneratória.

A empresa de armazéns gerais não poderá estabelecer preferência entre os depositantes a respeito de qualquer serviço, nem recusar o depósito de mercadorias, a não ser que a mercadoria destinada ao armazenamento não seja tolerada pelo regulamento interno, se não houver espaço para a sua acomodação, ou se, em virtude das condições em que ela se achar, puder danificar as já depositadas. A empresa de armazéns gerais exerce atividade de interesse público, não podendo por isso exercer discriminações, senão incorreria em abusos do poder econômico e atentado aos direitos do consumidor.

Deverão ser permitidos aos interessados o exame e a verificação das mercadorias depositadas e a conferência das amostras, podendo, no regulamento interno do armazém, ser indicadas as horas para esse fim e tomadas as cautelas convenientes. As mercadorias depositadas terão amostras expostas no armazém. Os interessados no exame das mercadorias depositadas serão, não apenas os donos delas (o depositante) mas outras pessoas envolvidas, como bancos que acolherem o *warrant*, um comprador das mercadorias ou potencial comprador. É bom recordarmos a íntima conexão entre o contrato de depósito, as mercadorias depositadas e os títulos emitidos pela empresa de armazéns gerais (a depositária): o *warrant* e o conhecimento de depósito.

As mercadorias depositadas são geralmente coisas fungíveis (milho, arroz, feijão, carnes, etc.). A empresa de armazéns gerais não é obrigada a restituir a mesma mercadoria, mas da mesma qualidade e quantidade. Para garantir a devolução deverá fazer seguro delas.

10.3. Emissão e circulação dos dois títulos

Segundo o art. 15, as empresas de armazéns gerais, quando lhes for pedido pelo depositante, poderão emitir dois títulos unidos, mas separáveis à vontade, denominados *warrant* e conhecimento de depósito. São dois títulos xifópagos, como a fatura e a duplicata, emitidos num só ato e posteriormente poderão ser separados, cada um tendo sua finalidade. Não é obrigatória a emissão de ambos, mas se for pedida pelo depositante, que irá utilizá-los na obtenção de crédito. "*Warrant*" é uma palavra do idioma inglês, que significa penhor, garantia, confiança. Como é um título garantido pela mercadoria depositada, que constitui um penhor para ele, justifica-se a adoção desse nome. Não é mais permitida a utilização de palavras estrangeiras na nossa legislação, mas como o Dec. 1.102 é de 1903, conservou-se esse nome em nossa lei.

Cada um desses títulos deve ser à ordem e conter, além da sua designação particular:

1 – a denominação de sua emitente, a empresa de armazéns gerais e sua sede;

2 – o nome, qualificação e domicílio do depositante ou de terceiro por este indicado;

3 – o lugar e o prazo do depósito, facultado aos interessados acordarem, entre si, na transferência posterior das mesmas mercadorias de um para outro armazém da emitente, ainda que se encontrem em localidade diversa da em que foi feito o depósito inicial. Em tais casos, far-se-ão, no conhecimento de depósito e *warrant* respectivamente, as seguintes anotações:

a – local para onde se transferirá a mercadoria em depósito;

b – as despesas decorrentes da transferência, inclusive as de seguro contra todos os riscos;

4 – a natureza, quantidade e qualidade das mercadorias em depósito, designadas pelos nomes mais usados nas atividades e todas as marcas e indicações próprias para estabelecerem a sua identidade, ressalvadas as peculiaridades das mercadorias depositadas a granel;

5 – qual a companhia de seguro e o valor do seguro;

6 – a data da emissão e assinatura da emitente, a empresa de armazéns gerais.

As mercadorias que lastrearem os títulos não poderão sofrer penhora ou quaisquer outros gravames. Poderá, porém, haver a penhora dos títulos. Esses títulos são bens penhoráveis.

O conhecimento de depósito e *warrant* podem ser transferidos por endosso, unidos ou separadamente. O endosso pode ser em branco ou em preto, nos moldes da nota promissória e da letra de câmbio. Se os dois títulos se separarem, a função deles provocará efeitos bem diversos. Se o beneficiário dos títulos endossar os dois, transferirá para o endossatário o crédito e a propriedade das mercadorias. O endossatário poderá então endossá-los novamente ou transferir apenas um deles.

Se transferir apenas o *warrant*, transfere o crédito, mas a mercadoria permanece como penhor do *warrant*. O endossatário poderá então cobrar o valor do *warrant* no vencimento ou poderá transferi-lo por ensosso. O endossante, por sua vez, transferiu só o *warrant*, ficando com o conhecimento de depósito, o que lhe dá direitos de propriedade sobre as mercadorias depositadas, mas não poderá retirá-las, porquanto elas estão apenhadas ao *warrant*. Poderá endossar o conhecimento de depósito a outra pessoa, mas o novo endossatário não poderá também entrar na posse da mercadoria, pois continua ela vinculada ao *warrant*, embora seja ele o proprietário dela. Se a mercadoria se destruir, a empresa de armazéns gerais receberá o seguro que garante o pagamento do *warrant*.

O beneficiário dos títulos poderá, por outro lado, endossar apenas o conhecimento do depósito, ficando só com o *warrant*. Nesse caso, o endossante poderá obter crédito com o *warrant*, pois é o titular do crédito incorporado no título. Terá entretanto transferido os direitos sobre a propriedade das mercadorias. O endossatário do conhecimento de depósito tornou-se assim o proprietário da mercadoria, mas não poderá entrar na posse dela; continuará ela em depósito na empresa de armazéns gerais e só será retirada com a apresentação de dois títulos: o *warrant* e o conhecimento de depósito. O portador do conhecimento de depósito só poderá retirar a mercadoria se consignar na empresa de armazéns gerais o valor do respectivo *warrant*.

Por tudo o que foi exposto, vimos assim que a emissão do *warrant* e do conhecimento de depósito não é obrigatória, mas facultativa e a pedido do depositante. Ao receber a mercadoria em depósito, a empresa de armazéns gerais dará ao depositante um recibo, declarando nele a natureza, quantidade, número e marcas. Esse recibo prova o contrato de depósito. Quando o depositante retirar a mercadoria, devolvê-lo-á à empresa de armazéns gerais. Mesmo depois de emitido o recibo, o depositante poderá pedir a sua substituição pelo *warrant* e o conhecimento de depósito.

O portador do conhecimento de depósito é o proprietário da mercadoria depositada; tem o direito de domínio, mas não tem o da posse, por estar ela onerada com o penhor que garantirá o *warrant*. Pode ele transferir para outra pessoa, por endosso, mas o gravame do penhor acompanha o título. Esse título dá sempre um direito com limitações, que será pleno se o portador obtiver também o *warrant*.

10.4. Vencimento e pagamento do *warrant*

Chega o dia do vencimento do *warrant* e deverá ele ser pago. Geralmente, a comercialização do *warrant* opera-se como se fosse uma duplicata, podendo ser utilizado numa operação de desconto bancário. Se não for pago no vencimento, seu portador poderá protestá-lo. De posse do instrumento de protesto, pedirá à empresa de armazéns gerais o leilão da mercadoria depositada e com o dinheiro da arrematação será pago o *warrant*. Não é preciso execução judicial. Recebendo o valor do *warrant*, seu portador o entregará à empresa de armazéns gerais, com a quitação. Se a mercadoria arrematada em leilão não produzir dinheiro suficiente para o pagamento do valor do *warrant*, o portador poderá então promover execução judicial, contra todos os endossantes, que responderão solidariamente, como é próprio dos títulos de crédito.

O vencimento do *warrant* é um só e a dia fixo. Corresponde ao prazo do depósito da mercadoria na empresa de armazéns gerais, que é de seis meses, começando a correr da data de entrada da mercadoria nos armazéns gerais. Esse prazo poderá entretanto ser prorrogado por acordo entre as partes.

10.5. As salas de vendas públicas

Nos armazéns de depósito de mercadorias, as empresas de armazéns gerais deverão manter sala de vendas públicas, em que as mercadorias depositadas poderão ser vendidas em leilão. Os leilões não se efetuam apenas quando o portador de um *warrant* não paga no vencimento, mas também o próprio dono da mercadoria poderá pedir voluntariamente o leilão dela. Por isso, as mercadorias depositadas deverão ter amostras para o exame dos interessados. A possibilidade do leilão é outra vantagem da empresa de armazéns gerais, que além de emitir os títulos a favor do depositante, realiza a venda da mercadoria em leilão, quando o depositante julgar mais conveniente.

Entre as inúmeras vantagens desses títulos de crédito, conta-se a possibilidade de o produtor de mercadorias agrícolas poder estocá-las, a fim de aguardar melhor ocasião para a venda delas; enquanto isso, terá maior facilidade na obtenção de crédito, graças aos títulos decorrentes da estocagem.

10.6. Disposições penais

A emissão irregular dos títulos é considerada pelo art. 178 do Código Penal como crime, passível de prisão de 1 a 4 anos. São comparados esses títulos à duplicata simulada, pois eles também são títulos simulados. Poderá haver emissão dos títulos sem ter havido depósito de mercadorias, ou, sobre o mesmo depósito serem sacados vários títulos. Não serão responsabilizados apenas os empresários, mas também os gerentes, que a lei chama de "administradores de armazéns gerais". Não poderão ainda exercer outras atividades, como realizar empréstimos e negociações diversas sobre os títulos de sua emissão. Essas sanções penais procuram garantir a seriedade e a segurança dos títulos de crédito e das empresas de armazéns gerais. Em outras palavras, as empresas de armazéns gerais só poderão desenvolver atividades previstas na lei e nos seus atos constitutivos.

10.7. A legislação

O Dec. 1.102, de 1903, que instituiu regras para o estabelecimento de empresas de armazéns gerais, e criou o conhecimento de depósito e o *warrant*, está em vigor há mais de 90 anos e ainda não sofreu alterações.

A estabilidade desse diploma legal justifica-se pela perfeição com que foi elaborado. A elaboração foi obra do maior comercialista brasileiro, Carvalho de Mendonça, que era advogado da Cia. Docas de Santos. Parece ter sido Carvalho de Mendonça inspirado pela lei portuguesa, que, por sua vez, inspirou-se no direito francês. Contudo, pelo próprio nome *warrant*, a origem dos títulos e do sistema parece ter sido a Inglaterra.

É provável que haja ainda a influência italiana, pois a regulamentação legal desses títulos consta dos arts. 1.790 a 1.797 do Código Civil italiano e da Lei 1.158, de 09.07.1927, tendo bastante semelhança com a regulamentação expressa no Dec. 1.102/03. Embora o *warrant* receba no direito italiano o nome de *"nota di pegno"*, o título é normalmente conhecido como *warrant*, designação que permanece no direito brasileiro e de outros países, sendo uma das poucas palavras estrangeiras toleradas pela nossa lei.

Tão íntima é a idéia de conhecimento de depósito e de *warrant* com a de armazéns gerais, que não se pode dissociar uma da outra. Os armazéns gerais foram regulamentados pelo Dec. 1.102/03, mas tinham sido previstos pelo nosso Código Comercial, de 1850, no Cap. V, que recebe o nome de "Dos Trapicheiros e Administradores de Depósito", abrangendo os arts. 87 a 98. O art. 98 estabelece que as disposições do Título XIV – "Do Depósito Mercantil" – são aplicáveis aos trapicheiros e aos administradores de depósito. Diversas disposições constantes do Código Comercial foram incorporadas ao Dec. 1.102/03.

Porém, o Código Comercial não fala em conhecimento de depósito nem em *warrant*, ou seja, não atribui ao trapiche e ao armazém de depósito a faculdade de emitir tais títulos. Deverão emitir, da mesma forma que as empresas de armazéns gerais, um "recibo de depósito", que prova que as mercadorias foram depositadas. O "recibo de depósito" é apenas um documento de comprovação, mas não é um título de crédito.

11. CONHECIMENTO DE TRANSPORTE

11.1. Conceito

11.2. Tipos de conhecimento

11.3. Circulação do título

11.4. Requisitos e características

11.5. Figuras intervenientes

11.6. Legislação específica

11.1. Conceito

O conhecimento de transporte é um documento emitido por uma empresa de transporte e entregue a quem lhe entregar uma mercadoria para ser entregue em outro lugar, mediante o pagamento de um preço. A princípio era um recibo e ao mesmo tempo um comprovante da realização de um contrato de transporte de mercadoria. É também chamado de conhecimento de frete ou de carga; preferimos, entretanto, usar o nome que nossa legislação adota com mais freqüência: conhecimento de transporte.

O contrato de transporte de mercadorias é o acordo pelo qual uma das partes, chamada transportador, recebe da outra parte, chamada remetente ou despachante, uma coisa móvel, a fim de fazê-la chegar incólume a um destino, mediante o pagamento de um preço. A pessoa a quem a mercadoria deva ser entregue é chamada de consignatário ou destinatário. Há, portanto, uma coisa a ser transportada, assumindo o transportador a obrigação de deslocá-la de um lugar para outro, nas condições estabelecidas.

Ao receber a mercadoria a ser transportada, o transportador dá comprovação do recebimento, como se fosse um recibo; prova ainda a obrigação contratual por parte do transportador, e a existência do próprio contrato. Aliás, é o que diz textualmente o art. 1º do Decreto 19.473/30 que regula o conhecimento de transporte de mercadorias por terra, água e ar, de que o conhecimento de frete original, emitido por empresa de transporte por água, terra ou ar, prova o recebimento da mercadoria e a obrigação de entregá-la no lugar de destino.

Entretanto, o conhecimento de transporte de mercadoria transformou-se num título de crédito com as características cambiárias gerais. O título é formal, ou seja, deverá conter certos requisitos, como a assinatura do emitente (a lei diz o empresário), a importância do frete por extenso e em algarismos. O título tem, portanto, um valor líquido. Pode ser nominal ou ao portador. Será nominal quando indicar o nome da pessoa a quem a mercadoria deverá ser entregue: o consignatário ou destinatário.

Característica que leva o conhecimento de transporte de mercadorias a classificar-se como título de crédito é principalmente a circulabilidade, a negociabilidade, que se opera mediante o endosso, que é uma declaração marcantemente cambiária. O endosso inicial, ou seja, o primeiro endosso é feito pelo remetente da mercadoria, se o conhecimento de transporte de mercadoria for ao portador; será feito pelo consignatário se for nominal.

Esse título pode ser emitido em original e vias. Considera-se original o conhecimento do qual não consta a declaração de segunda ou outra via. Tais vias não podem circular, sendo emitidas somente para efeitos em face da empresa de transporte emitente do título. Normalmente consta de um talonário, em que o original do título é entregue ao remetente e as cópias permanecem no talonário ou em mãos do emitente, para seus registros. Essa possibilidade de emissão em várias vias atenta contra a característica da "unicidade" dos títulos de crédito. A letra de câmbio e a nota promissória não têm cópias, embora alguns títulos possam ter vias, como a duplicata, que poderá ter uma triplicata, e a própria duplicata é uma cópia da fatura.

Outra peculiaridade do conhecimento de transporte está prevista no art. 9º, pelo qual, em caso de perda ou extravio do conhecimento, qualquer interessado pode avisar à empresa de transporte, no lugar do destino. Se o extravio for comunicado pelo consignatário (o destinatário da mercadoria) ou pelo remetente, a empresa transportadora anunciará o extravio pela imprensa do lugar do destino, por três vezes consecutivas. Se não houver oposição de terceiros a transportadora entrega a mercadoria ao notificante.

Se houver oposição de terceiros, haverá necessidade de processo judicial, com algumas normas processuais indicadas no § 2º do art. 9º. Se o original do conhecimento de transporte for encontrado, terá ele validade para a retirada da mercadoria, extinguindo-se o processo. Não conhecemos em São Paulo qualquer processo nesse sentido, o que nos leva a crer que esteja superado o que dispõe o art. 9º do Decreto 19.473/30. Devemos levar em conta que esse decreto tem mais de 65 anos e não se justifica hoje um processo judicial para tão pífia questão. Justifica-se o que vêm fazendo as empresas de transporte: com a cópia do conhecimento de transporte, entregam a mercadoria ao destinatário, mediante um termo de responsabilidade.

Doutrinariamente, o extravio do original do conhecimento de transporte, tal como exposto no art. 9º, demonstra nesse título a ausência de características básicas dos títulos de crédito.

11.2. Tipos de conhecimento

Existem vários tipos de transporte, dos quais a lei considera como principais o terrestre, o marítimo e o aéreo, tendo cada um legislação própria que o regulamenta. Há, por isso, conhecimento de transporte terrestre, marítimo e aéreo.

O conhecimento de transporte marítimo foi previsto e regulamentado pelo Código Comercial, nos arts. 575 a 589, num capítulo chamado "Dos Conhecimentos". Foi o primeiro a ser regulamentado e já constara de nosso Código Comercial de 1850, porquanto naquela época era transporte predominante. Não havia aviação e estradas de ferro, sendo absoluto o predomínio do transporte sobre a água e nosso comércio era predominantemente marítimo. Não é pois de se admirar que nosso Código Comercial tenha como parte mais importante a que regula o comércio marítimo.

O conhecimento de transporte aéreo está regulamentado há vários anos, desde o antigo Código Brasileiro de Aeronáutica à Lei 7.565/86, bem recente, do art. 232 em diante.

O conhecimento de transporte ferroviário está também previsto há vários anos, principalmente pelo Decreto 90.959, de 14.2.85, que aprova o regulamento dos transportes ferroviários. Contudo, as normas gerais foram previstas pelo Dec. 19.473/31, que se aplicam totalmente ao conhecimento de transporte terrestre ou rodoviário.

11.3. Circulação do título

O endosso do conhecimento de transporte segue as regras cambiárias: o endosso deve ser puro e simples; reputam-se não escritas quaisquer cláusulas condicionais ou modificativas, não autorizadas em lei; o endosso parcial é nulo (art. 5°). O endosso cancelado considera-se anulado; entretanto, é hábil para justificar a série de endossos de transmissão do título (art. 5°).

Cabe ainda no conhecimento de transporte o endosso-mandato, pelo qual o portador do título encarrega alguém de exercer os direitos emergentes do título, inclusive retirar a mercadoria em nome do endossatário. Segundo o art. 4°, a cláusula de mandato, inserta no teor do endosso em preto, faz o endossatário procurador do endossante, com todos os poderes gerais e especiais relativos ao título; salvo restrição expressa, constante do mesmo teor. O substabelecimento do mandato pode dar-se mediante novo endosso de igual espécie.

Outra modalidade de endosso que o conhecimento de transporte comporta é o endosso-caução, quando esse título é entregue ao endossatário em garantia de uma obrigação do endossante. Nesse caso, o endossatário é credor pignoratício do endossante. Assim está previsto no parágrafo único do art. 4º.

Recebendo o conhecimento de transporte em garantia de uma obrigação, ainda antes que a obrigação esteja vencida, o endossatário (credor pignoratício) poderá retirar a mercadoria da empresa e depositá-la em uma empresa de armazéns gerais, com a mesma cláusula de penhor. Poderá então pedir à empresa de armazéns gerais a emissão de conhecimento de depósito e *warrant* referentes à mercadoria depositada. Assim sendo, o conhecimento de transporte será substituído por esses dois títulos, cabendo o conhecimento de depósito ao dono da mercadoria e o *warrant* ao credor pignoratício.

11.4. Requisitos e características

Formal, como é da natureza dos títulos de crédito, o conhecimento de transporte tem oito requisitos, previstos no art. 2º do Dec. 19.473/30. Diz o "caput" que o conhecimento de transporte deverá conter:

I – o nome, ou denominação da empresa emissora;
II – o número de ordem;
III – a data, com indicação de dia, mês e ano;
IV – os nomes do remetente da mercadoria e do consignatário (a pessoa a quem a mercadoria é enviada), por extenso; é possível que o remetente e o consignatário sejam a mesma pessoa;
V – o lugar da remessa da mercadoria e seu destino. Se faltar a indicação do lugar da remessa, entender-se-á ser o mesmo da emissão do título;
VI – a espécie e a quantidade ou peso da mercadoria, bem como as marcas, os sinais exteriores dos volumes de embalagem;
VII – a importância do frete, com a declaração de que é pago ou a pagar, e do lugar e da forma do pagamento. A importância será de-

clarada por extenso e em algarismos, prevalecendo a primeira, em caso de divergência.

VIII – a assinatura da empresa de transportes ou seu representante, abaixo do contexto.

Apesar do formalismo característico dos títulos de crédito, não se enquadra o conhecimento de transporte totalmente na teoria do Direito Cambiário, ainda que apresente a maioria de suas características: cartularidade, circulabilidade, incorporação, literalidade. É entretanto um título causal, ou seja, intimamente ligado à causa de sua origem: ao contrato de transporte e à entrega da mercadoria. Falta-lhe, portanto, na opinião do insigne Tullio Ascarelli, a característica básica da abstração, tão sutil e importante para dar a um título de crédito seus verdadeiros contornos, sua individualização.

O título de crédito abstrato é o chamado verdadeiro título cambiário. Com o desenvolvimento e a complexidade das operações empresariais, surgiu então a teoria do título *cambiariforme*, isto é, um título que tem a forma e algumas características do título cambiário, mas lhe faltam uma ou algumas outras características. Esses títulos são cogitados no direito italiano, com o nome de "títulos de crédito impróprios", mas nossa legislação silencia a este respeito, razão pela qual apenas a doutrina apresenta algumas opiniões, apontando os títulos *cambiariformes*.

Nosso código comercial dá bastante força e importância ao conhecimento de transporte e suas disposições influenciaram o Dec. 19.473/30. Independente de ser ele um título cambiariforme, nossa legislação procura prestigiá-lo. O transportador é obrigado a emitir o conhecimento de transporte na hora da entrega da mercadoria: se houver entregas parceladas da mercadoria poderá dar recibos provisórios, mas deverá entregar o conhecimento de transporte assinado, dentro de 24 horas após a última entrega.

O conhecimento de transporte tem a mesma eficácia de uma escritura pública. Pode ser negociado e transferido por endosso. Procura o Código Comercial restringir a defesa no caso de ação judicial, só podendo ser alegadas razões inerentes às condições intrínsecas do próprio conhecimento de transporte, como falsidade ou quitação anterior.

11.5. Figuras intervenientes

O conhecimento de transportes tem três figuras intervenientes obrigatórias: o emitente, o remetente e o consignatário.

O emitente é a empresa transportadora que se encarregará de transportar a mercadoria entregue pelo remetente, até o lugar de destino. É a parte no contrato de transporte de coisas.

O remetente é quem entrega a mercadoria ao transportador para que seja levada ao seu destino. É a contraparte do transportador/emitente no contrato de transporte.

O signatário é a pessoa a quem a mercadoria deverá ser entregue. Sua posição é mais ou menos análoga ao favorecido na nota promissória ou letra de câmbio. É o destinatário da mercadoria transportada.

Como o conhecimento de transporte pode ser transferido por endosso, surge a figura do endossante e o endossatário passa a ser consignatário. O aval porém não está previsto, o que se justifica, porquanto o aval se destina a garantir uma obrigação pecuniária, que não existe no conhecimento de transporte. Além disso, para garantir o cumprimento das obrigações do transportador, existe uma modalidade de seguro.

11.6. Legislação específica

O conhecimento de transporte teve suas linhas gerais traçadas pelo Dec. 19.473/30. É portanto um título regulamentado há mais de 60 anos. O enunciado diz que ele regula os conhecimentos de transporte de mercadorias por terra, água ou ar.

Entretanto, outras leis trouxeram novas disposições que complementam o Dec. 19.473/30, tendo em vista, principalmente, as várias versões do conhecimento de transporte, de acordo com o tipo de transporte utilizado. O conhecimento de transporte ferroviário está melhor previsto no Dec. 90.959, de 14.2.85. O conhecimento de transporte aéreo está melhor previsto, com dados especiais no Código Brasileiro da Aeronáutica (Lei 7.565/86), arts. 236 e 237. O conhecimento de transporte marítimo já tinha sido previsto nos arts. 575 a 589 do Código Comercial.

O Código Comercial faz ainda referência a um documento com as feições do conhecimento de transporte, sem contudo constituir-se num título de crédito, mas num simples recibo. Nos arts. 99 a 118 regula as atividades de transportes, num capítulo denominado: "Dos Condutores de Gêneros e Comissários de Transportes". O remetente da mercadoria é chamado de "carregador" e o transportador de "condutor" no contrato de transportes. O art. 100 diz que:

"Tanto o carregador (remetente) como o condutor (transportador) devem exigir mutuamente uma cautela ou recibo, por duas ou mais vias se forem pedidas." Em seguida indica os requisitos que esse documento deve apresentar.

12. CÉDULAS E NOTAS DE CRÉDITO

12.1. Cédula e nota de crédito industrial

12.2. Cédula e nota de crédito à exportação

12.3. Cédula e nota de crédito comercial

12.1. Cédula e nota de crédito industrial

Os títulos de crédito especiais, criados em 1969 para o financiamento de atividades industriais, adotaram alguns caracteres comuns de outros títulos de crédito, principalmente na nota promissória. Afastam-se, porém, das características gerais dos títulos de crédito. Dois foram os títulos criados com o objetivo de facilitar o financiamento das atividades industriais: cédula de crédito industrial e nota de crédito industrial.

A emissão da cédula de crédito industrial contém uma promessa da pagamento de dinheiro a uma instituição financeira, num determinado prazo e num determinado lugar. É, portanto, um tipo de nota promissória. Deve ser emitida apenas por uma empresa industrial (individual ou coletiva) e a favor de uma instituição financeira. Pode ser transferida por endosso e garantida por aval.

A emissão da cédula de crédito industrial deve ser antecedida de outras operações, às quais ficará ligada, pois é coroamento de um conjunto de ações referentes a um financiamento de atividades industriais. O emitente da cédula de crédito industrial, a princípio obtém de um banco um empréstimo de dinheiro, a ser aplicado numa operação industrial prevista num orçamento elaborado pelo financiado e aprovado pelo financiador (o banco).

O empréstimo deverá ser aplicado estritamente naquela operação e de acordo com o orçamento pactuado entre as duas partes. O financiador terá o direito de fiscalizar a aplicação do dinheiro. Esses elementos deverão ser citados na própria cédula.

Embora seja um título de crédito, ou seja, com a garantia cambiária, inclusive com um possível aval, a cédula de crédito industrial deve garantir o crédito por ela representado. Essa garantia poderá ser de três tipos: penhor cedular, alienação fiduciária e hipoteca cedular. São garantias extracambiárias, embora chamadas legalmente de cedulares. É um afastamento da teoria geral dos títulos de crédito, pois constam da cédula declarações não cambiárias, mas com garantia real.

Aliás, o próprio Decreto-Lei 413/69 define a cédula de crédito industrial como uma promessa de pagamento em dinheiro, com garantia real, cedularmente constituída, consistindo num título líquido e certo, exigível pela soma dela constante ou do endosso (arts. 9 e 10). É um título formal, a exemplo dos demais títulos de crédito. Os requisitos exigidos pelo art. 14 são a denominação "cédula de crédito industrial", a data e local do pagamento e da emissão, o valor, o nome do credor e cláusula "à ordem".

Há outros requisitos, entretanto, que não são cabíveis na cambial, como a forma de utilização do crédito. Não se trata, pois, de obrigação incondicionada, ou, como consta de nossas normas, "pura e simples". Outros requisitos estranhos a uma cambial são exigidos no art. 14: deve constar da cédula a descrição dos bens ofertados em garantia, taxa de juros a pagar, comissão de fiscalização e contrato de seguros dos bens dados em garantia.

São exigências legais que distorcem a literalidade, a abstração e outras características essenciais dos títulos de crédito. Ainda mais, certos documentos, como escritura dos imóveis hipotecados cedularmente farão parte da cédula de crédito, formando um "dossier". Afasta-se assim a cédula de crédito industrial de uma característica que Ascarelli chamou de "unicidade", pela qual o título de crédito é único, não só por ser um documento completo e isolado, mas com direitos incorporados unicamente no título.

Vários tipos de bens podem ser oferecidos ao "penhor cedular": veículos, equipamentos industriais, matéria-prima, produtos acabados e outras coisas móveis. Pode haver ainda penhor cedular de títulos de crédito: letra de câmbio, nota promissória, duplicatas, conhecimento de depósito/*warrant*, conhecimento de transporte. Para "hipoteca cedular" poderão ser indicados imóveis e construções. Navios e aviões, ao que parece, poderão constituir ou penhor ou hipoteca cedulares.

Esses bens deverão, obrigatoriamente, estar segurados contra todos os riscos, sendo a apólice de seguro anexada à cédula, integrando o "dossier" dela. Normalmente, o financiador exige que o seguro seja feito pela empresa seguradora do grupo a que pertence o banco financiador.

A cédula de crédito industrial deverá ser inscrita no Cartório de Registro da Circunscrição Imobiliária em que estiverem situados os bens. Para tanto, o Decreto-Lei 403/69 determinou a adoção de um livro especial, denominado "Registro de Cédula Industrial". Os veículos deverão porém ser inscritos no DETRAN.

NOTA DE CRÉDITO INDUSTRIAL é uma promessa de pagamento em dinheiro, mas sem garantia real. É a única diferença com a cédula, seguindo no mais a mesma regulamentação. Aproxima-se muito em semelhança com a nota promissória; porém, está ligada ao contrato de financiamento.

É também um título formal, especificando no art. 16 oito requisitos exigidos pela nota: denominação, data do pagamento, nome do credor e cláusula à ordem, valor, taxa de juros e comissão de fiscalização, local do pagamento, data e lugar da emissão, assinatura do próprio punho do emitente ou de representante com poderes especiais.

Devem ainda constar da nota as condições do empréstimo, tais como juros, comissões, inspeção do financiador, orçamento para aplicação do empréstimo. Apesar da ausência de garantias cedulares, pode ser garantida por aval.

O Decreto-Lei 403/69 dispõe ainda sobre determinados privilégios processuais para a execução dos títulos de financiamento industrial, em caso de inadimplemento pelo emitente e seus garantes. O juiz deverá dar a sentença no prazo máximo de 30 dias. Se não for paga a dívida em 24 horas após a citação, proceder-se-á à penhora dos bens constituídos em garantia. A citação será sumária: bastará a entrega, ao emitente, de cópia do requerimento, dispensando mandado e preparo.

Se a execução for baseada em nota de crédito industrial, portanto, sem garantia real, far-se-á a penhora sobre bens gerais do emitente da nota, segundo as normas do Código de Processo Civil. Caso haja outras penhoras sobre os mesmos bens, o crédito industrial tem privilégio sobre as demais.

MODELO DE CÉDULA

Para melhor elucidação deste título, uma vez que não é ele muito comum, juntamos a este compêndio um módulo de cédula de crédito industrial, elaborado de acordo com a lei e baseado em módulos utilizados por algumas instituições financeiras.

CÉDULA DE CRÉDITO INDUSTRIAL

Aos 26 dias do mês de outubro de 1994, por esta CÉDULA DE CRÉDITO INDUSTRIAL, a INDÚSTRIA DE BALAS DOÇURA S/A, pagará ao BANCO DE CRÉDITO INDUSTRIAL S/A, ou à sua ordem, a quantia de R$ 500.000,00 (quinhentos mil reais), em moeda do país, valor do crédito deferido para utilização de uma só vez, neste ato, para aplicação no capital de giro da emitente. A emitente será doravante denominada FINANCIADA e o banco beneficiário FINANCIADOR.

I – os bens vinculados em penhor cedular e sem a concorrência de terceiros são os seguintes:

– dois caminhões Mercedes Benz, ano de 1994, com placas respectivamente IG.4222 e HF.3243;

– Um forno elétrico marca REHEM, MOD. 4786.

II – Os bens objeto da garantia acima descrita ficarão depositados em poder da FINANCIADA, no seu domicílio, na Rua Apa, 86 – São Paulo, sob a responsabilidade de seus Diretores, JOSÉ DE SOUZA, brasileiro, casado, industrial, residente em São Paulo, Rua Roma, 45, portador da cédula de identidade RG 1.845.744 e CPF 068.984.645-92, e JOÃO DE ABREU, brasileiro, divorciado, industrial, residente na Rua Flórida, 549, portador da cédula de identidade RG 945.897.798-72 e CPF 540.987.890-98, que, por suas assinaturas na presente, assumem o encargo de fiéis depositários, nos termos da lei.

III – Encargos financeiros – Os juros devidos à taxa de 6% ao ano, calculados sobre o saldo devedor corrigido, exigíveis no vencimento e/ou liquidação da dívida.

IV – Do IOF – o IOF devido pela Emitente desta cédula será pago na forma da lei.

V – Da mora – Em caso de mora, a taxa de juros constante desta cédula será elevada de 1%.

VI – Local de pagamento – O pagamento será efetuado na praça de São Paulo.

VII – Fiscalização – A fiscalização será exercida pelo FINANCIADOR e/ou pelo Banco Central do Brasil, e pagaremos de pronto quaisquer despesas dela decorrentes.

VIII – Seguro – Os bens, ora dados em penhor e hipoteca cedulares, estão segurados contra todos os riscos, sendo neste ato fornecida ao FINANCIADOR cópia da Apólice de Seguros nr. 4.720, emitida pela Cia. Santista de Seguros, constituindo o FINANCIADOR beneficiário da indenização na hipótese de sinistro.

IX – Substituição das garantias – Os produtos inicialmente apenhados ou hipotecados poderão ser substituídos por outros, na hipótese de depreciação de seu valor ou de destruição.

X – Reforço das garantias – Será exigido reforço das garantias constituídas, sempre que o saldo devedor da operação, como conseqüência da capitalização dos encargos financeiros, ultrapassar a margem de cobertura propiciada pelo lastro existente, e obrigando-se o FINANCIADO a reforçar as garantias.

XI – Do vencimento antecipado – A presente Cédula de Crédito Industrial vencer-se-á antecipadamente, de pleno direito, independentemente de notificação judicial ou extrajudicial, com a imediata exigibilidade do saldo devedor e das demais obrigações avençadas:

a – se a emitente e/ou avalistas deixarem de pagar em seus estritos vencimentos quaisquer das importâncias devidas por esta Cédula;

b – se a emitente e/ou avalistas deixarem de cumprir, no todo ou em parte, quaisquer das obrigações assumidas;

c – se a emitente tiver título protestado, impetrar concordata, requerer ou tiver requerida sua falência, sofrer penhora, arresto ou seqüestro de bens ou, ainda, entrar em liquidação judicial ou extrajudicial;

d – se a emitente não substituir o avalista que tiver título protestado, falecer, impetrar concordata, requerer ou tiver requerida sua falência, ou declarado falido ou interditado, no prazo máximo e improrrogável de cinco dias, por pessoa física ou jurídica de comprovada idoneidade financeira, a critério do Financiador;

e – se contra a emitente e/ou avalista forem intentadas medidas que possam, de qualquer forma, prejudicar a garantia oferecida;

f – se sem a expressa concordância do Financiador houver, no curso da presente Cédula, a transferência do controle acionário da emitente;

g – se a emitente transferir, sob qualquer forma, a terceiros, direitos e obrigações que, respectivamente adquiriu e assumiu por força desta Cédula.

XII – Inadimplência – Importa em vencimento antecipado da dívida, corrigida, resultante desta Cédula, independentemente de aviso ou interpelação judicial, a inadimplência de qualquer obrigação da emitente, sendo que em caso de pleito judicial será acrescida de multa de 10% sobre o principal e acessórios em débito.

São Paulo, 18 de outubro de 1994.
INDÚSTRIA DE BALAS DOÇURA S/A;
Rua Silveira, 435 – CEP 05020 – São Paulo

Avalista:
Mario Assunção – brasileiro, separado, industrial, residente na Rua Lins, 200 – São Paulo – CEP 5456 – RG 4.856 e CPF 058.897.897-98
Fiel depositário:
Armando Gallo – brasileiro, viúvo, industrial, residente na Rua Benz, 409, CEP 4567 – São Paulo – RG 89.789 e CPF 568.9876-93

12.2. Cédula e nota de crédito à exportação

A adoção dos títulos de crédito industrial estimulou a adoção de outros títulos semelhantes. Baseada neles, a Lei 6.313, de 16.12.75, criou os títulos de crédito à exportação, divididos em dois tipos: cédula de crédito à exportação e nota de crédito à exportação. O critério distintivo aos dois tipos é o mesmo adotado para os títulos de crédito industrial.

A cédula de crédito à exportação é um título emitido por empresa que obtiver financiamento bancário, para exportação de bens, com garantias reais. A nota de crédito à exportação é título do mesmo tipo, mas sem garantias reais. A ambos se aplicam as disposições legais referentes aos títulos de crédito industrial, ou seja, o Decreto-Lei 413/69.

Por esta razão, a Lei 6.313/75 que regulamentou os títulos de crédito à exportação é bem sumária, tendo apenas seis artigos, pois faz remissão ao Dec.-Lei 413/69 e os modelos são adotados pelo mesmo decreto-lei.

Achamos assim de boa aceitação transcrever o que adotou o art. 1º da Lei 6.313/75:

"O financiamento à exportação ou à produção de bens para exportação, bem como as atividades de apoio e complementação integrantes e fundamentais da exportação, realizadas por instituições financeiras, poderão ser representadas por Cédula de Crédito à Exportação com características idênticas, respectivamente, à Cédula de Crédito Industrial e à Nota de Crédito Industrial, instituídas pelo Decreto-Lei 413, de 9 de janeiro de 1969.

MODELO DE CÉDULA

Para melhor ilustração, apresentamos um modelo de cédula de crédito à exportação, seguindo as normas do Dec.-Lei 413/69 e Portarias e Resoluções do Banco Central e do Banco do Brasil.

CÉDULA DE CRÉDITO À EXPORTAÇÃO

Aos 26 dias de outubro de 1994, por esta Cédula de Crédito à Exportação, a INDÚSTRIA DE BALAS DOÇURA LTDA pagará ao BANCO BRASILEIRO DE CRÉDITO S/A, ou à sua ordem, a quantia de R$ 500.000,00 (quinhentos mil reais), em moeda corrente do país, valor de crédito deferido para utilização de uma só vez, neste ato, para aplicação na exportação de mercadorias, de conformidade com as diretrizes do "Programa de Incentivos à Exportação" e de acordo com as "Condições de Utilização", anexas a esta cédula.

1. Custos financeiros – Sobre o crédito deferido incidirão custos financeiros exigíveis quando da amortização, vencimento e/ou liquidação do título.

a – Juros – 6% (seis por cento) a.a.

b – correção monetária – correspondente a 100% da variação do valor nominal do BTN fixado para o período compreendido entre o mês da liberação dos recursos correspondentes ao crédito e o da amortização, vencimento e/ou liquidação.

2. Taxa de equalização – A taxa de equalização de percentagem, nos termos da Resolução 950, de 21.08.84, do Banco Central do Brasil, e comunicado 102 do Banco do Brasil S/A, será creditada na conta da Financiada, concomitantemente com o pagamento pelo Banco do Brasil S/A.

3. Garantia – Os bens vinculados a esta Cédula, em penhor Cedular, são os Conhecimentos de Depósito e correspondentes *WARRANTs*, relacionados no borderô anexo, que ficarão em custódia junto ao Financiador, Banco Brasileiro de Crédito S/A, em sua Matriz, na Rua Boa Vista, 84 – São Paulo.

4. Praça de pagamento – Todos os pagamentos efetuados na praça de São Paulo, ao Financiador ou à sua ordem.

5. Exportação – Obrigamo-nos expressamente a comprovar junto ao Departamento de Comércio Exterior do Banco do Brasil e ao Financiador a efetivação das exportações, com trinta dias de antecedência do prazo máximo estabelecido no "Certificado de Habilitação" (Cartão), apresentando todos os comprovantes exigidos pelo Financiador para isso.

§ 1° – O não-cumprimento dos compromissos de exportação e/ou quaisquer outros que ensejem a penalização do Financiador por órgãos oficiais, sujeitar-nos-á à obrigação de ressarci-lo dessas penalidades. Para tanto, autorizamos o Financiador a debitar em nossa conta as penas pecuniárias aplicadas, e, na insuficiência de saldo, colocamo-nos em mora de 1% ao mês, além dos encargos financeiros previstos.

§ 2° – Na ocorrência do previsto no parágrafo anterior, obrigamo-nos mais pelo pagamento do IOC calculado na forma da lei, uma vez que a isenção seria aplicável se cumpridas todas as normas que regem esta modalidade de crédito.

§ 3º – A liquidação antecipada de operações com prazo inferior a 180 dias não é permitida de acordo com o disposto na regulamentação do DECEX – Departamento de Comércio Exterior do Banco do Brasil. Em operações de prazo superior a 180 dias, para liquidação antecipada, há necessidade de análise prévia por parte do Banco.

6. Outras obrigações – Obrigamo-nos, expressamente, a cumprir com todas as obrigações estipuladas no "Orçamento" anexo, que, devidamente assinado, fica fazendo parte integrante deste título. Comprometemo-nos igualmente a observar toda a legislação que disser respeito ao "Programa de Incentivos à Exportação", incluindo-se o que for emanado do DECEX e do Banco Central do Brasil, bem como a Lei 6.313/75, Decreto-Lei 413/69, Resolução 950 do Banco Central do Brasil e Comunicado 102 do DECEX.

7. Avalistas – Comparece neste ato o avalista abaixo qualificado, que assina a presente cédula COMO AVALISTA e ANUINDO expressamente com todos os seus termos e responsabilizando-se solidária e incondicionalmente conosco pelo cumprimento de todas as obrigações, pecuniárias ou não.

8. Disposições gerais:

8.1. Despesas – Autorizamos, desde já, expressamente, o débito de todas as importâncias devidas por este título, sejam elas decorrentes de amortizações, pagamento de juros, encargos por inadimplência, inclusive de multas ou outras cobranças impostas pelo BACEN, inclusive no que tange ao IOC, na forma da legislação em vigor, mesmo após a liquidação do título. Incluem-se nesta autorização as despesas decorrentes, judiciais e extrajudiciais, tais como registro, averbação e demais taxas de serviços, ou quaisquer outras devidas ou que se tornem devidas em qualquer das contas-correntes que mantivermos junto ao FINANCIADOR. Fica também expressamente avençado que autorizamos o Banco financiador a efetuar tais créditos caso o crédito tenha sido deferido por outra instituição financeira do grupo financeiro do FINANCIADOR.

8.2. Compensação convencional – Na hipótese de inadimplemento do contrato, a emitente e seus coobrigados autorizam o Banco financiador, desde já, em caráter irrevogável e irretratável, a realizar compensação, nos moldes do disposto no art. 1.009 do Código Civil Brasileiro, entre seu crédito, representado pelo saldo devedor da emitente e eventuais créditos que a emitente e/ou coobrigados tenham ou venham a ter para com o FINANCIADOR, representado por importância em dinheiro ou títulos e/ou valores mobiliários de qualquer natureza ou espécie. Esta compensação poderá ser realizada independentemente de notificação judicial ou extrajudicial, na hipótese de vencimento antecipado da cédula, por qualquer outro motivo, ou da não-liquidação tempestiva de qualquer importância devida pela emitente e seus coobrigados.

8.3. Vencimento antecipado – Além das hipóteses previstas em lei, o presente título vencer-se-á antecipadamente, mais nas seguintes:

a – se a emitente tiver título protestado, impetrar concordata, requerer ou tiver requerida sua falência, sofrer arresto, seqüestro ou penhora de bens ou ainda, se entrar em liquidação judicial ou extrajudicial;

b – se a emitente não substituir o coobrigado AVALISTA que tiver título protestado, falecer, impetrar concordata, requerer ou tiver requerida a sua falência, for declarado falido ou interdito, ou, ainda, se sofrer mudança de estado, no prazo máximo e improrrogável de cinco dias, por pessoa física ou jurídica de comprovada idoneidade financeira, a critério do Financiador;

c – se, sem a expressa concordândia do Financiador, houver, no curso da vigência da cédula, a transferência de controle societário da emitente, sem a prévia autorização do Financiador, por escrito e nos termos da lei.

8.4. Mora e pena convencional – Pela mora no cumprimento de qualquer de suas obrigações, pecuniárias ou não, a emitente pagará, além dos custos financeiros estabelecidos na cláusula 1 desta Cédula, e também os custos adicionais que foram estipulados pelo Banco Central do Brasil, nos estritos termos do item 5 (Exportações), mais comissão de permanência calculada nas taxas do mercado vigentes na época do inadimplemento, bem como o custo da equalização e custos adicionais, nos termos do item IV da Resolução 950 do BACEN.

São Paulo, 2 de janeiro de 1995.
INDÚSTRIA DE BALAS DOÇURA LTDA.
Endereço: Rua Edmundo, 435 – CEP 05020 – São Paulo-SP
CGC 032.785.786.93 – I.E. 546847
Avalista _____

Jarbas Mello – brasileiro, casado, empresário, residente em São Paulo, na Rua Áurea, 56 – RG 458.876 – CIC 068.256.65.81

12.3. Cédula e nota de crédito comercial

Também calculado nas disposições do Decreto-Lei 413/69, a Lei 6.840, de 3.11.80 criou os títulos de crédito comercial, divididos em dois tipos: Cédula de Crédito Comercial e Nota de Crédito Comercial. Esses dois títulos destinam-se a financiar operações tipicamente comerciais ou de prestação de serviços.

A regulamentação e a doutrina geral sobre esses dois títulos seguem o que já foi dito sobre os títulos de financiamento industrial, de financiamento à exportação e os de financiamento rural. Há muita semelhança entre todos eles, sob o ponto de vista formal e legislativo, diferenciando-se no que tange aos objetivos. O objetivo de cada um é facilitar o financiamento de um determinado tipo de atividade.

A lei criadora desses títulos é, por isso, muito lacônica, em apenas seis artigos. Aliás, segundo o art. 5°, da Lei 6.840/80, aplicam-se à Cédula de Crédito Comercial e à Nota de Crédito Comercial as normas do Decreto-Lei 413/69, inclusive quanto aos modelos anexos àquele diploma, respeitadas, em cada caso, a respectiva denominação e as disposições da Lei 6.840/80. Como é sabido, o Decreto-lei 413/69 regulamenta os títulos de crédito industrial.

A Cédula de Crédito Industrial é resultante de um contrato de empréstimo concedido por instituições financeiras a um cliente que se dedique à atividade comercial ou de prestação de serviços. Essa operação econômica, tipicamente uma operação bancária, lastreada por essa Cédula, que substitui a Nota Promissória, não introduz no direito significativa inovação. Se já existia a Nota Promissória, título bem amoldável para lastrear uma operação de empréstimo de dinheiro (mútuo), não vemos muitas vantagens na adoção dos títulos para financiamento comercial.

Esse empréstimo é específico para aplicação em transações previamente estabelecidas e ajustadas graças a um "Orçamento" elaborado e assinado pelo Financiado (o cliente), devidamente aprovado e autenticado pelo Financiador (o banco). Na Cédula deverá conter menção do Orçamento que a ela deverá ficar vinculada.

Da forma como ocorre com os demais títulos de crédito especial, a diferença entre Cédula de Crédito Comercial e a Nota de Crédito Comercial é que a primeira tem garantia real e a segunda é desprovida dessa garantia, resumindo-se na garantia decorrente da própria Nota. As garantias são as costumeiras desses títulos especiais: penhor cedular, alienação fiduciária e hipoteca cedular. É porém muito comum, em títulos dessa espécie, o penhor de títulos de crédito, principalmente de duplicadas, chamados por muitos de "penhor mercantil" ou de "caução".

Análise crítica

Ao analisar os títulos de financiamento comercial e sua colocação perante os demais títulos de crédito, deparamo-nos com várias dificuldades em classificá-los nas diversas categorias costumeiramente adotadas. É um título nominativo, à ordem, pois circula através do endosso. Pode ser garantido por aval, declaração tipicamente cambiária. Contém a promessa de pagamento, o que o assemelha à Nota Promissória.

Amolda-se à consideração de Vivante, de que é um documento necessário ao exercício do direito nele mencionado. A perda ou destruição do título não provoca o perecimento no direito nele incorporado; é possível ao credor acionar o devedor, em caso de inadimplemento, baseado no contrato de financiamento. Não se trata pois de ação cambiária, pois os direitos creditórios não estão sendo reclamados com fulcro no título.

É discutível se o direito mencionado na Cédula seja literal e autônomo. Sob alguns aspectos, podemos dizer que esse título se intregra na definição de Vivante. É literal, pois o direito reclamado parte do teor do título e é autônomo, pois o título subsiste por si mesmo, ainda que se extraviem os demais documentos.

13. TÍTULOS DE FINANCIAMENTO RURAL

13.1. Conceito, características gerais e regulamentação

13.2. Cédula rural pignoratícia

13.3. Cédula rural hipotecária

13.4. Cédula rural pignoratícia e hipotecária

13.5. Nota de crédito rural

13.6. Nota promissória rural

13.7. Duplicata rural

13.8. Cédula de produto rural

13.1. Conceito, características gerais e regulamentação

Os títulos de financiamento rural foram regulamentados pelo Decreto-Lei 167, de 14.2.67, com o fim de ampliar o crédito para a produção agrícola e pecuária. São títulos de crédito nos moldes dos demais, aplicando-se-lhes a regulamentação específica a cada um deles, e os princípios da Convenção de Genebra sobre a Cambial.

Sendo a atividade agrícola e pecuária considerada civil pelo nosso sistema jurídico, os títulos de financiamento rural, conhecidos também pela designação genérica de "Cédulas de Crédito Rural", são considerados títulos civis (art. 10 do Decreto-Lei 167/67). Mesmo assim constituem objeto do Direito Cambiário, por serem títulos cambiariformes, adotando muitas das características dos títulos de crédito e muita analogia com alguns títulos, como a Nota Promissória. Além disso, circula por endosso, declaração cambiária típica; é um título líquido e certo, contendo a promessa de pagamento.

Os títulos de financiamento rural, previstos pelo Decreto-Lei 167/67 são em número de seis. Quatro deles são títulos criados para mobilizar o crédito: Cédula Rural Pignoratícia, Cédula Rural Hipotecária, Cédula Rural Pignoratícia e Hipotecária e Nota de Crédito Rural. Os outros dois são títulos causais, emitidos em decorrência de uma operação de compra e venda de mercadorias. São a Nota Promissória Rural e a Duplicata Rural. Não perdem, porém, a função de mobilizar o crédito.

Outra distinção que se pode adotar entre eles é que as cédulas contêm uma obrigação pecuniária com garantia real cedularmente constituída, enquanto a Nota de Crédito Rural não apresenta essa garantia. Nesse aspecto, adota-se o critério adotado para os outros títulos de financiamento específico (industrial, comercial, à exportação).

O favorecido da cédula e da nota só poderá ser uma instituição financeira, o que faz ligar a questão ao Direito Bancário e dar um maior teor de mercantilidade a esses títulos. O emitente poderá ser uma pessoa física ou jurídica que se dedique à atividade agrícola e pecuária. O emitente só poderá ser quem se dedica a atividades agropecuárias, especialmente o proprietário rural.

Outra característica desses títulos é que eles se originam de um contrato de financiamento e não de simples mútuo. Destina-se o empréstimo a financiar operações específicas, ajustadas em orçamento assinado pelo financiado e autenticado pelo financiador. Esse orçamento constará do próprio título e a aplicação do dinheiro estará vinculada à operação. A aplicação da verba concedida, em outras atividades, constituirá fraude, ensejando o vencimento antecipado do título.

O empréstimo poderá ser concedido em uma só ocasião ou em parcelas sucessivas, para aplicação nas várias fases do projeto. O emitente da cédula deverá prestar contas da aplicação do dinheiro, de acordo com o orçamento. O beneficiário poderá, entretanto, fiscalizar a correta aplicação do crédito cambiário, através de inspeção na contabilidade do emitente, como até mesmo "in loco", averiguando, por exemplo, uma plantação.

O pagamento poderá ser feito por etapas, podendo constar na cédula vários vencimentos. Poderá ainda haver amortizações várias, com a inclusão de cláusulas modificativas na própria cédula.

As cédulas de crédito rural podem ser transferidas por endosso. Se parte do financiamento não tiver sido concedido ou se tiver havido amortizações, o endosso declarará qual o valor pelo qual elas se transferem. Mesmo que haja garantias reais cedularmente constituídas, nada impede que a cédula seja garantida também por aval.

Para ter eficácia contra terceiros, a cédula de crédito rural deverá ser registrada no Cartório de Registro de Imóveis, mesmo que não haja garantia pignoratícia ou hipotecária. Haverá inclusive um livro especial denominado pela Lei dos Registros Públicos "Registro de Cédulas de Crédito Rural".

Os títulos de financiamento rural contêm, todos eles, uma promessa de pagamento em dinheiro, inclusive a Duplicata Rural com aceite. Assim sendo, são títulos representativos de dívida líquida e certa, exigíveis pela quantia neles exarada ou constante no endosso. São títulos executivos, ensejando a execução de seu valor. Por isso, diz o art. 41 do Decreto-Lei 167/67 que cabe ação executiva para a cobrança da cédula rural.

A cobrança judicial dos títulos e financiamento rural se faz, então, pela AÇÃO DE EXECUÇÃO POR QUANTIA CERTA CONTRA DEVEDOR SOLVENTE POR TÍTULO EXECUTIVO EXTRAJUDICIAL, conforme é ela regulamentada nos arts. 575 e seguintes do CPC. O art. 585 do CPC relaciona os títulos executivos extrajudiciais, dizendo, no inciso VI, que são títulos executivos extrajudiciais todos os títulos de crédito, a que, por disposição expressa, a lei atribuir força executiva. É o que faz o art. 41 acima citado.

Ante essas condições gerais, próprias de todos os títulos de financiamento rural, também chamados cédulas de crédito rural, existem algumas específicas a alguns deles, que serão examinadas adiante.

13.2. Cédula rural pignoratícia

Conforme o nome indica, esse título tem como principal característica o penhor de bens, descritos na própria cédula que, entretanto, poderão permanecer na posse do emitente. O emitente constituir-se-á, assim, em fiel depositário. Poderão constituir penhor cedular bens variados, como grãos, veículos, embarcações, frigoríficos, máquinas agrícolas e quaisquer outros equipamentos encontrados no imóvel rural do emitente. Pode ser também título de crédito (penhor mercantil).

Os requisitos exigidos para a Cédula Rural Pignoratícia são os comuns aos títulos de crédito, ressaltando-se porém a denominação "Cédula Rural Pignoratícia" e a descrição dos bens apenhados. No mais, aplicam-se ainda a Convenção de Genebra e a regulamentação do penhor no Código Civil e no Código Comercial.

13.3. Cédula rural hipotecária

Esta cédula tem muito em comum com a anterior, mas a garantia não é de bens móveis, mas imóveis em hipoteca. Deverá essa cédula conter a denominação "Cédula Rural Hipotecária" e a descrição do imóvel hipotecado, além dos requisitos usuais.

13.4. Cédula rural pignoratícia e hipotecária

A esta cédula aplicam-se os preceitos atinentes às duas anteriores, pois se fundem nela as duas garantias: pignoratícia e hipotecária, ou seja, vinculam-se a ela bens imóveis e móveis.

Para melhor elucidação das cédulas acima referidas, apresentamos, após nossas considerações, um modelo de Cédula Rural Pignoratícia e Hipotecária, elaborado de acordo com a lei, cuja interpretação auxilia a compreensão das demais.

13.5. Nota de crédito rural

O que distingue a Nota de Crédito Rural é a ausência de garantias, tanto pignoratícia como hipotecária. Apesar de ser destituída de garantias, deverá ser registrada no Registro de Imóveis. Esse registro é necessário para dar eficácia ao privilégio da Nota contra terceiros, privilégio esse sobre os bens determinados no art. 1563 do Código Civil.

13.6. Nota promissória rural

A Nota Promissória Rural tem muita semelhança formal com uma Nota Promissória comum, mas, dogmaticamente, apresenta sensíveis distinções. É um título *causal*, ou seja, emergente de uma operação econômica, que se mantém ligada ao título; essa operação econômica é um contrato de compra e venda de produtos agropecuários.

É emitida em três tipos de operações:

a – pelo comprador de produtos rurais, ou seja, de bens de natureza agrícola, extrativa ou pastoril, vendidos diretamente por produtores rurais ou por suas cooperativas. Geralmente, os produtores rurais não são empresas registradas e não emitem faturas. São assim, beneficiados pela utilização da Nota Promissória Rural;

b – por cooperativas agrícolas, ao adquirirem mercadorias de produtores rurais cooperados;

c – nas entregas de bens de produção ou de consumo, feitas pelas cooperativas aos seus associados.

Como se vê nos três casos definidos pelo art. 42, as partes intervenientes de uma Nota Promissória Rural são exclusivamente pessoas físicas ou jurídicas dedicadas à atividade rural, como as cooperativas agrícolas.

Não é permitida a exigência de garantias reais ou fidejussórias (como o aval) para a Nota Promissória Rural nem para a Duplicata Rural, que será vista a seguir. Aliás, se fossem dadas garantias reais, a Nota Promissória Rural passaria a ser então cédula rural pignoratícia ou hipotecária. Como única exceção de garantia fidejussória, poderá ser dado aval, mas apenas pelos sócios de empresa emitente da Nota Promissória Rural, mais precisamente pelas pessoas físicas participantes da empresa que emitir a Nota Promissória Rural.

13.7. Duplicata rural

Trata-se de um título líquido e certo, como as demais cédulas rurais, emitido nos moldes da duplicada mercantil e da duplicata de prestação de serviços. Aplicam-se ainda a este título algumas disposições da Lei das Duplicatas e da Convenção de Genebra sobre a Cambial. Os caracteres que distinguem esta duplicata das demais é que ela só pode ser emitida por produtores rurais e cooperativas agrícolas. O sacado não precisa ser um produtor agropastoril, podendo ser, por exemplo, um supermercado.

A emissão é exclusiva do produtor ou de sua cooperativa. Não será permitida, por exemplo, a emissão por uma empresa distribuidora do CEASA, mesmo que comercialize produtos hortifrutigranjeiros e os sacados sejam distribuidores desses produtos, como as quitandas.

Da mesma forma como acontece com a Nota Promissória Rural e a Nota de Crédito Rural, bem como com a Nota de Crédito Industrial, a Duplicata Rural goza de privilégio especial sobre os bens enumerados no art. 1.563 do Código Civil. Assim sendo, se houver muitas execuções contra o devedor de um desses títulos, o credor terá preferência na penhora de bens móveis e imóveis do devedor, não gravados de penhor e hipoteca. Esse privilégio especial atinge ainda o valor de possível seguro ou de desapropriação.

CÉDULA DE CRÉDITO RURAL PIGNORATÍCIA E HIPOTECÁRIA

Aos 28 dias de fevereiro de 1992, pagarei, na forma mencionada abaixo, por esta CÉDULA DE CRÉDITO RURAL PIGNORATÍCIA E HIPOTECÁRIA, ao BANCO NACIONAL DE CRÉDITO RURAL S/A., a quantia de Cz$ 1.000.000,00 (Um milhão de cruzados) em moeda corrente do país, valor de crédito deferido para o financiamento abaixo especificado.

1 – Destina-se esse financiamento ao plantio e colheita de milho, em 20 alqueires de terras agrícolas, de propriedade do emitente.

2 – **Imóvel de aplicação**

O crédito será aplicado na Fazenda Três Lagoas, localizada no município de Lins, registrada no Cartório de Registro de Imóveis dessa cidade, no Livro 14, fls. 242.

3 – Juros e correção monetária

Os juros são devidos à taxa de 6% a.a., cobráveis a cada pagamento. Também serão cobrados juros de mora na mesma percentagem.

4 – Fiscalização

A fiscalização da correta aplicação deste financiamento será feita por preposto do favorecido ou pelo BACEN, a qualquer momento, obrigando-se o emitente a proporcionar os esclarecimentos que lhe forem pedidos.

5 – Local do pagamento

O pagamento será realizado na praça de Lins ou de São Paulo, na data do vencimento.

6 – Despesas

O emitente autoriza, desde já, o débito em sua C/C, das despesas decorrentes de juros, correção monetária, encargos de inadimplência, registros em cartórios e outras que se façam necessárias pela aplicação deste título.

7 – Sanções de inadimplemento

O não-cumprimento das cláusulas desta cédula, antes do vencimento, implicará em seu vencimento antecipado e sujeitará o emitente ao pagamento de todas as despesas decorrentes dele.

8 – Penhor cedular

Em penhor cedular de primeiro grau e sem a concorrência de terceiros, o emitente entrega ao Beneficiário 5.000 toneladas de milho, 1 trator FORD-F-100, modelo 1980 e uma debulhadeira marca MILHOL, modelo K-82. Os bens apenhados permanecerão em poder do emitente, que, neste ato, assume a posição de FIEL DEPOSITÁRIO, estando ciente das obrigações previstas na lei brasileira.

9 – Hipoteca cedular

Em primeira e especial hipoteca e sem a concorrência de terceiros, um imóvel rural denominado Fazenda Três Lagoas, localizada no município de Lins-SP, já referida nesta cédula. Autoriza o emitente o débito em sua C/C das despesas referentes ao registro desta hipoteca cedular no Registro de Imóveis de Lins.

São Paulo, 19 de dezembro de 1990
Paulo de Freitas Camargo
Rua 15 de novembro, 189 – Lins-SP.
RG 1.485.633
CIC 069.614.808-82

13.8. Cédula de produto rural

Fizemos já referência ao aparecimento de muitos títulos de crédito surgidos em decorrência do dinamismo e da complexidade das atividades empresariais. Surgem operações "*sui generis*" e, em conseqüência, surgem instrumentos aplicáveis a essas operações. Os títulos de crédito rurais são um exemplo, mas exemplo mais frisante no rol desses títulos foi o criado pela Lei 8.929/94, apresentando a CPR – Cédula de Produto Rural. Por esta lei ficou instituída a CPR, representativa da promessa de entrega de produtos rurais, com ou sem garantia cedularmente constituída. Tem legitimação para emitir a CPR o produtor rural e suas associações, como também as cooperativas.

Vê-se que esse novo título de crédito rompe com as características cambiárias tradicionais. O emitente é geralmente um civil, pois o produtor rural é declarado legalmente civil. As "associações" de que fala a lei são pessoas jurídicas civis, em oposição às sociedades. As cooperativas são consideradas civis pela lei que as rege. Entretanto, a CPR é um título de crédito, portanto, um documento mercantil, tanto que o art. 10 diz que são aplicadas à CPR as normas de Direito Cambiário. Diz porém "Direito Cambial", malgrado seja de nossa preferência a designação de "Cambiário" para esse ramo do Direito Empresarial. É assim a CPR um título cambiário, assim declarado legalmente.

Pelo que consta do art. 3º, há 8 requisitos exigidos para a CPR. Deverá ter o nome do título: a CPR, como aliás acontece com todo título de crédito. O segundo requisito é a data da entrega, pois o conteúdo do título é a promessa para entrega de determinada mercadoria agropecuária. O terceiro requisito é o nome do credor e a cláusula à ordem; é um título nominal e circulável por endosso. O quarto item é o mais discutível: não contêm a CPR a promessa de pagamento em dinheiro, como em todo título de crédito, mas a promessa pura e simples de entregar o produto, sua indicação e as especificações de qualidade e quantidade. Neste aspecto, a CPR é diferente de todos os demais títulos de crédito: todos contêm a promessa de um pagamento em dinheiro, enquanto a CPR contém a promessa de entrega de·mercadorias. O quinto requisito é a indicação do local e condições da entrega da mercadoria, ou seja, do lugar do cumprimento da promessa. O sexto é a descrição dos bens cedularmente vinculados em garantia. O sétimo é a data e lugar da emissão; e finalmente a assinatura do emitente.

Sem caráter de requisito essencial, a CPR poderá conter outras cláusulas lançadas em seu contexto, as quais poderão constar de documento à parte, com a assinatura do emitente, fazendo-se, na cédula, menção a essa circunstância. Essa possibilidade desvia-se de uma das mais importantes do título de crédito: a literalidade, pela qual só vale o que constar no contexto do título. Na CPR, os dados e os direitos constam também fora do título. Desvia-se igualmente de outra característica, levantada ultimamente: a unicidade, segundo a qual o título de crédito é único, individual, enquanto que a CPR poderá ser um composto documental.

Se houver garantia de bens, esses bens deverão ser precisamente descritos e especificados na própria cédula, conforme exige o inciso VI do art. 3°. Todavia, a descrição dos bens vinculados em garantia pode ser feita em documento à parte, assinado pelo emitente, fazendo-se, na cédula, menção a essa circunstância. A descrição do bem será feita de modo simplificado e, quando for o caso, este será identificado por sua numeração própria, e pelos números de registro oficial competente, dispensada, no caso de imóveis, a indicação das respectivas confrontações.

Entre os requisitos essenciais da CPR não se encontra a indicação de uma importância em dinheiro a pagar, mas a obrigação assumida é a de entregar determinada mercadoria. A CPR é título líquido e certo, exigível pela quantidade e qualidade de produto nela previsto. É a principal característica diferencial dos demais títulos de crédito. Como acontece com os títulos de crédito, é permitido o pagamento parcial e o cumprimento dessa obrigação de entrega de mercadorias será anotado, sucessivamente, no verso da cédula, tornando-se exigível apenas o saldo.

A exemplo das cédulas de crédito, como a cédula de crédito industrial, é possível haver garantias cedularmente constituídas, ou seja, dadas na própria CPR. As garantias podem-se constituir em hipoteca, penhor ou alienação fiduciária, cujo estudo foi realizado. A garantia cedular de hipoteca é feita na própria CPR, ou seja, em instrumento particular, devendo ser entretanto averbada na circunscrição imobiliária. A hipoteca poderá ser de imóveis rurais e urbanos. A garantia hipotecária segue os preceitos da legislação sobre hipotecas, no que não colidirem com a lei que criou a CPR.

Em vez de hipoteca, poderão ser entregues bens móveis em garantia, constituindo o penhor cedular. Podem ser objeto de penhor cedular na CPR os bens suscetíveis de penhor rural e de penhor mercantil, bem como os bens suscetíveis de penhor cedular. Salvo se se tratar de títulos de crédito, os bens apenhados continuam na posse imediata do emitente ou do terceiro prestador da garantia, que responde pela guarda e conservação dos bens. Cuidando-se de penhor constituído por terceiro, o emitente da cédula responde por sua guarda e conservação como fiel depositário. O penhor, como se sabe, difere-se da hipoteca por representar a garantia de bens móveis, não necessariamente agropecuários. Como particularidade, os bens móveis poderão permanecer na posse imediata do emitente da Cédula de Produto Rural – CPR ou do terceiro que tiver prestado a garantia; é a aplicação da cláusula *"constituti"*. Uma das características do penhor é a de que a coisa apenhada seja transferida ao credor. Com a cláusula *"constituti"*, contudo, fica ela em poder do devedor. Por exemplo, o emitente da CPR a favor de um banco oferece uma boiada. O banco não poderá guardar essa boiada e então permanecerá ela no pasto do devedor, que ficará como fiel depositário.

Quando a coisa apenhada for títulos de crédito, como duplicatas, não se aplica a cláusula *"constituti"*, por razões previstas pelo Direito Cambiário. É conveniente ressaltar a correta expressão utilizada pela Lei 8.929/94: a coisa dada em penhor diz-se "apenhada", quando se ouvem comumente as errôneas expressões "empenhada" ou "penhorada". Deixa claro a lei que a coisa dada em penhor não precisa ser obrigatoriamente de propriedade do devedor, mas de um terceiro que se ofereça para prestar essa garantia. Fica então o terceiro que se ofereça para prestar essa garantia como FIEL DEPOSITÁRIO, mas o devedor, isto é, o emitente da CPR, será responsável solidário com o terceiro, a respeito da manutenção da coisa apenhada.

A CPR poderá ser aditada, ratificada e retificada por aditivos, que a integram, datados e assinados pelo emitente e pelo credor, fazendo-se, na cédula, menção a essa circunstância. É outro aspecto afastado das características de literalidade, unicidade e cartularidade, tão constante nos títulos de crédito. Assim sendo, muitos direitos e obrigações surgem fora do título, em documentos esparsos, malgrado eles se integrem no título. Aproxima-se assim a CPR a um contrato, em que as partes celebram acordos com efeitos mútuos.

Aplicam-se à CPR, no que forem cabíveis, as normas de direito cambiário, mas com algumas modificações estabelecidas pela Lei 8.929/94. São três essas exceções. A primeira é a de que os endossos devem ser completos. Não explica a lei o que considera completos, mas é de se supor que o endosso não deva ser em branco, mas deverá constar o nome do endossatário. Parece-nos lógica essa exigência do endosso em preto, uma vez que as obrigações não constam exclusivamente na cártula mas também nos aditivos paralelos. Além desse aspecto, a mercadoria deve ser recebida, conferida e aceita por quem seja o credor dessa obrigação; o devedor não poderá ser obrigado a entregar a mercadoria e receber o recibo de pessoa não identificada. A segunda peculiaridade é a de que os endossantes não respondem pela entrega da mercadoria, mas, tão-somente pela existência da obrigação; nesse caso, o endosso não transfere todas as obrigações cartulares, cessando a solidariedade quanto a essa questão. A terceira é a dispensa de protesto cambial para assegurar o direito de regresso contra avalistas.

Além de responder pela evicção, não pode o emitente da CPR invocar em seu benefício o caso fortuito ou de força maior. Se a obrigação do devedor é entregar a mercadoria, deve ele responsabilizar-se pela idoneidade dela. Se o devedor obrigado a entregar a mercadoria entrega mercadoria em litígio judicial, fazendo com que o credor (favorecido da CPR) a perca por decisão judicial, terá logrado seu credor. A obrigação de entregar produtos rurais é incondicional, ou, como na linguagem de nossa Lei Cambiária, é "promessa pura e simples". Essa promessa não está protegida contra possível caso fortuito ou de força maior, nem está sujeita a outras condições. O emitente da CPR, ao prometer a entrega das mercadorias, assume os riscos possíveis de sua atividade produtiva.

O art. 12 traz uma disposição merecedora da análise. A CPR, para ter eficácia contra terceiros, inscreve-se no Cartório de Registro de Imóveis do domicílio do emitente. Em caso de hipoteca e penhor, a CPR deverá ser averbada na matrícula do imóvel hipotecado e no Cartório de localização dos bens apenhados. A inscrição ou averbação da CPR ou dos respectivos aditivos serão efetuadas no prazo de três dias úteis, a contar da apresentação do título, sob pena de responsabilidade funcional do oficial encarregado de promover os atos necessários. Quando se tratar de CPR com garantia hipotecária, necessária se torna sua averbação no registro de imóvel hipotecado, senão poderia o imóvel ser vendido sem o gravame. No caso de garantia pignoratícia, ou seja, pelo penhor de coisas móveis, não vemos razão para o registro da CPR no Registro de Imóveis, uma vez que a venda de coisas móveis independe de instrumento público. Necessário sim que seja a CPR registrada no Cartório de Títulos e Documentos, para conhecimento de terceiros.

A entrega do produto antes da data prevista na cédula depende da anuência do credor. A promessa de entrega da mercadoria, vale dizer, a obrigação do emitente da cédula, tem seu dia de vencimento. Se o devedor da obrigação quiser cumpri-la antes da data combinada, estará rompendo as condições estipuladas no título. Poderá porém ser antecipado o cumprimento da obrigação, caso houver concordância do favorecido do título, ou seja, acordo entre ambos. É um princípio do Direito Cambiário e está expresso também na Convenção de Genebra sobre a letra de câmbio, no art. 40, como se vê:

"O portador de uma letra não pode ser obrigado a receber o pagamento dela antes do vencimento. O sacado que paga uma letra antes do vencimento fá-lo sob sua responsabilidade".

Pode ser considerada vencida a CPR na hipótese de inadimplemento de qualquer das obrigações do emitente. É a aplicação da *acceleration clause*, muito comum no direito norte-americano. Pela cláusula de antecipação do vencimento, se um título deve ser pago em várias prestações, o atraso do pagamento de uma prestação provocará o vencimento antecipado das prestações vincendas.

Para cobrança da CPR, cabe a ação de execução para entrega de coisa incerta. Essa modalidade de execução está prevista nos arts. 621 a 631 do Código de Processo Civil, num capítulo denominado: "Da execução para a Entrega de Coisa". Os arts. 629 a 631 cuidam da "Execução para a Entrega de Coisa Incerta". No aspecto substancial, a obrigação de dar coisa incerta é tratada nos arts. 874 a 877 do Código Civil. Deixaremos, contudo, de adentrar essa questão, por pertencer ela às respectivas matérias: Direito Processual Civil e Direito Civil. Nota-se, todavia, que os diversos ramos do direito não constituem compartimentos estanques, mas se interligam intimamente e se integram.

Caberá ainda outra ação, no caso de CPR garantida por alienação fiduciária. A busca e apreensão do bem alienado fiduciariamente, promovia pelo credor, não elide posterior execução, inclusive de hipoteca e do penhor constituído na mesma cédula, para satisfação do crédito remanescente. Nesse caso, o credor tem direito ao desentranhamento do título, após efetuada a busca e apreensão, para instruir a cobrança do saldo devedor, em ação própria. Na Alienação Fiduciária em Garantia, como é muito aplicada no financiamento de veículos, o objeto alienado pertence ao credor, mas fica na posse direta do devedor. Se este não cumprir a obrigação, o credor requer a busca e apreensão do bem alienado, garantindo assim o crédito, instruindo a Ação de Busca e Apreensão com a CPR. Em seguida, pede o desentranhamento do título, para instruir a Execução.

Pratica crime de estelionato aquele que fizer declarações falsas ou inexatas acerca de bens oferecidos em garantia da CPR, inclusive omitir declaração de já estarem eles sujeitos a outros ônus ou responsabilidade de qualquer espécie, até mesmo de natureza fiscal. Só podem ser entregues em garantia bens livres e desembaraçados de gravames. Se o prestador da garantia esconder possíveis ônus e gravames que pesavam sobre o bem alienado, terá agido dolosamente.

Os bens vinculados à CPR não serão penhorados ou seqüestrados por outras dívidas do emitente ou do terceiro prestador da garantia real, cumprindo a qualquer deles denunciar a existência da cédula às autoridades incumbidas da diligência, ou a quem a determinou, sob pena de responderem pelos prejuízos resultantes de sua omissão. A impenhorabilidade dos bens entregues em garantia visa a impedir que haja sobre eles duplo gravame; se eles garantem um crédito, não poderão garantir outros créditos, senão seriam depreciados. É o que acontece também com o *WARRRANT* e o CONHECIMENTO DE DEPÓSITO, e outras cédulas de crédito. O que poderá ser feito será a penhora da própria CPR, ficando os bens entregues em garantia vinculados a essa penhora. O emitente da CPR ou o terceiro prestador da garantia deverão declarar a existência do vínculo de bens ao título ao oficial de justiça que, porventura, proceder à penhora desses bens vinculados, ou ao juiz que a houver determinado. A Lei diz que, se omitirem esse fato, responderão pelos prejuízos resultantes da omissão; contudo não diz se responderão criminalmente. Ao nosso modo de interpretar, poderão responder à ação de perdas e danos.

A CPR é um verdadeiro valor mobiliário; poderá ser negociada nos mercados da Bolsa de Valores Mobiliários ou então no mercado de balcão. A comercialização da CPR nas bolsas opera-se por leilões e no mercado de balcão por venda direta aos investidores. O registro da CPR em sistema de registro e de liquidação financeira, administrado por entidade autorizada pelo Banco Central do Brasil, é condição indispensável para a negociação da CPR nas bolsas ou no mercado de balcão. Na ocorrência da negociação, a CPR será considerada ATIVO FINANCEIRO e não haverá incidência do imposto sobre operações de crédito, câmbio, seguro, ou relativas a títulos ou valores mobiliários. Pelo que se vê, o Governo brasileiro vê na CPR um poderoso e versátil instrumento de captação de capitais para canalizá-los ao financiamento rural. Dá-lhe versatilidade de comercialização tanto no mercado financeiro como no mercado de capitais, assegura-lhe a ação executiva, abre o leque das garantias.

14. TÍTULOS DE FINANCIAMENTO IMOBILIÁRIO

14.1. Conceito e natureza jurídica

14.2. Letra imobiliária

14.3. Cédula hipotecária

14.4. Letra hipotecária

14.1. Conceito e natureza jurídica

Notamos, no estudo dos modernos títulos de crédito, que alguns têm uma aplicação restrita, destinada a financiar atividades econômicas específicas. Baseados na nota promissória e na letra de câmbio, geralmente, esses títulos adquirem peculiaridades especiais, a maioria apresentando distorções da linha geral dos títulos de crédito. Examinamos então neste compêndio os seguintes títulos de financiamento específico:
– Títulos de financiamento rural;
– Títulos de financiamento comercial;
– Títulos de financiamento industrial;
– Títulos de financiamento à exportação;
– Títulos de financiamento da dívida pública;
– Títulos de financiamento imobiliário.

Estamos agora nos ocupando dos títulos de financiamento imobiliário, mais precisamente, três, a saber:
– Letra imobiliária – regulamentada pela Lei 4.380/64;
– Cédula hipotecária – regulamentada pelo Decreto-Lei 70/66;
– Letra hipotecária – regulamentada pela Lei 7.684/88.

Surgiram esses títulos para amenizar os problemas relacionados à falta de moradia e alargar o financiamento para a aquisição da casa própria. A própria lei, entretanto, declara a natureza civil deles, mesmo porque administração de bens e transações imobiliárias, inclusive compra e venda de imóveis e hipoteca, são consideradas atividades civis. Como, entretanto, a eles se aplicam as normas do Direito Cambiário e têm a função de mobilizar o crédito, merecem considerações dentro de nossos estudos. Foram criados para promover os investimentos na área de construção civil, esta sim, considerada mercantil. Além disso, empresas que emitem alguns desses títulos são S/A e toda empresa revestida da forma societária de S/A exerce atividade mercantil por disposição da lei. Devemos pois conhecê-los, porquanto se integram no universo dos títulos de crédito e a legislação que os disciplina baseia-se na Convenção de Genebra.

14.2. Letra imobiliária

Surgiu a letra imobiliária em decorrência da Lei 4.380/64, que instituiu o sistema financeiro de habitação e criou as sociedades de crédito imobiliário, dando a estas a faculdade de emitir as letras imobiliárias. A sociedade de crédito imobiliário é uma empresa revestida da forma de S/A, destinada ao financiamento da casa própria; como tal, é uma instituição financeira, de crédito especializado, tanto que necessita da autorização do Banco Central para poder funcionar.

Para captar dinheiro no mercado de capitais, a sociedade de crédito imobiliário poderá emitir letras imobiliárias, um tipo de nota promissória, pois é uma promessa de pagamento. É um título formal, pois o art. 45 da Lei 4.380/64 prescreve rígidos requisitos para ela. Podem ser nominativas ou ao portador; no primeiro caso deverá ser registrada no livro especial, "Livro de Registro de Letras Imobiliárias Nominativas", no qual serão inscritas as letras imobiliárias nominativas. Nesse mesmo livro deverão ser averbadas as transferências e constituição de direitos sobre as mesmas. Podem ser transferidas por endosso ou pelo registro no livro; mesmo sendo por endosso, deverá o endossatário pedir a averbação no livro. A letra imobiliária ao portador transfere-se pela simples tradição.

A letra imobiliária poderá ser entregue em penhor, com endosso-mandato, devendo o credor pignoratício pedir a averbação do penhor no livro. Poderá ela ainda ser colocada à disposição de potenciais, por intermédio da Bolsa de Valores Mobiliários.

14.3. Cédula hipotecária

Dois anos após a criação da letra imobiliária, o Decreto-Lei 70/66 criou a cédula hipotecária, com finalidade semelhante, ou seja, propiciar ou facilitar a aquisição de casa própria, bem como captar, incentivar e disseminar a poupança. Enquanto a Lei 4.380/64 criou a sociedade de crédito imobiliário e a letra imobiliária, o Decreto-Lei 70/66 criou a associação de poupança e empréstimo e a cédula hipotecária.

A associação de poupança e empréstimo integra-se no Sistema Federal de Habitação, criado pela Lei 4.380/64. Destina-se ela a formar um vínculo associativo entre os seus membros, com depósitos em dinheiro efetuados por pessoas físicas interessadas em delas participar. Embora se chame "associação", tem mais característica de "sociedade", pois persegue lucros e os distribui em forma de dividendos.

A cédula hipotecária é um título de crédito nominativo, contendo uma promessa de pagamento. Nesses dois aspectos, assemelha-se à nota promissória. É entretanto um título causal, pois se origina de hipoteca inscrita no Cartório de Registro de Imóveis, representando os respectivos créditos hipotecários. O favorecido da cédula hipotecária é sempre uma instituição financeira, inclusive caixas econômicas e bancos de investimentos, e companhias de seguros, por representarem elas empréstimos concedidos por essas instituições à associação de poupança e empréstimo, para que estas apliquem tais empréstimos na aquisição da casa própria. Sendo o empréstimo aplicado em imóveis, esses imóveis garantirão, em hipoteca, esse empréstimo.

A transferência da cédula hipotecária só se faz por endosso em preto, lançado no seu verso, permanecendo o endossante, como também o emitente, solidariamente responsáveis pela solução do crédito.

14.4. Letra hipotecária

Não obstante serem as letras hipotecárias regulamentadas pela Lei 7.684, de l988, sua prática vem de longa data. São sacadas por instituições financeiras autorizadas a conceder créditos hipotecários e serão garantidas por esses créditos. Podem ser nominativas, endossáveis ou ao portador.

É o título circulável, causal e formal. O formalismo está expresso no art. 1°, § 2° da lei credora da letra hipotecária, indicando os requisitos básicos do título. É causal, por estar vinculada à hipoteca ou hipotecas que a garantem, tanto que um dos requisitos desse título é a identificação dos créditos hipotecários e seu valor. Não poderá seu valor nominal exceder ao do crédito hipotecário, nem o vencimento do título ultrapassar o do crédito.

Ainda que garantido por imóveis hipotecados, poderá a letra hipotecária contar com a garantia fidejussória adicional de instituição financeira. Também chamada de garantia pessoal, a garantia fidejussória contrapõe-se à garantia real; é o caso da fiança e do aval. Por conseqüência, a letra hipotecária poderá ser garantida ainda por aval ou fiança. O endossante, por sua vez, deverá garantir a veracidade da letra hipotecária, mas contra ele não será admitido direito de cobrança regressiva.

15. TÍTULOS PÚBLICOS

15.1. Conceito e características

15.2. Espécies de títulos públicos

15.1. Conceito e características

Não há estudos fartos sobre os títulos públicos, por não pertencerem eles ao campo do Direito Cambiário, mas ao Direito Administrativo, ao Direito Financeiro ou Direito Tributário, por serem eles ramos do Direito Público. Não deixam contudo de ser títulos de crédito e a eles aplicam-se as normas do Direito Cambiário: por isso, merecem consideração de nossa parte. Nota-se, nas diversas classificações a serem estudadas, que os títulos de crédito são agrupados em públicos e privados, sob o prisma da pessoa que os emite.

Diz nosso Código Civil, no art. 13, que "as pessoas jurídicas são de direito público interno e externo, e de direito privado". Por seu turno, o art. 14 estabelece que "são pessoas jurídicas de direito público interno: a União, cada um de seus Estados e o Distrito Federal, e cada um dos Municípios legalmente constituídos". Vemos então que os títulos públicos só poderão ser emitidos por pessoa jurídica de direito público interno, ou seja, a União, os Estados e os Municípios. Será sempre uma pessoa jurídica, nunca um pessoa natural, como acontece com a letra de câmbio, a nota promissória e o cheque.

Constituem eles uma das formas de arrecadação de dinheiro por parte do Estado, referido também como Erário Público, ou simplesmente Governo. Lastreiam as operações financeiras do Governo, pelo que também são chamados de "títulos da dívida pública".

Além da pessoa do emitente, distinguem-se geralmente por outras características. São comumente emitidos em série, em grande quantidade. Alguns juristas estrangeiros consideram como título público o emitido por pessoa privada, mas com aval do governo, tanto que esse aval deve ser contabilizado como responsabilidade pública. Para a maioria, porém, o título público só deve ser o que for emitido pelo Poder Público, e representa uma única operação, um só ato administrativo que constitui a causa dos títulos. São títulos fungíveis, podendo ser substituídos um pelo outro, por serem do mesmo valor, qualidade e quantidade.

15.2. Espécies de títulos públicos

Podem os títulos públicos ser singulares e em série, embora quase sempre em série, por serem os mais autênticos e sugestivos. O Estado pode, todavia, emitir títulos isolados, individuais, representando operação única, como por exemplo uma nota promissória para lastrear um empréstimo feito.

Há títulos de finalidade específica ou genérica. As ORTN–Obrigações Reajustáveis do Tesouro Nacional e os BTN–Bônus do Tesouro Nacional, destinavam-se apenas a arrecadar dinheiro sem condicioná-lo a uma aplicação especial. As "Apólices Rodoviárias" eram vinculadas à aplicação na melhoria ou abertura de estradas de rodagem, e o "Bônus de Guerra" destinava-se a solucionar problemas ocasionados pela guerra de 1939-1945.

Quanto à colocação dos títulos, podem ser nacionais ou internacionais. No tocante à emissão, será sempre nacional, mas o Governo brasileiro poderá emitir títulos para captação de dinheiro no mercado internacional. Por outro lado, é possível, juridicamente, que governos de outros países emitam títulos para obter dinheiro no mercado brasileiro de capitais. Operações semelhantes poderão incrementar-se com a criação do Mercosul.

Embora a abstração seja característica precípua dos títulos de crédito, os títulos públicos são causais. Sua causa provém de uma lei, ou decreto, ou outro ato administrativo, ao qual permanece ligado.

16. TÍTULOS SOCIETÁRIOS

16.1. Conceito de título societário

16.2. Características do título societário

16.3. Ações

16.4. Certificado de depósito de ações

16.5. Debêntures

16.6. Partes beneficiárias

16.7. Cédula pignoratícia de debêntures

16.8. Bônus de subscrição

16.1. Conceito de título societário

Títulos societários são os considerados títulos de crédito emitidos por sociedades anônimas, destinados a captar dinheiro no mercado de capitais. Podemos dizer que são títulos essencialmente empresariais, por serem emitidos por empresas que se revestem da forma societária de S/A, destinados a promover o financiamento dessas empresas. Permitem eles a aplicação de uma vasta área da poupança, atraída em parte pela responsabilidade limitada que o investimento proporciona e, por outra, a natural circulabilidade que caracteriza os títulos de crédito, permitindo fácil e segura negociação e a mobilização do crédito.

Esses títulos tornaram-se assim eficazes instrumentos do moderno capitalismo, porquanto permitem à poupança popular a participação nos empreendimentos empresariais, sem que o investidor, modesto ou poderoso, se vincule à responsabilidade além da soma investida. Ao tornar-se portador de um título societário, o beneficiário adquire um direito creditório contra a empresa emitente, direito esse transferível nos moldes cambiários, como o endosso e a tradição. Além de poder negociar livremente o título societário, obtendo a liquidez monetária desse título, o portador adquire ainda o direito de participar do empreendimento e da administração e atividade da empresa emitente, auferir os lucros que ela proporcionar e obter garantias a esses títulos.

São os títulos societários chamados também de valores mobiliários, conforme a Lei 6.385/76, que dispõe sobre o mercado de capitais, ou mercado de valores mobiliários e cria a Comissão de Valores Mobiliários. Nem todos os valores mobiliários são considerados títulos societários, como o Certificado de Depósito Bancário, a Letra de Câmbio e a Nota Promissória Comercial, malgrado esses títulos também se enquadrem na classificação de título societário, quando tiverem a função precípua de captarem valores no mercado de capitais.

A lei acima refletida deu bases para a Lei das S/A (Lei 6.404/76) e completou a Lei 4.726/65, que disciplinou o mercado de capitais e estabeleceu medidas para o seu desenvolvimento. Esta última, chamada de Lei do Mercado de Capitais, previu os principais títulos societários. Aliás, será conveniente apontar quais são eles, a serem estudados posteriormente:

– Ações
– Certificado de depósito de ações

- Partes beneficiárias
- Debêntures
- Cédula pignoratícia de debêntures
- Bônus de subscrição.

16.2. Características do título societário

Preliminarmente se caracteriza o título societário por ser um título empresarial, emitido por uma S/A. Esse aspecto leva em conta a figura do emitente, que, no direito atual, é uma pessoa privada. É, portanto, um título privado, em oposição ao título público.

Em segundo aspecto, é um título seriado, emitido em série. Um só ato jurídico produz vários títulos, como é o caso das ações: a companhia num só ato, numa só decisão, emite um número muito variável de títulos, às vezes aos milhares. Contrapõe-se a título singular, como o cheque: a emissão de um cheque é ato jurídico, enquanto a emissão de outro cheque será outro ato jurídico.

Quanto ao tipo de direito decorrente do título, o título societário é de natureza complexa, por conceder um complexo de direitos ao seu portador. Uma ação, por exemplo, concede ao seu portador um direito de crédito contra a companhia emitente. Não é único direito, porém: o acionista adquire o direito de receber dividendos, de votar nas assembléias da empresa emitente, de requerer determinados direitos, de eleger os diretores da empresa, vários outros. Entretanto, examinaremos o cheque, um título simples: confere ao portador apenas o direito de receber o valor expresso nele, vale dizer, um direito de crédito. Por outro lado, as ações são títulos de participações: dão ao portador o direito de participar da vida da eminente, o que não acontece normalmente com os títulos de crédito como a nota promissória, o cheque e outros.

As características da literalidade, da incorporação e da autonomia são bem tênues em relação aos títulos societários. Não são eles autônomos e abstratos, como as ações, cujos direitos estão fora delas, previstos na Assembléia Geral da S/A, no estatuto da companhia e a transferência delas muitas vezes se opera, não por endosso, mas por averbação em livros próprios de registro. Também o formalismo deixou de ser importante característica dos títulos societários; a lei não traça para eles os requisitos básicos com tanto rigorismo, como acontece com os demais títulos de crédito.

Concluímos então que os títulos societários formam uma categoria especial entre os títulos de crédito, discriminando-se dos demais, a tal ponto de formarem um grupo bem nítido. A nota promissória, a letra de câmbio, o cheque e a duplicata, por exemplo, guardam entre si várias características comuns, que os agrupam. Os títulos societários, ao revés, não apresentam as mesmas características daquele grupo, o que os faz integrar-se num grupo antagônico.

A Lei do Mercado de Capitais (Lei 4.728/65) distinguiu o mercado de dinheiro em dois campos: o mercado financeiro e o mercado de capitais. O mercado financeiro lida com o crédito a curto prazo e alta mobilidade, como os empréstimos bancários. O mercado de capitais opera com crédito a longo prazo e imobilizante. Os títulos de crédito propriamente ditos, como nota promissória, cheque, letra de câmbio e duplicata são aplicáveis no mercado financeiro, enquanto os títulos societários são aplicáveis no mercado de capitais e representam mais um investimento do que um empréstimo.

16.3. Ações

O principal título societário é a ação. Antes de entrarmos no conceito dela, seremos obrigados a apelar para o Direito Societário, que nos dará amplos fundamentos para compreendermos o sentido das ações. Uma empresa deve sempre se revestir de uma forma societária disciplinada pela lei. O Direito Societário estrutura juridicamente sete modelos aos quais possa a empresa amoldar-se, mas, na prática, apenas duas delas têm larga aplicação: a sociedade por quotas de responsabilidade limitada e a sociedade anônima.

Qualquer tipo de sociedade deverá ter forçosamente um patrimônio, formado por dinheiro ou bens de valor pecuniário. Esses bens formarão o capital da empresa, para que ela possa desenvolver atividades e produzir lucros. Os lucros serão distribuídos aos membros da empresa, na proporção do que contribuíram para formar o capital.

Esse é o sentido da empresa, revestida de forma societária, seu modo de constituição e seu escopo. Por isso, vamos encontrar uma sugestiva noção de sociedade no art. 2.247 do Código Civil italiano:

"Con il contratto di società due o più persone conferiscono beni o servizi per l'esercizio in comune de una attività economica allo scopo di dividirne gli utili."	(Com o contrato de sociedade, duas ou mais pessoas conferem bens ou serviços para o exercício em comum de uma atividade econômica, com o escopo de dividir os lucros que ela proporcionar.)

Falemos então da S/A nesse sentido: ela tem um capital formado por recursos fornecidos pelos seus membros, os acionistas. Esse capital facultará à empresa desenvolver atividade econômica (lucrativa) e os lucros que ela produzir serão entregues aos seus acionistas, na proporção do dinheiro que eles aportaram ao capital.

Assim formado o capital, ele se constitui de partes indivisíveis, de igual valor nominal, denominadas ações. A ação é, por conseguinte, uma parcela, uma fração do capital da S/A. É considerada um título de crédito que confere ao seu portador vários direitos e, por isso, pode ela ser considerada sob vários aspectos:

a – a ação é uma parte do capital social e, portanto, um valor em dinheiro, correspondente ao valor do capital; em caso de dissolução da S/A, a ação dá ao seu titular o direito de exigir a devolução do valor que ele conferiu para a formação do capital;

b – a ação é um título de participação, por dar ao acionista a condição de um coproprietário da S/A;

c – a ação é um título de crédito, por representar ela um título transferível, endossável, cujos direitos, nela contidos, transferem-se com o próprio documento.

A ação é um título negociável, transferível da mesma forma que os demais títulos de crédito. Ao circular, transfere com ela os direitos nela incorporados, como os dividendos e o direito eventual de crédito contra a S/A. É, às vezes, um título corporativo, em outras um título de participação, por facultar ao acionista participar da vida da empresa emitente, e, em outras, um título de legitimação.

Valor das ações:

Como título de crédito, a ação deverá ter um valor nominal expresso em moeda corrente do país. Embora cada ação seja um título, elas têm sempre o mesmo valor, declarado no estatuto, em cláusula do seguinte tipo:

"O capital da companhia é de R$1.000,00 (Um mil reais), constituído de 1.000 ações no valor nominal de um real cada".

Trata-se todavia de um valor nominal e não valor de mercado. Se um acionista quiser vender suas ações, poderá cobrar o preço que quiser, dependendo da oferta e da procura; é possível que seja obrigado a cobrar o valor abaixo do nominal, em vista de estarem elas desvalorizadas, dependendo do desempenho da empresa. Poderá ainda ser vendida a preço bem superior.

Classificação das ações:

Se examinarmos a Lei 6.404/76, a Lei das S/A, notaremos que ela considera dois tipos especiais de grupos de ações, segundo dois critérios diferentes:

– pelo direito que ela proporciona: ordinária, preferencial, de fruição;
– pela forma de circulação: ao portador, nominativa, endossável.

A Lei das S/A dá ainda outra classificação, embora de menor importância, por ser rara sua observância: de valor nominal e sem valor nominal. Apesar de nosso direito ter atacado a possibilidade de ação sem valor nominal, não tem sido ela aplicada em nosso país.

Examinando a primeira delas, a classificação das ações sob o ponto de vista dos direitos que elas proporcionam, vimos que elas se classificam em ordinárias, preferenciais e de fruição. As ações ordinárias são as comuns, por não apresentarem peculiaridades, com vantagens extras, restrições, preferências, privilégios. Nada apresentam de incomum, de extraordinário, donde lhes advém a designação de ordinárias. Estão elas previstas nos arts. 15 e 16 da Lei das S/A.

As ações preferenciais são assim chamadas por garantirem ao seu portador certas preferências especiais; são vantagens extraordinárias. Por outro lado, adota também restrições: as ordinárias conferem ao seu titular um poder político, ou seja, o direito a voto, podendo participar das assembléias, votando e ser votado.

Em compensação, a ação preferencial dá prioridade a seu titular, de receber os dividendos em primeiro lugar; os lucros da companhia serão distribuídos em dividendos primeiro aos portadores das ações preferenciais; numa segunda leva, se sobrar dinheiro, serão os dividendos distribuídos aos portadores de ações ordinárias. Outra referência semelhante é no caso do reembolso do capital, com prêmio ou sem ele: se a companhia foi liquidada, o capital será devolvido aos acionistas na proporção das ações que cada um tiver. Contudo, será primeiro devolvido o valor das ações preferenciais e, sobrando dinheiro, das ações ordinárias.

O terceiro tipo de ações, sob o critério dos direitos que proporciona, é o de fruição. Fruir quer dizer desfrutar, aproveitar, gozar, e essa ação faz seu titular fruir os benefícios de uma empresa em liquidação. É bem rara sua aplicação e desconhecemos algum caso em que ela tenha sido emitida. Desde que uma S/A tenha fundos disponíveis, sobrando, poderá ela amortizar as ações, recuperando os acionistas o valor das ações que possuíam. As ações ordinárias amortizadas serão substituídas pelas de fruição.

Examinaremos agora as ações sob outro aspecto, que a Lei das S/A chama de "forma". Refere-se, entretanto, à forma pela qual as ações se transferem, como circulam. Nesse aspecto, classificam-se elas em: ao portador, nominativas e endossáveis.

As ações ao portador não trazem o nome de seu titular, e, portanto, são de quem as tiver na mão, como acontece com os demais títulos ao portador. Se o documento que a representa for perdido e encontrado por alguém, presume-se que o detentor seja o proprietário dele. A transferência dessas ações opera-se por simples tradição.

As ações nominativas são assim chamadas por terem o nome de seu titular indicado no seu texto. Não apenas no documento deverá constar o nome do acionista, mas também num livro especial, previsto pela lei, chamado de "Registro de Ações Nominativas". A transferência delas não se faz por endosso, mas pela averbação da transferência no referido livro.

As ações endossáveis são também nominativas, pois nelas consta o nome de seu titular. A transferência delas faz-se pelo endosso, mas não é suficiente apenas o endosso, pois há necessidade de registro da transferência no livro especial, o "Registro de Ações Endossáveis", a fim de que o titular das ações possa reclamar seus direitos perante a companhia (quando se fala em "companhia" entende-se sempre uma sociedade anônima).

Entretanto, a Lei 8.021/90 apresentou exigências de identificação das pessoas dos contribuintes para fins fiscais e revogou os arts. 32 e 33 da Lei das S/A, que previam respectivamente as ações endossáveis e ao portador. Não mais podem elas ser emitidas. As antigas permanecem em vigor, mas tendem a ser abolidas.

16.4. Certificado de depósito de ações

O titular de ações poderá mantê-las em seu poder ou então depositá-las numa instituição financeira autorizada a funcionar como agente de certificados. Esse banco ou outra instituição financeira, ao receber as ações de depósito, poderá emitir o "Certificado de Depósito de Ações", título representativo das ações que receber em depósito.

Esse sistema tem muita analogia com certificado de depósito, emitido pelas empresas de armazéns gerais; em vez de empresa de armazéns gerais é uma instituição financeira; a mercadoria depositada é constituída de ações; em vez de conhecimento de depósito é emitido o certificado de depósito de ações. Ambos os documentos têm muita coisa em comum.

O certificado de depósito de ações representa as ações e com sua circulação elas também circulam. É emitido em decorrência de um acordo entre o acionista depositante e a instituição financeira. É título societário, representativo das ações endossáveis ou ao portador, entregues ao emitente do certificado. O certificado de depósito de ações incorpora nele o direito de propriedade sobre as ações objeto da custódia. Pode ele ser transferido por endosso em preto ou em branco, assinado pelo seu titular.

16.5. Debêntures

Mais minuciosa do que foi com as partes beneficiárias, a Lei das S/A disciplina as debêntures, nos arts. 52 a 74; dedica-lhes um longo capítulo. A debênture tem alguns pontos de analogia com a nota promissória, em vista de originar-se de empréstimo em dinheiro; contém ela uma promessa de pagamento, própria de um contrato de mútuo (empréstimo de dinheiro). Aliás, esse termo origina-se de "debentur" (dever).

Vamos analisar as circunstâncias em que as debêntures são admitidas. Uma companhia precisa de dinheiro e planeja fazer um empréstimo. Em vez de procurar bancos, o mercado financeiro, vai bater às portas do mercado de capitais. Contrai ela um empréstimo de dinheiro (mútuo) de uma coletividade de mutantes, apesar de ser um único empréstimo. Emite então um sugestivo número de títulos: as debêntures, adquiridas pelos investidores: os mutuários.

As debêntures terão valor nominal, que deverá ser pago pela companhia, acrescido de juros, correção monetária e ainda outros direitos que ela contiver. Vê-se então a semelhança da debênture com a nota promissória e também com a ação: a ação é a unidade em que se divide o capital da companhia: a debênture é a unidade em que se divide um empréstimo de dinheiro feito pela companhia junto a uma coletividade de credores. É conveniente ressaltar que as debêntures são conversíveis em ações. Assim sendo, um acionista pode adquirir debêntures e, em vez de receber seu dinheiro de volta, no vencimento, poderá optar pela conversão das debêntures em ações.

O crédito dado pela debênture aos portadores dela desfruta de garantias e privilégios, de acordo com a escrita de emissão. O patrimônio da companhia fica vinculado ao pagamento do valor da debênture, ficando ela dotada assim de direitos reais de garantia. Por outro lado, o crédito decorrente da debênture goza de privilégio ante outros créditos. No caso de falência da companhia emitente, o crédito lastreado por debênture terá privilégio geral, nos termos no art. 102, § 3º – I da Lei Falimentar.

Vimos, pelo exposto, que a debênture é um título de crédito causal, não abstrato e independente, por estar vinculado ao contrato de empréstimo e à ata da assembléia geral que decidiu pela emissão. Apresenta, porém, as características da literalidade e formalismo. Pode ser endossável ou ao portador, diferenciando-se, neste aspecto da nota promissória, que não pode ser ao portador. Além do crédito, oferece outros direitos, opção para convertê-la em ações, garantia real, correção monetária, juros, prêmios e outros. Os direitos que a debênture confere não estão totalmente expressos nela, mas na ata da assembléia geral da companhia emitente e no contrato de emissão; é então um título "incompleto", contrapondo-se ao título "completo", em que os direitos e obrigações constam do documento, como na nota promissória e na letra de câmbio.

16.6. Partes beneficiárias

As partes beneficiárias tiveram muita atenção da Lei das S/A, que lhes dedicou os arts. 46 a 51. Trata-se de um título honorífico, com que a companhia pretende homenagear pessoas benfeitoras, como os fundadores. Esse título dá direito aos beneficiários, de receber um valor variável, de acordo com os lucros, desde que não ultrapasse 10% deles. Malgrado sejam considerados títulos de crédito, não têm valor nominal, por depender da apuração dos lucros, fato discutível. Consoante temos visto, tem como requisito básico a obrigação de pagamento de valor em dinheiro, líquido e certo. Excelente e claro conceito das partes beneficiárias nos é dado pelo art. 46 da Lei das S/A: "A companhia pode criar, a qualquer tempo, títulos negociáveis, sem valor nominal e estranhos ao capital social, denominados "partes beneficiárias". As partes beneficiárias conferirão aos seus titulares direito de crédito eventual contra a companhia, consistente na participação nos lucros anuais. A participação atribuída às partes beneficiárias, inclusive para a formação de reserva para resgate, se houver, não ultrapassará um décimo dos lucros. É vedado conferir às partes beneficiárias qualquer direito privativo de acionista, salvo o de fiscalizar os atos dos administradores.

16.7. Cédula pignoratícia de debêntures

Tanto as ações como as debêntures são valores capazes de garantir o cumprimento de obrigações, podendo ser oferecidas em caução (penhor de títulos de crédito). Ao emitir as debêntures, a companhia emitente poderá entregá-las a uma instituição financeira para a distribuição no mercado de capitais. A instituição financeira poderá emitir e entregar à companhia uma "cédula pignoratícia de debêntures", se estiver autorizada, para tanto, pelo BACEN. A cédula pignoratícia de debêntures confere à companhia direito de crédito contra a instituição financeira.

A cédula pignoratícia de debêntures é um título de crédito, ao portador ou endossável, com valor nominal, pagando juros e correção monetária, cujo pagamento fica garantido pela caução das debêntures. Por outro lado, a emitente poderá vender as debêntures no momento que lhe for conveniente.

16.8. Bônus de subscrição

O bônus de subscrição é título admissível tanto para a emissão de debêntures como para a de ações. Ocorre sua emissão quando o capital da companhia for aumentado. É um título endossável ou ao portador. Quando a companhia for aumentar o capital, emitirá os bônus de subscrição e os entregará a quem queira subscrever o capital, e seus portadores adquirem o direto de subscrição, mediante a apresentação do bônus.

Acionistas terão preferência para a subscrição dos bônus, uma vez que terão também preferência para a aquisição das ações. A finalidade primordial do bônus de subscrição é a de conceder prioridade para a subscrição de ações ou debêntures.

17. PROTESTO CAMBIÁRIO

17.1. Conceito

17.2. Modalidades de protesto

17.3. O instrumento de protesto

17.4. O cancelamento do protesto

17.5. A sustação do protesto

17.6. A lei regulamentadora do protesto

17.1. Conceito

Por diversas vezes fizemos referências ao protesto, instituição bastante conhecida, mas devemos falar especialmente dele. Ao chegar o vencimento de um título de crédito, o portador deverá apresentá-lo ao devedor para o pagamento. E se o devedor negar que ele foi apresentado, como ficará provada a apresentação? Essa prova se faz pelo protesto. Destarte, o protesto é o ato solene destinado a provar certos fatos. Em termos cambiários, o protesto serve para comprovar a apresentação de um título de crédito ao devedor, seja para pagamento, seja para aceite. O protesto é tirado por um oficial público.

A apresentação de um título pelo cartório de protesto faz-se com a lavratura da declaração do oficial do cartório, em livro próprio. Essa declaração diz que o cartório comunicou ao devedor que o título de crédito estava à disposição para ser pago ou aceito e não foi. Ficou comprovada a não-realização da promessa do devedor. Desse ato é emitido um certificado denominado instrumento de protesto.

17.2. Modalidades de protesto

O protesto tem várias funções e finalidades e, sob o aspecto delas, irão se revelar várias modalidades desse ato formal. Procuraremos, porém, nos ater a dois ramos mais abrangentes de protesto, baseado um na função, na finalidade a que ele se destina, e o outro quanto à natureza do pedido.

Quanto à função a ser exercida pelo protesto, ele pode ser obrigatório ou necessário. Fazemos restrições à expressão "obrigatório", pois ninguém está obrigado a protestar um título de crédito, mas ele é necessário para assegurar ao favorecido o exercício de certos direitos. Graças a esse protesto, o beneficiário pode reservar-se o direito de regresso contra os obrigados indiretos, como o sacador e os endossantes e respectivos avalistas. É o exigido no art. 32 da Lei Saraiva:

"O portador que não tira, em tempo útil e forma regular, o instrumento do protesto da letra, perde o direito de regresso contra o sacador, endossadores e avalistas."

O protesto necessário é também chamado de "conservatório", por conservar o direito de regresso para o portador do título. Pelos dizeres do artigo retrotranscrito, é necessário porquanto é imprescindível e insubstituível; só ele pode provar a inadimplência do devedor: a falta de pagamento ou do aceite do título. Essa exclusiva necessidade é confirmada pelo art. 53 da LUG:

"Depois de expirados os prazos fixados para se fazer o protesto por falta de aceite ou por falta de pagamento, o portador perdeu os direitos de ação contra os endossantes, contra o sacador e contra os outros coobrigados, à exceção do aceitante".

Com essa função conservatória do direito de regresso, o protesto por falta de pagamento de um título de crédito deve ser feito num dos 2 (dois) dias úteis seguintes àquele em que o título seja pagável; é o que nos diz o art. 44 da LUG. O art. 29 da Lei Saraiva dava só um dia, mas deve prevalecer o prazo da LUG, por ser uma convenção internacional e ser lei mais recente. Trata-se de um prazo muito rigoroso e curto, colocando as figuras intervenientes em desagradável posição. As pessoas envolvidas num título de crédito são normalmente de confiança, umas das outras. Recordemos que o termo crédito origina-se de "creditum" (confiança). Muitas vezes são amigos e parentes. Esse curto prazo força o portador a levar a protesto imediatamente o título que não for pago pelo devedor direto. Para evitar essa situação constrangedora, é preferível inserir no título a cláusula "sem protesto"; outro recurso seria exigir que o endossante assine duas vezes, com uma assinatura para o endosso e outra para o aval. A duplicata tem um prazo maior; é de 30 (trinta) dias, segundo estabelece o art. 13, § 4º da Lei das Duplicatas.

A segunda versão do protesto, sob o ponto de vista de sua finalidade, é o facultativo, com função probatória. Destina-se a comprovar um fato: o não-cumprimento da obrigação cambiária por parte do devedor e a apresentação do título por parte do credor. Embora tenha função probatória e não conservatória, o protesto facultativo não deixa de gerar direitos. Colocando o devedor em mora, o protesto probatório dá azo à fluência de juros de mora, frustra o depósito sumário da soma cambial.

Há uma outra função no protesto facultativo, que a lei não prevê, mas a prática de nossa vida cotidiana nos revela: a de exercer coação psicológica ao devedor, constrangendo-o a cumprir sua obrigação de pagar. Provoca o abalo do crédito do devedor, fazendo-o passar por devedor inadimplente ou caloteiro. Não é esta realmente a função do protesto, tanto que poderia haver protesto do devedor contra o credor. Não deixa, porém, de ser uma decorrência normal e legal do protesto, causada por falha ou desídia do próprio devedor.

O protesto especial é a terceira categoria de protesto. Tem ele função falimentar, qual seja, a de constituir direito ao portador, para requerer a falência do devedor, caso este seja uma empresa mercantil, individual ou coletiva. Nesse caso, o protesto tem igualmente função probatória: a de provar a insolvência do devedor, nos termos de nossa lei falimentar. Há diferença entre o protesto cambiário e o especial (ou falimentar): o cambiário deve ser tirado no local do domicílio do devedor originário (emitente da nota promissória e o sacado da letra de câmbio e da duplicata), enquanto o especial deve ser tirado no local em que o devedor tiver seu principal estabelecimento, geralmente sua sede. Outra diferença reside no fato de que o protesto cambiário só pode ser feito contra qualquer devedor, enquanto o especial só poderá ser tirado contra uma empresa mercantil, individual (firma individual) ou coletiva (pessoa jurídica).

O portador de um título vencido e não pago poderá optar por dois tipos de *remedium juris* para fazer valer seus direitos. Poderá exercer a ação cambiária, fazendo excutir bens do devedor para a satisfação de seu crédito. Poderá ainda requerer a falência do devedor inadimplente, caso seja este uma empresa mercantil; neste último caso, deverá extrair o protesto especial, que será lavrado pelo cartório de protesto em livro próprio para esse fim. Nosso Judiciário tem aceito, porém, o protesto cambiário para instruir pedidos de falência, desde que a sede ou principal estabelecimento esteja localizado no local do protesto. O protesto especial é exigido pela Lei Falimentar, razão por que não se leva em consideração o disposto no art. 46 da LUG, dispensando de protesto o título que contiver a cláusula "sem despesas", "sem protesto" ou outra equivalente.

Examinemos agora a classificação do protesto, sob o critério da natureza da pretensão. Nesse aspecto, encontraremos protesto por falta de pagamento e por falta de aceite. O protesto por falta de pagamento já foi bem descrito: se um título de crédito não for pago no vencimento, tira-se o protesto para comprovar sua apresentação e não-pagamento, ou seja, o inadimplemento do devedor.

O protesto por falta de aceite é privativo para os títulos de crédito que comportem essa declaração, especificamente, a letra de câmbio e a duplicata. Se o título não for aceito ao ser apresentado, tira-se esse protesto para comprovar essa inadimplência, pelo que afirma o art. 11 da Lei Saraiva: "a falta ou recusa do aceite prova-se pelo protesto". Fica evidenciada a diligência do portador do título, que poderá agir judicialmente contra o sacado, compelindo-o a aceitar ou ter sentença que torne líquido e certo o título. Até essa sentença, a letra de câmbio e a duplicata serão títulos causais e não abstratos.

No tocante à duplicata, porém, a Lei das Duplicatas (Lei 5.474/68), no art. 15, estabelece norma diferente para ela. A duplicata será um título executivo se observar três requisitos acumulativamente: ter sido protestada, estiver acompanhada de documento hábil comprobatório da entrega e recebimento da mercadoria, e que o sacado não tenha apresentado justos motivos para a recusa do aceite.

17.3. O instrumento de protesto

O protesto, em termos notariais, é a lavratura da declaração do oficial do cartório de protestos, feita em livro próprio, declarando que lhe foi entregue um título de crédito vencido e não pago para ser protestado e o oficial convocou o devedor, ou devedores, para pagá-lo ou explicar por que não o fazem, mas os devedores não pagaram, justificando ou não a recusa. Dessa lavratura podem ser extraídos translados, certidões e instrumentos, que constituem a prova oficial do protesto, habilitando o favorecido do título a reclamar seus direitos. A extração desses documentos também será registrada no livro de protesto e eles serão entregues ao portador do título ou a quem o houver pago.

Os requisitos do instrumento de protesto foram apontados na Lei Saraiva, art. 29, e em normas promulgadas pela Corregedoria Geral de Justiça. Deverão constar obrigatoriamente:

I – a data do protesto e a assinatura do oficial do protesto com o sinal público;

II – transcrição literal do título de crédito e das declarações nele inseridas pela ordem respectiva;

III – a certidão da intimação ao sacado ou ao aceitante ou aos outros sacados, nomeados no título para aceitar ou pagar, a resposta dada ou a declaração da falta da resposta. Deverá constar o inteiro teor da resposta eventualmente dada pelo responsável que se recusou ao pagamento do título protestado, a qual será transcrita, integralmente, na certidão do protesto que venha a ser fornecida.

A intimação é dispensada no caso de o sacado ou aceitante firmarem no título a declaração da recusa do aceite ou pagamento e, na hipótese de protesto, por causa da falência do aceitante;

IV – a certidão de não haver ou de ser desconhecida a pessoa indicada para aceitar ou pagar. Nesta hipótese, o oficial afixará a intimação nos lugares de estilo e, se possível, a publicará pela imprensa;

V– a indicação dos intervenientes voluntários e das firmas por eles honradas;

VI – a aquiescência do portador ao aceite por honra.

O instrumento de protesto adere ao título, como se fosse parte integrante dele, não devendo ser separados doravante. Convém repetir que o título deve ser entregue, para protesto, ao cartório do local em que deverá ser pago, no caso do protesto cambiário. Quanto ao protesto especial para fins falimentares, o instrumento de protesto será extraído pelo oficial do cartório do local em que o devedor tiver seu principal estabelecimento.

17.4. O cancelamento do protesto

A Lei 6.690/79 veio disciplinar o cancelamento do protesto de um título de crédito, uma inovação no direito brasileiro. Em nosso parecer, é bem esquisito o cancelamento do protesto de título, que é a comprovação de um fato realmente ocorrido. Se o protesto comprova a apresentação de uma letra de câmbio para aceite ou pagamento, como se poderá cancelá-lo? Será cancelada a apresentação também? E se o título já foi pago, de que adianta cancelar o protesto? Digamos ainda que o portador de um título protestou-o e com ele requereu a falência da empresa devedora: o cancelamento do protesto acarretará o cancelamento da falência?

Teremos que analisar, porém, a concepção do protesto adotada vulgarmente nos setores empresariais. Passou a representar não mais a apresentação do título para aceite ou pagamento, mas um anátema sobre os devedores de títulos de crédito, apontados como caloteiros, malandros e irresponsáveis. Não importa saber se é um homônimo, se é um aceitante que não achou o portador do título para pagar e vice-versa, se o protesto foi irregular ou abusivo, se a pessoa protestada está morta, se a assinatura foi forjada, ou se há qualquer outra circunstância demonstrativa de que não houve um "cano" ou um "chapéu" por parte do devedor de um título. Soube-se apenas que seu nome foi publicado na "coluna social" dos jornais especializados.

Dentro dessa concepção, há um ambiente de insegurança e desconfiança das figuras intervenientes num título de crédito. Há um risco constante no abalo de crédito e dificuldades imensas para as empresas, empresários e cidadãos que intervierem em operações lastreadas em título de crédito. Mesmo que uma pessoa pague em cartório o título, a simples comunicação (apontamento) mancha seu nome para o resto da vida. Não é culpa da lei, nem da instituição do protesto, mas essa situação constrangedora fez surgir até mesmo a idéia da supressão do protesto ou uma profunda reforma no seu sistema.

Um passo louvável foi adotado pela Lei 6.268/74 que instituiu a obrigatoriedade de identificação do devedor nos títulos de crédito, pela sua documentação, adotando-se obrigatoriamente o CPF. Dessa forma, ficam salvaguardados os interesses dos homônimos, pois essa identificação aparece no instrumento de protesto. Contudo, o passo mais importante foi dado pela Lei 6.690/79, que instituiu o cancelamento de protesto de títulos cambiários. Na realidade, não se trata propriamente de um cancelamento, mas de medidas que evitem os efeitos destrutivos do protesto.

Segundo a Lei 6.690/79, será cancelado o protesto de títulos cambiários posteriormente pagos, mediante a exibição e a entrega, pelo devedor ou procurador com poderes especiais, dos títulos protestados, devidamente quitados, que serão arquivados em cartório. Nota-se que será necessário o pagamento do título, com recibo dado pelo portador e a evidência de que ninguém tenha sido prejudicado pelo protesto e impontualidade anterior. Ora, se o cancelamento do protesto a ninguém ocasionou prejuízos, e o devedor cumpriu suas obrigações, por que macular seu nome com a pecha de caloteiro, para prejudicar suas atividades e sua vida futuras?

Para o cancelamento, o devedor requererá essa medida ao próprio cartório, juntando o título original devidamente quitado. Não sendo possível a apresentação do título original devidamente quitado, o devedor deverá apresentar declaração de anuência de todos os que figurarem no registro de protesto, com qualificação completa e firmas reconhecidas, devendo ser arquivada em cartório a referida declaração.

Em casos não abrangidos por essas disposições da Lei 6.690/79, o cancelamento de protesto somente se efetuará por determinação judicial, em ação própria. Cancelado o protesto, de qualquer modo, ficará anotado no livro de registro e não mais poderão ser fornecidas certidões e informações a respeito do protesto, a não ser ao próprio devedor e mediante seu requerimento escrito, ou então por requisição judicial.

Como se vê, o cancelamento do protesto consiste em apagar da memória do cartório essa ocorrência, impedindo a divulgação do fato passado. Não afeta, porém, as conseqüências jurídicas do protesto, consideradas já superadas.

17.5. A sustação do protesto

Outra inovação que o direito brasileiro criou para frustrar o protesto foi a Ação de Sustação de Protesto. Resultou do poder concedido ao juiz para tomar medidas liminares sem ouvir a parte contrária, sob a alegação de que certos direitos precisam ser preservados até posterior decisão. A nossa legislação até agora não disciplinou essa faculdade judicial, que vem proporcionando vários abusos. A sustação de protesto afasta os efeitos do protesto, impedindo a consumação dele. Como não está disciplinada pela lei, cada juiz decide segundo arbítrio próprio, ou o mesmo juiz adota critérios díspares para cada caso.

A sustação do protesto seria medida salutar para coibir abusos por parte de credores afoitos, se o devedor depositasse em juízo o valor atualizado do título e mais um depósito em caução para garantir a sucumbência, até a questão ser resolvida. Destarte, se houver protesto abusivo, o devedor depositará um valor em caução e o juiz determinará ao cartório a sustação do protesto até segunda ordem. Trata-se de medida liminar, cautelar e provisória. No prazo de 30 (trinta) dias regulamentares, o devedor deverá entrar com a ação principal, pedindo a anulação do título. Caso seja julgada improcedente, o portador do título levantará o dinheiro depositado e, se faltar pequeno saldo a regularizar, executará o débito faltante.

Todavia, como a ação de sustação de protesto não está prevista no Código de Processo Civil e não está disciplinada pela lei, o juiz adota o critério que entender, dispensando o depósito do valor do título, aceitando depósito de valor defasado e bem abaixo, ou acolhendo caução de um imóvel localizado nos confins do sertão, com duvidosa documentação. Em São Paulo existem escrituras suspeitas de imóveis situados na ilha Comprida, na Praia Grande e outros lugares, especialmente para esses fins.

Com esse artifício, passadores de cheques sem fundo, devedores relapsos e malandros de toda sorte praticamente anulam o título de crédito. Ainda que seja julgada improcedente, o devedor matreiro terá tido tempo para provocar a prescrição do título ou dar sumiço nos seus bens e ele próprio sumir de cena. Raríssimas vezes há protesto abusivo e, na maioria dos casos, a ação de sustação tem efeitos procrastinatórios e maliciosos. Nesse caso, a Justiça age como testa-de-ferro de espertalhões, para acobertar fraudes.

Já existe alguma reação contra essa ignomínia. Numerosos juízes exigem depósito do valor do título ou caução idônea, como um imóvel de valor superior ao do título sustado, situado nos limites da comarca e com escritura em ordem. O imóvel fica então penhorado até a solução final.

Sob esse aspecto, a sustação é apenas uma medida cautelar, pois suspende temporariamente o andamento do protesto, mas não o impede, tanto que poderá posteriormente o título ser protestado. Nesse ínterim, o devedor apresentará uma ação ordinária para anulação do título ou demonstrar um vício nele que justifique o impedimento do protesto, como por exemplo, estar ele já prescrito: Se a ação ordinária for julgada procedente, o portador do título assume a responsabilidade da sucumbência.

Se a ação for julgada improcedente, o juiz determinará o prosseguimento do protesto e condenará o autor da ação à sucumbência. O portador do título poderá então executá-la, apontando para penhora os próprios bens oferecidos em caução. Revelou-se assim a boa-fé do devedor. Infelizmente, casos assim são raros, pois, na maioria dos casos, revela-se liminarmente a má-fé do devedor em utilizar-se da justiça para uma fraude, e enriquecer-se à custa do trabalho alheio. O simples fato de oferecer uma caução de terrenos situados na Ilha Comprida ou na Praia Grande revela essa má-fé. Comenta-se que a Ilha Comprida recebe esse nome graças a terrenos que ultrapassam em muito os limites da ilha. A Praia Grande recebe esse nome pelo mesmo motivo. Afirmam outros que os terrenos nesses locais têm vários andares. A finalidade desses imóveis é principalmente serem oferecidos em caução judicial.

Em conclusão: apesar de não estar regulamentada pela lei, consideramos a Ação de Sustação de Protesto altamente louvável e deve ser mantida. O que se exige, porém, é que seja empreendida por devedor de boa-fé, demonstrada por caução idônea, garantindo o Juízo e o Credor, quando os fundamentos alegados pelo devedor sejam liminarmente convincentes. Temos presenciado, no pretório paulistano, a apresentação de fundamentos ridículos e até jocosos. Enquanto se discute a questão, segue a prescrição do título, já que nem mesmo o protesto a interrompe. Deve, por isso, o credor requerer ao juiz a interrupção da prescrição.

17.6. A lei regulamentadora do protesto

Até que enfim veio a regulamentação do protesto de títulos, graças à Lei 9.492, de 10.9.1977. Estabeleceu a disciplina sobre questão de magna importância, não só pelo elevado número de incidências, como também pelos efeitos jurídicos que provoca. No art. 1º define a Lei o que seja o protesto, sem modificar o conceito já tradicional:

"Protesto é o ato formal e solene pelo qual se prova a inadimplência e o descumprimento de obrigação originada em títulos e outros documentos de dívida."

Não encontramos até agora na doutrina jurídica diferença entre *formal* e *solene*: são sinônimos perfeitos. Costuma-se dividir os atos jurídicos em formais e informais, ou solenes e não solenes. A formalidade ou solenidade é a exigência da lei para a prática de determinados atos jurídicos; vale dizer, o ato jurídico deve ser praticado de acordo com a forma prescrita em lei, sem o que o ato não produzirá os efeitos jurídicos. A hipoteca, o casamento e o título de crédito são atos formais ou solenes, por serem atos jurídicos para os quais a lei prescreve várias formalidades, ou seja, devem ser praticados de acordo com as exigências da lei.

Fala a Lei 9.492/97 várias vezes em "títulos e outros documentos de dívida", a serem protestados. Que outros documentos podem ser? Não estabelece a Lei a relação deles. Poderá então ser um contrato, um vale, uma declaração unilateral de vontade, um bilhete de loteria, promessa de recompensa. Ocupar-nos-emos porém só dos títulos de crédito. Não há necessidade de protesto contra o emitente da nota promissória, por não ter ele direito de regresso; é o devedor direto.

O protesto é feito por órgão oficial especializado, denominado Cartório de Protesto de Títulos, ou Tabelionato de Protesto de Títulos. Em São Paulo e outras localidades de maior porte há central de atendimento, que fará a distribuição dos títulos aos diversos cartórios. O apresentante entregará o título ao Cartório, recebendo recibo da entrega. O Cartório examinará o aspecto formal do título, podendo recusá-lo se não atender às formalidades exigidas pela lei. Não cabe porém ao Cartório investigar se o título está prescrito ou caduco.

Recebido o título, o Tabelionato intimará pelo correio o devedor, considerando-o intimado se for comprovada a entrega do aviso. Pode o apresentante arrepender-se, retirando o título, como o pagamento das despesas, desde que antes do protesto. O protesto entretanto poderá ser sustado judicialmente pelo devedor, em processo judicial denominado "Sustação de Protesto", cujas normas processuais preferimos não comentar, remetendo-as ao Direito Processual Civil. Recebendo a intimação judicial, o Cartório suspenderá o curso do processo, não podendo praticar qualquer ato, nem mesmo receber o valor do título. Aguardará nova decisão judicial; se for revogada a sustação, procede-se ao andamento do protesto.

Suspende o protesto o pagamento do título feito em Cartório, junto com custas e emolumentos (custas são as despesas do Cartório, como a do Correio; emolumento é a remuneração do Cartório). O Cartório receberá o pagamento, dando recibo e colocando o valor à disposição do apresentante. Se for pagamento em cheque, só após seu pagamento será liberado o título.

Não tendo havido pagamento ou sustação judicial é lavrado o protesto, que será registrado em livro próprio. O Cartório entregará então ao apresentante certificado chamado Instrumento de Protesto, documento esse que habilitará o apresentante a exercer certos direitos, como por exemplo, requerer a falência da empresa protestada.

O protesto fica registrado no Cartório com todos os dados constantes do título protestado. Se algum interessado quiser saber sobre os registros, o Cartório dará certidão esclarecedora, inclusive certidão negativa, caso não haja protesto. As certidões abrangem apenas o prazo dos últimos cinco anos, devendo constar o nome dos protestados e os documentos de identificação, para evitar confusão com homônimos. Constarão na certidão alguns dados averbados no registro, como se foi o protesto cancelado.

O Tabelionato de Protesto de Títulos tem funções amplas no tocante ao protesto, previstas pela Lei 9.492/97. Compete-lhe privativamente, na tutela dos interesses públicos e privados, o protocolo dos títulos entregues, a intimação dos devedores, o acolhimento da devolução ou do aceite quando se tratar de letra de câmbio e de nota promissória, receber o valor do título, bem como lavrar e registrar o protesto, proceder às averbações. Se houver desistência do apresentante do título, o Cartório deve acatar sua decisão, devolvendo-lhe os documentos. Deve fornecer certidões relativas aos atos praticados.

Para tanto, terá que manter sistema de escrituração compatível com os serviços de sua alçada. É obrigatório o Livro de Protocolo, em que serão anotados os títulos entregues para protesto, constando os dados principais, como o número de ordem, natureza do título (cheque, duplicata, etc.), valor, apresentante, devedor e alguma ocorrência especial. Essa escrituração será feita diariamente, encerrando o livro por termo de encerramento lavrado pelo tabelião, e reaberto no dia seguinte.

Outro livro obrigatório é o do Registro de Protesto, em que constarão os protestos do dia, constando o nome dos devedores, vedada a exclusão de nomes e protestos, com os índices de localização nos livros.

No plano administrativo, deverá o Cartório manter arquivo de todas as intimações enviadas aos devedores, editais publicados, mandados e ofícios judiciais como os de sustação de protestos, solicitações de retirada de documentos pelo apresentante, comprovantes de entrega aos credores dos valores pagos pelos devedores. Esses arquivos deverão ser conservados, conforme o tipo de documento, durante prazos determinados pela Lei.

Embora seja ofício público, os serviços de protesto não são gratuitos, recebendo o Cartório a remuneração de seus serviços diretamente das partes interessadas. Poderá até o Cartório exigir pagamento prévio das custas e emolumentos previstos, que serão cobrados dos devedores e devolvidos ao apresentante. No pedido de certidões, também serão cobrados emolumentos pelo Cartório.

LEI N.º 9.492, DE 10 DE SETEMBRO DE 1997 (*)

Define competência, regulamenta os serviços concernentes ao protesto de títulos e outros documentos de dívida e dá outras providências.

O Presidente da República
Faço saber que o Congresso Nacional decreta e eu sanciono a seguinte Lei:

(*) Publicada no *Diário Oficial da União*, de 11 de setembro de 1997.

CAPÍTULO I
DA COMPETÊNCIA E DAS ATRIBUIÇÕES

Art. 1.º Protesto é o ato formal e solene pelo qual se prova a inadimplência e o descumprimento de obrigação originada em títulos e outros documentos de dívida.

Art. 2.º Os serviços concernentes ao protesto, garantidores da autenticidade, publicidade, segurança e eficácia dos atos jurídicos, ficam sujeitos ao regime estabelecido nesta Lei.

Art. 3.º Compete privativamente ao Tabelião de Protesto de Títulos, na tutela dos interesses públicos e privados, a protocolização, a intimação, o acolhimento da devolução ou do aceite, o recebimento do pagamento, do título e de outros documentos de dívida, bem como lavrar e registrar o protesto ou acatar a desistência do credor em relação ao mesmo, proceder às averbações, prestar informações e fornecer certidões relativas a todos os atos praticados, na forma desta Lei.

CAPÍTULO II
DA ORDEM DOS SERVIÇOS

Art. 4.º O atendimento ao público será, no mínimo, de 6 (seis) horas diárias.

Art. 5.º Todos os documentos apresentados ou distribuídos no horário regulamentar serão protocolizados dentro de 24 (vinte e quatro) horas, obedecendo à ordem cronológica de entrega.

Parágrafo único. Ao apresentante será entregue recibo com as características essenciais do título ou documento da dívida, sendo de sua responsabilidade os dados fornecidos.

Art. 6.º Tratando-se de cheque, poderá o protesto ser lavrado no lugar do pagamento ou do domicílio do emitente, devendo do referido cheque constar a prova de apresentação ao banco sacado, salvo se o protesto tenha por fim instruir medidas pleiteadas contra o estabelecimento de crédito.

CAPÍTULO III
DA DISTRIBUIÇÃO

Art. 7.° Os títulos e documentos de dívida destinados a protesto somente estarão sujeitos a prévia distribuição obrigatória nas localidades onde houver mais de 1 (um) Tabelionato de Protesto de Títulos.

Parágrafo único. Onde houver mais de 1 (um) Tabelionato de Protesto de Títulos, a distribuição será feita por um serviço instalado e mantido pelos próprios tabelionatos, salvo se já existir ofício distribuidor organizado antes da promulgação desta Lei.

Art. 8.° Os títulos e documentos de dívida serão recepcionados, distribuídos e entregues na mesma data aos Tabelionatos de Protesto, obedecidos os critérios de quantidade e qualidade.

Parágrafo único. Poderão ser recepcionadas as indicações a protestos das duplicatas mercantis e de prestação de serviços, por meio magnético ou de gravação eletrônica de dados, sendo de inteira responsabilidade do apresentante os dados fornecidos, ficando a cargo dos tabelionatos a mera instrumentalização das mesmas.

CAPÍTULO IV
DA APRESENTAÇÃO E PROTOCOLIZAÇÃO

Art. 9.° Todos os títulos e documentos de dívida protocolizados serão examinados em seus caracteres formais e terão curso se não apresentarem vícios, não cabendo ao tabelião de protesto investigar a ocorrência de prescrição ou caducidade.

Parágrafo único. Qualquer irregularidade formal observada pelo tabelião obstará o registro do protesto.

Art. 10. Poderão ser protestados títulos e outros documentos de dívida em moeda estrangeira, emitidos fora do Brasil, desde que acompanhados de tradução efetuada por tradutor público juramentado.

§ 1.° Constarão obrigatoriamente do registro do protesto a descrição do documento e sua tradução..

§ 2.° Em caso de pagamento, este será efetuado em moeda corrente nacional, cumprindo ao apresentante a conversão na data de apresentação do documento para protesto.

§ 3.º Tratando-se de títulos ou documentos de dívidas emitidos no Brasil, em moeda estrangeira, cuidará o tabelião de observar as disposições do Decreto-lei n.º 857, de 11 de setembro de 1969, e legislação complementar ou superveniente.

Art. 11. Tratando-se de títulos ou documentos de dívida sujeitos a qualquer tipo de correção, o pagamento será feito pela conversão vigorante no dia da apresentação, no valor indicado pelo apresentante.

CAPÍTULO V
DO PRAZO

Art. 12. O protesto será registrado dentro de 3 (três) dias úteis contados da protocolização do título ou documento de dívida.

§ 1.º Na contagem do prazo a que se refere o *caput* exclui-se o dia da protocolização e inclui-se o do vencimento.

§ 2.º Considera-se não útil o dia em que não houver expediente bancário para o público ou aquele em que este não obedecer ao horário normal.

Art. 13. Quando a intimação for efetivada excepcionalmente no último dia do prazo ou além dele, por motivo de força maior, o protesto será tirado no primeiro dia útil subseqüente.

CAPÍTULO VI
DA INTIMAÇÃO

Art. 14. Protocolizado o título ou documento de dívida, o tabelião de protesto expedirá a intimação ao devedor, no endereço fornecido pelo apresentante do título ou documento, considerando-se cumprida quando comprovada a sua entrega no mesmo endereço.

§ 1.º A remessa da intimação poderá ser feita por portador do próprio tabelião, ou por qualquer outro meio, desde que o recebimento fique assegurado e comprovado através de protocolo, aviso de recepção (AR) ou documento equivalente.

§ 2.º A intimação deverá conter nome e endereço do devedor, elementos de identificação do título ou documento de dívida, e prazo limite para cumprimento da obrigação no tabelionato, bem como número do protocolo e valor a ser pago.

Art. 15. A intimação será feita por edital se a pessoa indicada para aceitar ou pagar for desconhecida, sua localização incerta ou ignorada, for residente ou domiciliada fora da competência territorial do tabelionato, ou, ainda, ninguém se dispuser a receber a intimação no endereço fornecido pelo apresentante.

§ 1.º O edital será afixado no Tabelionato de Protesto e publicado pela imprensa local onde houver jornal de circulação diária.

§ 2.º Aquele que fornecer endereço incorreto, agindo de má-fé, responderá por perdas e danos, sem prejuízo de outras sanções civis, administrativas ou penais.

CAPÍTULO VII
DA DESISTÊNCIA E SUSTAÇÃO DO PROTESTO

Art. 16. Antes da lavratura do protesto, poderá o apresentante retirar o título ou documento de dívida, pagos os emolumentos e demais despesas.

Art. 17. Permanecerão no tabelionato, à disposição do juízo respectivo, os títulos ou documentos de dívida cujo protesto for judicialmente sustado.

§ 1.º O título do documento de dívida cujo protesto tiver sido sustado judicialmente só poderá ser pago, protestado ou retirado com autorização judicial.

§ 2.º Revogada a ordem de sustação, não há necessidade de se proceder a nova intimação do devedor, sendo a lavratura e o registro do protesto efetivados até o primeiro dia útil subseqüente ao do recebimento da revogação, salvo se a materialização do ato depender de consulta a ser formulada ao apresentante, caso em que o mesmo prazo será contado da data da resposta dada.

§ 3.º Tornada definitiva a ordem de sustação, o título ou o documento de dívida será encaminhado ao juízo respectivo, quando não constar determinação expressa a qual das partes o mesmo deverá ser entregue, ou se decorridos 30 (trinta) dias sem que a parte autorizada tenha comparecido ao tabelionato para retirá-lo.

Art. 18. As dúvidas do tabelião de protesto serão resolvidas pelo juízo competente.

CAPÍTULO VIII
DO PAGAMENTO

Art. 19. O pagamento do título ou do documento de dívida apresentado para protesto será feito diretamente no tabelionato competente, no valor igual ao declarado pelo apresentante, acrescido dos emolumentos e demais despesas.

§ 1.º Não poderá ser recusado pagamento oferecido dentro do prazo legal, desde que feito no tabelionato de protesto competente e no horário de funcionamento dos serviços.

§ 2.º No ato do pagamento, o tabelionato de protesto dará a respectiva quitação e o valor devido será colocado à disposição do apresentante no primeiro dia útil subseqüente ao do recebimento.

§ 3.º Quando for adotado sistema de recebimento do pagamento por meio de cheque, ainda que de emissão de estabelecimento bancário, a quitação dada pelo tabelionato fica condicionada à efetiva liquidação.

§ 4.º Quando do pagamento no tabelionato ainda subsistirem parcelas vincendas, será dada quitação da parcela paga em apartado, devolvendo-se o original ao apresentante.

CAPÍTULO IX
DO REGISTRO DO PROTESTO

Art. 20. Esgotado o prazo previsto no art. 12, sem que tenham ocorrido as hipóteses dos Capítulos VII e VIII, o tabelião lavrará e registrará o protesto, sendo o respectivo instrumento entregue ao apresentante.

Art. 21. O protesto será tirado por falta de pagamento, de aceite ou de devolução.

§ 1.º O protesto por falta de aceite somente poderá ser efetuado antes do vencimento da obrigação e após o decurso do prazo legal para o aceite ou a devolução.

§ 2.º Após o vencimento, o protesto sempre será efetuado por falta de pagamento, vedada a recusa da lavratura e registro do protesto por motivo não previsto na lei cambial.

§ 3.º Quando o sacado retiver a letra de câmbio ou a duplicata enviada para aceite e não proceder à devolução dentro do prazo legal, o protesto poderá ser baseado na segunda via da letra de câmbio ou nas indicações da duplicata, que se limitarão a conter os mesmos requisitos lançados pelo sacador ao tempo da emissão da duplicata, vedada a exigência de qualquer formalidade não prevista na lei que regula a emissão e circulação das duplicatas.

§ 4.º Os devedores, assim compreendidos os emitentes de notas promissórias e cheques, os sacados nas letras de câmbio e duplicatas, bem como os indicados pelo apresentante ou credor como responsáveis pelo cumprimento da obrigação, não poderão deixar de figurar no termo de lavratura e registro do protesto.

Art. 22. O registro do protesto e seu instrumento deverão conter:

I — data e número de protocolização;

II — nome do apresentante e endereço;

III — reprodução ou transcrição do documento ou das indicações feitas pelo apresentante e declarações nele inseridas;

IV — certidão das intimações feitas e das respostas eventualmente oferecidas;

V — indicação dos intervenientes voluntários e das firmas por eles honradas;

VI — a aquiescência do portador ao aceite por honra;

VII — nome, número do documento de identificação do devedor e endereço; e

VIII — data e assinatura do tabelião de protesto, de seus substitutos ou de escrevente autorizado.

Parágrafo único. Quando o tabelião de protesto conservar em seus arquivos gravação eletrônica da imagem, cópia reprográfica ou micrográfica do título ou documento de dívida, dispensa-se, no registro e no instrumento, a sua transcrição literal, bem como das demais declarações nele inseridas.

Art. 23. Os termos dos protestos lavrados, inclusive para fins especiais, por falta de pagamento, de aceite ou de devolução serão registrados em um único livro e conterão as anotações do tipo e do motivo do protesto, além dos requisitos previstos no artigo anterior.

Parágrafo único. Somente poderão ser protestados, para fins falimentares, os títulos ou documentos de dívida de responsabilidade das pessoas sujeitas às conseqüências da legislação falimentar.

Art. 24. O deferimento do processamento de concordata não impede o protesto.

CAPÍTULO X
DAS AVERBAÇÕES E DO CANCELAMENTO

Art. 25. A averbação de retificação de erros materiais pelo serviço poderá ser efetuada de ofício ou a requerimento do interessado, sob responsabilidade do tabelião de protesto de títulos.

§ 1.º Para a averbação da retificação será indispensável a apresentação do instrumento eventualmente expedido e de documentos que comprovem o erro.

§ 2.º Não são devidos emolumentos pela averbação prevista neste artigo.

Art. 26. O cancelamento do registro do protesto será solicitado diretamente no Tabelionato de Protesto de Títulos, por qualquer interessado, mediante apresentação do documento protestado, cuja cópia ficará arquivada.

§ 1.º Na impossibilidade de apresentação do original do título ou documento de dívida protestado, será exigida a declaração de anuência, com identificação e firma reconhecida, daquele que figurou no registro de protesto como credor, originário ou por endosso translativo.

§ 2.º Na hipótese de protesto em que tenha figurado apresentante por endosso-mandato, será suficiente a declaração de anuência passada pelo credor endossante.

§ 3.º O cancelamento do registro do protesto, se fundado em outro motivo que não no pagamento do título ou documento de dívida, será efetivado por determinação judicial, pagos os emolumentos devidos ao tabelião.

§ 4.º Quando a extinção da obrigação decorrer de processo judicial o cancelamento do registro do protesto poderá ser solicitado com a apresentação da certidão expedida pelo juízo processante, com menção do trânsito em julgado, que substituirá o título ou o documento de dívida protestado.

§ 5.º O cancelamento do registro do protesto será feito pelo tabelião titular, por seus substitutos ou por escrevente autorizado.

§ 6.º Quando o protesto lavrado for registrado sob forma de microfilme ou gravação eletrônica, o termo do cancelamento será lançado em documento apartado, que será arquivado juntamente com os documentos que instruíram o pedido, e anotada no índice respectivo.

CAPÍTULO XI
DAS CERTIDÕES E INFORMAÇÕES DO PROTESTO

Art. 27. O tabelião de protesto expedirá as certidões solicitadas dentro de 5 (cinco) dias úteis no máximo, que abrangerão o período mínimo dos 5 (cinco) anos anteriores, contados da data do pedido, salvo quando se referir a protesto específico.

§ 1.º As certidões expedidas pelos serviços de protesto de títulos, inclusive as relativas à prévia distribuição, deverão obrigatoriamente indicar, além do nome do devedor, seu número no Registro Geral (RG), constante da Cédula de Identidade, ou seu número no Cadastro de Pessoas Físicas (CPF), se pessoa física, e o número de inscrição no Cadastro Geral de Contribuintes (CGC), se pessoa jurídica cabendo ao apresentante do título para protesto fornecer esses dados, sob pena de recusa.

§ 2.º Das certidões não constarão os registros cujos cancelamentos tiverem sido averbados, salvo por requerimento escrito do próprio devedor ou por ordem judicial.

Art. 28. Sempre que a homonímia puder ser verificada simplesmente pelo confronto do número de documento de identificação, o tabelião de protesto dará certidão negativa.

Art. 29. Os cartórios fornecerão às entidades representativas da indústria e do comércio ou àquelas vinculadas à proteção do crédito, quando solicitada, certidão diária, em forma de relação, dos protestos tirados e dos cancelamentos efetuados, com a nota de se cuidar de informação reservada da qual não se poderá dar publicidade pela imprensa, nem mesmo parcialmente.

§ 1.º O fornecimento da certidão será suspenso caso se desatenda ao disposto no *caput* ou se forneçam informações de protestos cancelados.

§ 2.º Dos cadastros ou bancos de dados, das entidades referidas no *caput*, somente serão prestadas informações restritivas de crédito oriundas de títulos ou documentos de dívidas regularmente protestados, cujos registros não foram cancelados.

§ 3.º (*Revogado pela Lei n.º 9.841, de 5-10-1999*)

Art. 30. As certidões, informações e relações serão elaboradas pelo nome dos devedores conforme previstos no § 4.º do art. 21, desta Lei, devidamente identificados, e abrangerão os protestos lavrados e registrados por falta de pagamento, de aceite ou de devolução, vedada a exclusão ou omissão de nomes e de protestos, ainda que provisória ou parcial.

Art. 31. Poderão ser fornecidas certidões de protestos, não cancelados, a quaisquer interessados, desde que requeridas por escrito.

CAPÍTULO XII
DOS LIVROS E ARQUIVOS

Art. 32. O livro de protocolo poderá ser escriturado mediante processo manual, mecânico, eletrônico ou informatizado, em folhas soltas e com colunas destinadas às seguintes anotações: número de ordem, natureza do título ou documento de dívida, valor, apresentante, devedor e ocorrências.

Parágrafo único. A escrituração será diária, constando do termo de encerramento o número de documentos apresentados no dia, sendo a data da protocolização a mesma do termo diário do encerramento.

Art. 33. Os livros de registros de protesto serão abertos e encerrados pelo tabelião de protestos ou seus substitutos, ou ainda por escrevente autorizado, com suas folhas numeradas e rubricadas.

Art. 34. Os índices serão de localização dos protestos registrados e conterão os nomes dos devedores, na forma do § 4.º do art. 21, vedada a exclusão ou omissão de nomes e de protestos, ainda que em caráter provisório ou parcial, não decorrente do cancelamento definitivo do protesto.

1.º Os índices conterão referência ao livro e à folha, ao microfilme ou ao arquivo eletrônico onde estiver registrado o protesto, ou ao número do registro, e aos cancelamentos de protestos efetuados.

2.º Os índices poderão ser elaborados pelo sistema de fichas, microfichas ou banco eletrônico de dados.

Art. 35. O tabelião de protestos arquivará ainda:

I — intimações;

II — editais;

III — documentos apresentados para a averbação no registro de protestos e ordens de cancelamentos;

IV — mandados e ofícios judiciais;
V — solicitações de retirada de documentos pelo apresentante;
VI — comprovantes de entrega de pagamentos aos credores;
VII — comprovantes de devolução de documentos de dívida irregulares.

§ 1.º Os arquivos deverão ser conservados, pelo menos, durante os seguintes prazos:

I — 1 (um) ano, para as intimações e editais correspondentes a documentos protestados e ordens de cancelamento;

II — 6 (seis) meses, para as intimações e editais correspondentes a documentos pagos ou retirados além do tríduo legal; e

III — 30 (trinta) dias, para os comprovantes de entrega de pagamento aos credores, para as solicitações de retirada dos apresentantes e para os comprovantes de devolução, por irregularidade, aos mesmos, dos títulos e documentos de dívidas.

§ 2.º Para os livros e documentos microfilmados ou gravados por processo eletrônico de imagens não subsiste a obrigatoriedade de sua conservação.

§ 3.º Os mandados judiciais de sustação de protesto deverão ser conservados, juntamente com os respectivos documentos, até solução definitiva por parte do juízo.

Art. 36. O prazo de arquivamento é de 3 (três) anos para livros de protocolo e de 10 (dez) anos para os livros de registros de protesto e respectivos títulos.

CAPÍTULO XIII
DOS EMOLUMENTOS

Art. 37. Pelos atos que praticarem em decorrência desta Lei, os tabeliães de protesto perceberão, diretamente das partes, a título de remuneração, os emolumentos fixados na forma da lei estadual e de seus decretos regulamentadores, salvo quando o serviço for estatizado.

§ 1.º Poderá ser exigido depósito prévio dos emolumentos e demais despesas devidas, caso em que, igual importância deverá ser reembolsada ao apresentante por ocasião da prestação de contas, quando ressarcidas pelo devedor no tabelionato.

§ 2.º Todo e qualquer ato praticado pelo tabelião de protesto será cotado, identificando-se as parcelas componentes do seu total.

§ 3.º Pelo ato de digitalização e gravação eletrônica dos títulos e outros documentos, serão cobrados os mesmos valores previstos na tabela de emolumentos para o ato de microfilmagem.

CAPÍTULO XVI
DISPOSIÇÕES FINAIS

Art. 38. Os tabeliães de protesto de títulos são civilmente responsáveis por todos os prejuízos que causarem, por culpa ou dolo, pessoalmente, pelos substitutos que designarem ou escreventes que autorizarem, assegurado o direito de regresso.

Art. 39. A reprodução de microfilme ou do processamento eletrônico da imagem, do título ou de qualquer documento arquivado no tabelionato quando autenticado pelo tabelião de protesto, por seu substituto ou escrevente autorizado, guarda o mesmo valor do original, independentemente de restauração judicial.

Art. 40. Não havendo prazo assinado, a data do registro do protesto é o termo inicial da incidência de juros, taxas e atualizações monetárias sobre o valor da obrigação contida no título ou documento de dívida.

Art. 41. Para os serviços previstos nesta Lei os tabeliães poderão adotar, independentemente de autorização, sistemas de computação, microfilmagem, gravação eletrônica de imagem e quaisquer outros meios de reprodução.

Art. 42. Esta Lei entra em vigor na data de sua publicação.

Art. 43. Revogam-se as disposições em contrário.

Brasília, 10 de setembro de 1997; 176.º da Independência e 109.º da República.

FERNANDO HENRIQUE CARDOSO

18. CLASSIFICAÇÃO DOS TÍTULOS DE CRÉDITO

18.1. O sentido da classificação

18.2. A classificação de Alberto Asquini

18.3. A classificação de Tullio Ascarelli

18.4. A classificação pelo conteúdo da lei

18.5. A classificação do Código Comercial francês

18.6. A classificação de Cesare Vivante

18.7. A classificação de Francesco Messineo

18.1. O sentido da classificação

Classificar é agrupar em classes e nos grupos respectivos, segundo um sistema ou método de classificação, ao mesmo tempo em que determina a classe, espécie, ordem, das coisas classificadas. Como processo de estudo e raciocínio, a classificação vai mais além: pede a justificativa do critério adotado e explicação dos fundamentos da classificação. No estudo do direito, por exemplo, procede-se à classificação do próprio direito, das leis, dos contratos, das responsabilidades, dos crimes.

Procuraremos pois classificar os títulos de crédito, invocando tudo que estudamos neste compêndio. Por esta razão, vem este estudo em último lugar, pois só após a análise das características, funções e outros aspectos dos títulos de crédito, poderemos proceder a uma classificação deles. A classificação representa, destarte, um reexame dos assuntos anteriores.

Inúmeras classificações foram elaboradas, observando critérios vários. Os conflitos existentes entre as diversas classificações justificam-se, pois cada jurista adota um prisma, uma visão diferente, ao classificar os títulos de crédito. Estão todas elas corretas, pois estão bem fundamentadas. Não nos deteremos em estabelecer nova classificação, mas expor as já existentes, elaboradas por mestres universais do Direito Cambiário, como Cesare Vivante, Alberto Asquini, Tullio Ascarelli e Francesco Messineo. Procuramos também agrupar os títulos de crédito pelo conteúdo das leis brasileiras, incluindo 36 títulos devidamente regulamentados em nosso país.

Outrossim, estaremos considerando como títulos de crédito os 36 documentos aceitos pelo nosso Direito Cambiário. Em certas classificações, figuram documentos que nem todos os juristas aceitam como títulos de crédito. Por isso, faremos antes uma classificação de documentos, realçando entre eles os títulos de crédito. Vamos citar como exemplo uma passagem aérea, que Asquini considera como "título de crédito impróprio" e Vivante "título de legitimação".

Alguns juristas consideram esses documentos como "documentos de legitimação". A posse desse documento legitima o portador a exigir o cumprimento de uma obrigação para com ele. Citemos um outro exemplo: o portador de um cheque vai recebê-lo no banco; este lhe dá um documento com um número, a fim de que seja ele chamado pelo caixa para receber o valor do cheque. A posse daquele documento, às vezes uma simples ficha com um número, legitima o portador a exigir o pagamento do cheque. Compare-se, entretanto, as diferenças entre o cheque e a ficha para recebê-lo.

Fazemos ainda restrições, no que tange à inclusão como título de crédito, aos títulos representativos de mercadorias, por julgarmos o nome "títulos de crédito" como documentos que representam uma obrigação de pagar determinada importância em dinheiro. O termo "crédito", referido no Direito Cambiário, tem esse sentido estrito: é um crédito de natureza pecuniária. O conhecimento de transporte não é um título com essa função, tanto que nem valor nominal tem: não encerra um compromisso de pagar determinada importância em dinheiro. É um título que incorpora o direito de propriedade sobre a mercadoria despachada e de retirá-la das mãos do transportador. Não tem conteúdo creditório.

Não julgamos também o conhecimento de depósito um título de crédito, por não incorporar um direito creditório, mas direito de propriedade sobre a mercadoria depositada nas mãos do emitente do título. Bastaria considerar a emissão conjunta do conhecimento de depósito e do *warrrant*: o *warrrant* é emitido conjuntamente com o conhecimento de depósito, para servir como título de crédito, ou seja, para fazer o crédito mobilizar-se, circular por endosso e, até mesmo, ser descontado por um banco. Se considerarmos o conhecimento de depósito como título de crédito, deveríamos considerar também a fatura e a nota fiscal, a primeira emitida junto com a duplicata, de forma semelhante à do conhecimento de depósito/*warrrant*.

No que diz respeito ao cheque, julgamos acertada sua classificação entre os títulos de crédito, apesar de que afirmam alguns ser ele apenas um meio de pagamento, uma ordem de pagamento. No cheque predominam, no entanto, os dois requisitos básicos do título de crédito: a confiança e o tempo. Quem recebe o cheque dá crédito ao emitente, vale dizer, confia no documento e na pessoa que o emite. Esse crédito é dado por um certo tempo, visto que o pagamento do cheque será efetuado após sua emissão.

18.2. A classificação de Alberto Asquini

Classificação levada em conta por expressivos doutrinadores, de aplicação bem ampla, é a de Alberto Asquini, que distribuiu os títulos de crédito em razão de seis critérios:

1 – pessoas que o emitem;
2 – modo de transmissão;
3 – caráter simples ou complexo do direito representado;
4 – característica extrínseca do título;
5 – relevância da causa;
6 – conteúdo do direito representado.

1 – Quando às pessoas que os emitem

Sob esse aspecto, os títulos de crédito têm dupla classificação: públicos e privados. São públicos quando forem criados por pessoa jurídica de direito público, ou seja, pelo Poder Público, pelo Governo. Representam um débito público para com os cidadãos privados e outras pessoas jurídicas de direito privado; nascem, portanto, de uma operação passiva do Estado. É o caso das Letras do Tesouro Nacional.

Os títulos privados são criados por pessoas físicas e jurídicas de direito privado. São os títulos dos quais nos ocupamos neste trabalho, pois é a eles que se refere o Direito Cambiário.

2 – Modo de emissão

Bipartem-se em singulares (ou individuais) e em série. Os singulares têm como origem operações distintas e diferem um do outro sob diversos aspectos, como valor, vencimento, local de pagamento. Exemplos são a letra de câmbio, a nota promissória, o cheque, a duplicata, conhecimento de depósito, conhecimento de transporte. São infungíveis uns com outros.

Os títulos seriados são emitidos coletivamente ou, como diz o próprio nome, "em série". Têm geralmente um único motivo para a emissão, pois a causa que os faz criar é a mesma para todos; é possível também que haja diversas causas. É o caso das ações e dos títulos da dívida pública. São muitas vezes fungíveis.

3 – Caráter simples ou complexo do direito representado

Dois são os tipos de títulos, olhados pelo ângulo em epígrafe: simples e complexo.

Simples é o que concede um só direito; a cambial, por exemplo, confere ao portador o simples direito de receber determinado valor em dinheiro, nas condições expressas.

Complexo é o título que concede vários direitos consubstanciados numa só cártula, um só título. É o caso das ações: concedem ao portador o direito de auferir dividendos, de participar das assembléias, à gestão da companhia, de receber a sua parte no caso de liquidação da companhia, e outros. É possível haver um direito principal e acessórios.

4 – Característica extrínseca do título

A discriminação dos títulos quanto à sua característica extrínseca é também bipartida em dois tipos: completos e incompletos, e formais e não formais.

Completo é o título no qual os elementos da relação entre o portador e os coobrigados estão integralmente expressos no documento. É o caso da cambial, cujo conteúdo é previsto em lei, e não se pode invocar sobre ela outras relações jurídicas e outras normas legais.

Incompleto é o título como as ações: os direitos que elas conferem não estão integrados, incorporados nelas, mas estão regulados no Estatuto da Sociedade.

Formais são a maioria dos títulos de crédito e são aqueles a que a lei impõe uma forma especial e rígida. É conveniente relembrar que a formalidade é uma das características essenciais dos títulos de crédito, conforme se vê na lei regulamentadora da cambial (Convenção de Genebra). Não formais são os títulos aos quais a lei não estabelece forma rígida, como são as ações.

5 – Relevância da causa

Esta classificação é assaz importante, por ter profundo conteúdo dogmático e basear-se na mais sutil das características dos títulos de crédito: a abstração. Com referência à causa, dividem-se em abstratos e causais.

O título abstrato isenta o portador de ser atacado por qualquer exceção atinente à causa e à disciplina do negócio fundamental, garantindo a livre e segura circulação do título. É, portanto, um título garantido pela "inoponibilidade das execuções". A causa provocante do título é irrelevante a um terceiro que seja seu portador.

No título causal, como a duplicata, a causa da assunção da obrigação de pagar circula com o título. Às vezes, no título há menção da causa, como no conhecimento de transporte e no conhecimento de depósito. Eles não podem ser emitidos sem uma causa determinante: a duplicata não pode ser emitida sem que haja um contrato de compra e venda, o conhecimento de depósito, sem o contrato de depósito de mercadorias numa empresa de armazéns gerais, o conhecimento de transporte, sem um contrato de transporte de mercadorias.

6 – Conteúdo do título

Nem todos os títulos de crédito honram esse nome, incorporando apenas direitos creditórios. A complexidade da vida econômica e da economia creditória vem fazendo surgir títulos assemelhados aos títulos de crédito, mas com outro conteúdo além do direito creditório. Incorporam-se entretanto ao Direito Cambiário. Por isso, faz Asquini várias classificações:

– Títulos de crédito em sentido estrito – São os verdadeiros títulos de crédito, submetidos às suas características primordiais, como a cambial.

– Títulos representativos de mercadorias – Títulos há que mobilizam e documentam o direito sobre determinadas mercadorias, originados por operações de transporte e/ou de depósito de mercadorias, como, respectivamente, o conhecimento de transporte e o conhecimento de depósito.

– Títulos de participação – Exemplo de título dessa espécie é a ação. Dá ela ao seu titular o direito de participar da sociedade emitente do título, adquirindo ainda direitos patrimoniais. É ainda um título societário, pois confere direitos próprios de um sócio. São quase sempre títulos complexos.

18.3. A classificação de Tullio Ascarelli

Ascarelli, o mais profundo analista do Direito Cambiário, apresenta sua classificação para os títulos de crédito, observando, mais ou menos, os critérios de Alberto Asquini, mas com algumas diferenças, em nove categorias:

1 – regulares e irregulares;
2 – abstratos e causais;
3 – para pagamento de quantias em dinheiro, e para entrega de mercadorias;
4 – criados no exterior e criados no país;
5 – públicos e privados;
6 – civis e comerciais;
7 – principais e acessórios;
8 – provisórios e definitivos;
9 – em série e individuais.

Nota-se na classificação de Ascarelli que há poucas diferenças com a de Asquini, mas inclui algumas categorias que não foram previstas por outros doutrinadores. Há também algumas diferenças de nomenclatura, com denominações diferenciadas. Merecem esses aspectos algumas considerações.

Sob o critério do conteúdo do direito, há diferença apenas de denominação. O que Asquini chama de "títulos representativos de mercadorias", Ascarelli chama de "títulos para entrega de mercadorias". Adiciona nessa categoria os "títulos para pagamento de quantias em dinheiro", como a cambial e o cheque.

Inclui também uma categoria não prevista por Asquini, considerada quanto ao local da criação do título ou do seu pagamento. São classificados em nacionais e estrangeiros. Essa consideração ressalta sua importância no mundo moderno, em vista do intenso desenvolvimento do comércio internacional, em que certos títulos, como a letra de câmbio e o cheque são altamente utilizados. No Brasil, operações desse tipo divulgam-se cada vez mais, tendo sido já estabelecida na doutrina a eficácia de cambial emitida em dólares.

Ascarelli inclui em sua classificação a categoria de títulos indivisíveis, não indicando títulos divisíveis. O título de crédito é um só e não pode ser dividido em vários, mesmo havendo vários titulares do direito ou vários coobrigados. Por isso, precisa o título ser apresentado para ser cobrado e o mesmo título é aplicado para o exercício do direito de regresso. Dentro dessa consideração de Ascarelli, somos de opinião que a indivisibilidade do título de crédito é uma característica dele, não base para uma classificação.

18.4. A classificação pelo conteúdo da lei

Os títulos de crédito são regulamentados no Brasil por leis esparsas, mas levando em conta o conteúdo previsto para cada título, regulados por nossa legislação, podemos considerar os títulos de crédito quanto aos tipos, funções e aplicações, da maneira adiante:

A – Mercado financeiro de curto prazo
1. Duplicata de compra e venda mercantil – Lei 5.474/68;
2. Duplicata de prestação de serviços – Lei 5.474/68;
3. Duplicata rural – Dec.-Lei 167/67;
4. Nota promissória – Dec. 2.044/1908 e LUG;
5. Nota promissória rural – Dec.-Lei 167/67;
6. Letra de câmbio – Dec. 2.044/1908 e LUG.

B – Mercado financeiro de longo prazo
8. Ações;

9. Certificado de depósito de ações;
10. Partes beneficiárias;
11. Certificado de depósito de partes beneficiárias;
12. Bônus de subscrição de ações;
13. Debêntures;
14. Certificado de depósito de debêntures;
15. Cédula pignoratícia de debêntures;
16. Cupões de dividendos (de ações, PBs e debêntures);
17. Opções de compra de ações.

C – Financiamento imobiliário
18. Letras imobiliárias – Lei 4.380/64;
19. Cédulas hipotecárias – Dec.-Lei 70/66;
20. Letras hipotecárias – Dec.-Lei 413/69.

D – Financiamento industrial
21. Cédula de crédito industrial – Dec.-Lei 413/69;
22. Nota de crédito industrial – Dec.-Lei 413/69.

E – Financiamento rural
23. Cédula rural pignoratícia – Dec.-Lei 167/67;
24. Cédula rural hipotecária – Idem;
25. Cédula rural pignoratícia e hipotecária – Idem;
26. Nota de crédito rural – Idem.

F – Financiamento ao comércio
27. Cédula de crédito comercial – Lei 6.840/80;
28. Nota de crédito comercial – Lei 6.840/80.

G – Financiamento à exportação
29. Cédula de crédito à exportação – Lei 6.313/75;
30. Nota de crédito à exportação – Idem.

H – Mobilização de créditos de mercadorias depositadas ou em trânsito
31. Conhecimento de depósito – Dec. 1.102/1903;
32. *Warrant* – Idem;
33. Conhecimento de transporte terrestre e marítimo

- Dec. 19.473/30;
34. Conhecimento de transporte terrestre e marítimo
- Dec. 19473/30;
35. Conhecimento de transporte aéreo – Lei 7.565/85 (CBA).

I – Instrumento ou meio de pagamento
36 – Cheque – Lei 7.357/85 e LUG.

18.5. A classificação do Código Comercial francês

O Código Comercial da França, de 1807, que serviu de modelo para a elaboração de muitos outros códigos, inclusive o nosso Código Comercial, com a Lei 67.563, de 13.07.67, estabeleceu classificação dúplice para os títulos de crédito, enquadrando-os, de forma bem abrangente, em
a – valores mobiliários;
b – efeitos de comércio.

a) valores mobiliários (*valeurs mobilières*) – São títulos negociáveis, destinados à colocação no mercado de capitais, mormente para negociação na Bolsa de Valores. Normalmente pertencem à categoria dos títulos em série, em massa, como as ações. Destinam-se a dar um rendimento ao seu portador. São geralmente a longo prazo;

b – efeitos de comércio (*effets de commerce*) – Destinam-se à realização das operações empresariais, como empréstimo de dinheiro, câmbio e outros. São a letra de câmbio e a nota promissória, o *warrant*, fatura protestável (correspondente à nossa duplicata). Normalmente, são títulos individuais, como a cambial, e a curto prazo.

18.6. A classificação de Cesare Vivante

A primeira classificação dos títulos de crédito foi levantada por Cesare Vivante, de quem fizemos já várias referências. Dividiu-os em títulos nominativos, à ordem e ao portador. Toma ele como critério de classificação a forma de circulação do título, a maneira pela qual se transfere o título. Vamos recapitular o que já disséramos a respeito da circulação dos títulos de crédito.

O título de crédito nominativo traz no seu bojo o nome do favorecido, mas não só nesse aspecto ele se caracteriza. É a transferência do título que lhe dá essa classificação. Para poder ser transferido de um favorecido para outro, haverá necessidade de outro documento, um "termo de transferência". É o caso das ações nominativas: a transferência delas faz-se por "termo de transferência" no "Livro de Registro das Ações Nominativas". É também o caso de um título já vencido e protestado, transferido por uma "cessão de crédito".

O título à ordem é o que se transfere por endosso, com a assinatura do favorecido no seu verso. Não há qualquer termo ou documento à parte para a circulação, uma vez que o ato de transferência se encontra no próprio título. É também um título nominativo, por trazer no seu anverso o nome do favorecido. Além do endosso, entretanto, deve seguir-se a tradição da cártula, vale dizer, o beneficiário endossa o título, com sua assinatura no verso e entregue ao endossatário. É possível, contudo, que a cláusula "à ordem" seja riscada e em seu lugar seja colocada a de "não à ordem". Nesse caso, o título perde os efeitos cambiários e transfere-se por "cessão de crédito", ou seja, um acordo de natureza civil.

O título ao portador é o que circula pela tradição, ou seja, passa de mão em mão. Não consta nele o nome do beneficiário, ficando em branco o lugar em que esse nome deveria ser colocado, ou colocada a indicação "ao portador". Não tendo o nome do titular do direito creditório, presume-se que seja o portador dele a pessoa que o tiver na mão. Significa essa facilidade que um título extraviado, se for achado, quem achou será o presumido proprietário dele.

Essa classificação de Vivante é aceita universalmente e foi adotada pela Convenção de Genebra; faz parte, portanto, de nosso direito. Todavia, o próprio Vivante elaborou outra classificação, também universalmente conhecida, mas não aceita por unanimidade, agrupando-os em quatro categorias:

1 – títulos de crédito próprios – são títulos de crédito propriamente ditos, como a cambial (quando falam em cambial, os juristas italianos referem-se à letra de câmbio e à nota promissória). Incorporam eles o direito de crédito, o de exigir uma determinada importância em dinheiro;

2 – títulos representativos de mercadorias – asseguram direitos reais sobre certas coisas, direitos de propriedade ou de exigir a entrega de coisas. Títulos exemplificativos dessa categoria são o conhecimento de depósito e o conhecimento de transporte;

3 – títulos atributivos de direitos de sócio – é o que acontece com as ações, que permitem ao seu titular participar de uma sociedade, como um sócio;

4 – títulos de crédito impróprios – dão direito ao titular de exigir a prestação de serviços e não-prestação pecuniária. Uma passagem de avião ou ônibus é exemplo desse tipo de título. São chamados ainda de "documentos de legitimação".

A classificação de Vivante é a que teve maior repercussão em plano mundial. A lei cambiária de alguns países às vezes regulamenta os títulos de crédito, em observância a critérios de classificação, como acontece na Itália. Independente da Convenção de Genebra, o Código Civil italiano, de 1942, estabeleceu normas regulamentadoras dos títulos de crédito, divididas em três capítulos, que correspondem à previsão de Vivante. Essa classificação é adotada por juristas do mundo inteiro e observada pela Convenção de Genebra. É ainda conveniente dizer que essa mesma classificação e regulamentação parecida foi adotada pelo Projeto de Lei 634-A, de 1975, submetido e aprovado pelo Congresso Nacional, adotando o novo Código Civil brasileiro.

O Projeto do Código Civil foi elaborado por uma comissão de respeitáveis juristas, contando com a colaboração de vários especialistas. Infelizmente, as discussões se alongaram e, quando se pensava que fosse adotado, foi elaborada nova Constituição Federal, o que veio acarretar mais delongas na adoção do Código Civil bem mais atualizado. Importante seria essa atualização para o Direito Cambiário. Contudo, cedo ou tarde, sua promulgação se impõe, mesmo com algumas modificações, para conformar-se com a Constituição Federal de 1988. A classificação dos títulos de crédito, nos moldes do Código Civil italiano, não deverá sofrer, porém, modificações. Em ambos os códigos, os títulos de crédito são regulamentados nos seguintes artigos:

Código Civil italiano:
– Títulos ao portador – arts. 2.003 a 2.007;
– Títulos à ordem – arts. 2.008 a 2.020;
– Títulos nominativos – arts. 2.021 a 2.027.

Projeto do Código Civil brasileiro:
– Títulos ao portador – arts. 940 a 945;
– Títulos à ordem – arts. 946 a 956;
– Títulos nominativos – arts. 957 a 962.

18.7. A classificação de Francesco Messineo

Privatista dos mais conceituados, Francesco Messineo realçou-se no Direito Comercial e no Direito Civil. Em uma obra notável do Direito Cambiário, *Titoli di Credito*, em dois volumes, o autor apresenta sua classificação, que não se revela excepcional, mas as justificativas dessa classificação encerram importantes considerações doutrinárias. A exemplo de Asquini, Messineo classifica os títulos de crédito em cinco grupos, segundo seus pontos de vista. É a seguinte a classificação por ele apresentada:

A – QUANTO À PESSOA DO SUBSCRITOR
públicos e privados

B – QUANTO À FORMA DE EMISSÃO
1 – singulares – em série
2 – que admitem duplicatas – que não admitem duplicatas
3 – unitários – múltiplos
4 – principais – acessórios
5 – absolutos – relativos
6 – nominados – inominados

C – QUANTO À FORMA DE CIRCULAÇÃO
ao portador – à ordem – nominativo

D – QUANTO AO OBJETO DO DIREITO CARTULAR
1 – direito de crédito, vale dizer, a uma prestação em dinheiro;
2 – além do direito de crédito, um direito de posse ou de disposição de penhor sobre mercadorias.

E – QUANTO AO CONTEÚDO DO DIREITO
causal – abstrato

A – quanto à pessoa do subscritor (emitente), o título de crédito é público se for emitido por órgãos públicos. Se for emitido por pessoa física ou jurídica de direito privado será um título de crédito privado. Quando for emitido por pessoa jurídica é também chamado de "efeito de comércio".

B – Sob o ponto de vista do modo como é emitido, o título de crédito classifica-se de diversas maneiras. É singular se o título for resultante de um só ato, tendo assim individualidade própria, como é o caso de uma nota promissória. Os títulos em série são títulos de massa, emitidos massivamente, quer dizer, de um só ato jurídico resultam vários títulos. É o caso das ações; numa só emissão podem resultar várias ou até milhares de ações.

Ainda nessa classificação, pode haver outros tipos de títulos. Há títulos que admitem duplicatas, como o conhecimento de transporte, e o título que não admite duplicatas, como a nota promissória. Pode ainda, quanto à preponderância do direito, haver título principal, quando encerra o direito mais importante; acessório é o que pressupõe a existência de outro título ao qual se liga e expressa um direito secundário. Messineo prevê ainda outra classificação, parecida com a dos títulos singulares e coletivos (em série): podem ser unitários e múltiplos. Unitário é título único, infungível, como a letra de câmbio; múltiplo se for fungível, vale dizer, que podem ser substituídos um por outro, por serem da mesma espécie, qualidade e quantidade.

Outra classificação conhecida por Messineo, embora por ele criticada, é a que considera como absolutos e relativos. Os títulos relativos são aqueles para os quais a posse do documento é necessária apenas para a transferência do direito, e não para o exercício. Absolutos são os demais, ou seja, aqueles cuja posse é necessária para o exercício do direito nele mencionado. Apesar de ter reconhecido essa classificação, por ter sido apresentada por um jurista alemão e ser aceita por muitos outros, Messineo a critica. Um título de crédito só é digno desse nome se for necessário para o exercício do direito literal e autônomo nele mencionado, segundo o conceito de Vivante. Exemplos de títulos relativos são as ações nominativas: para que o titular delas possa exercer seus direitos de acionista, não é necessário que as tenha em sua posse.

Consideração feita por Messineo é a que diz respeito aos títulos nominados e inominados, em comparação com os contratos inominados e nominados, chamados também de atípicos e típicos. Nominados são os títulos de crédito que a lei prevê e disciplina; está definido por um modelo legal, com as características impostas pela lei. É o caso do cheque, disciplinado por uma lei específica. São também exemplos da nota promissória e a letra de câmbio, que a Convenção de Genebra não apenas lhes dá o nome, mas lhes traça as normas e as características. Os títulos inominados não são regulamentados pela lei; vivem sob uma disciplina jurídica criada pelos costumes e usos ou pela aplicação de outras normas, por analogia; há neles uma liberdade de criação. É exemplo o cheque de viagem (*taveller's check*), ao qual as leis não fazem referências, mas está regulamentado pelos usos e costumes do mundo inteiro.

C – O terceiro agrupamento apontado por Messineo baseia-se no critério de seu modo de circulação. Sob esse ponto de vista, classificam-se em: ao portador, nominativos e à ordem. Nesse aspecto, não há diferenças sensíveis com a opinião de Vivante e de todos aqueles que o seguem.

D – Outro ponto de vista adotado por Messineo é o do objeto do direito cambiário. Tanto Messineo como a maioria dos juristas italianos chamam "Direito Cartular", em vez de "Direito Cambiário". Quanto ao objeto do direito cartular, comportam os títulos de crédito dupla divisão:

a – Títulos de conteúdo patrimonial obrigacional – um direito de crédito, ou seja, uma prestação pecuniária, como acontece com a nota promissória e a letra de câmbio.

b – Títulos que incorporam, além de um direito de crédito, outros direitos, a saber: direito à entrega de mercadorias, direito de posse ou disposição de coisas, ou de penhor sobre mercadorias. Títulos dessa espécie, apontados por Messineo, entre outros, são os títulos representativos de mercadorias, que atribuem ao titular direitos reais sobre as mercadorias mencionadas no título, ou legitimam o titular para exigir a entrega de mercadorias, ou então o legitimam a transferir a mercadoria mediante a transferência do título. É o caso da *fede di deposito* (conhecimento de depósito), da *"nota di pegno"* (*warrant*) e da *"polliza di carico"* (conhecimento de transporte).

E – Quanto ao conteúdo do direito, podem ser causais e abstratos. Já foi amplamente debatida a abstração. Causais são os títulos que fazem menção à relação causal que tenha motivado a emissão do título. Assim são os títulos públicos, em que consta a lei que determinou sua emissão; assim são os títulos representativos de mercadorias.

Títulos de crédito impróprios – Messineo adota também a teoria dos "títulos de crédito impróprios". Ao lado dos títulos de crédito, há certos documentos cuja eficácia é mais limitada, ainda que modelados nos títulos de crédito e adotando algumas características cambiárias. São eles os "documentos de legitimação" e os "títulos de legitimação". São chamados também de "títulos de crédito aparentes". Usualmente dão direito à exigência de uma prestação de serviços.

Os títulos de legitimação distinguem-se dos documentos de legitimação por ser necessária a apresentação deles para se poder exigir a prestação do devedor. É a hipótese de uma entrada para o teatro: sem a apresentação do documento, não poderá o titular do direito exigi-lo. É também a hipótese do vale postal ou de uma apólice de seguro. Um bilhete de loteria também se situa nessa espécie: é um documento necessário para que seu portador exija o pagamento do prêmio. O bilhete de entrada para um jogo de futebol está também nessa classificação.

O documento de legitimação diferencia-se do título de legitimação por não ser imprescindível sua apresentação para que seu titular faça valer seu direito. Poderá ser averiguada a existência do direito em algum tipo de registro ou cópia do documento. Exemplo do documento de legitimação é o de uma passagem aérea; mesma que ela seja perdida, o passageiro poderá pedir uma segunda via, por haver registro na empresa de navegação aérea, constatando ser ele o titular de passagem.

Os títulos de crédito impróprios caracterizam-se pela possibilidade de circular, ou pela tradição ou pelo endosso. Transferem-se não pelas formas de cessão, mas pelas formas cambiárias. O devedor que cumprir sua obrigação, mediante a apresentação do documento, fica liberado ao receber a quitação.

19. OS TÍTULOS DE CRÉDITO NO NOVO CÓDIGO CIVIL

19.1. Disposições gerais
19.2. Do título ao portador
19.3. Do título à ordem
19.4. Do título nominativo

19.1. Disposições gerais

Alvissareira foi a decisão do Congresso Nacional, no início de 2001, aprovando o projeto de lei adotando o novo Código Civil brasileiro, ainda mais que fixará ele certas normas de Direito Cambiário. A comissão encarregada da elaboração do novo Código, presidida pelo Prof. Miguel Reale, solicitou a colaboração de muitos juristas interessados no aprimoramento e na modernização do direito brasileiro. Nesse sentido, trouxe efetiva colaboração o insigne mestre de Direito Comercial da USP, Mauro Brandão Lopes, grande cultor do Direito Cambiário.

O Prof. Mauro Brandão Lopes criou na Faculdade de Direito da USP um centro de estudos de Direito Cambiário, que, entre outras contribuições, elaborou anteprojeto da Lei Cambiária, na verdade, quase uma tradução servil da lei italiana, o Regio Decreto 1.669, de 14.12.33, com algumas adaptações. Entregue o anteprojeto a vários deputados, nunca mais se soube dele.

Entretanto, a elaboração do anteprojeto do Código Civil abriu a oportunidade de aprimorarmos a LUG-Lei Uniforme de Genebra, a respeito da Letra de Câmbio e da Nota Promissória, promulgada no Brasil pelo Decreto 57.663/66. Esse decreto levou em conta a tradução feita em Genebra por juristas suíços, não por brasileiros nem portugueses, tradução eivada de vícios, falhas e omissões. Por essa razão, permaneceu ainda em vigor o Decreto 2.044/08, antiga lei cambiária, convivendo com a nova, provocando assim muitas confusões.

A regulamentação dada pelo novo Código Civil veio eliminar essas confusões, estabelecendo normas claras e eficazes. Na verdade, o novo código não é inovador, mas esclarecedor; não trouxe novidades, pois quase tudo já constava de nossa legislação. Contudo, tínhamos legislação defeituosa, que há muito reclamava corretivos, agora trazidos pelo novo Código, que supriu também algumas omissões da Convenção de Genebra. Por isso, faremos apenas comentários sobre os arts. 889 a 928 do novo Código Civil, 40 artigos que se aplicam ao texto geral da Convenção de Genebra. A Convenção de Genebra, tomada como lei cambiária, cujas disposições se aplicam a todos os títulos de crédito, na verdade regulamenta apenas a Letra de Câmbio e a Nota Promissória. Enquanto isso, o novo Código Civil estabelece disposições gerais, aplicáveis a todos os títulos de crédito.

19.2. Do título ao portador

Art. 889:
"O título de crédito, documento necessário ao exercício do direito literal e autônomo nele contido, produz efeito quando preenchidos os requisitos da lei."

O que se discute aqui são os títulos de crédito em geral, mais de trinta, regulamentados no direito brasileiro, mormente os quatro principais: letra de câmbio, cheque, duplicata e nota promissória. Traz a definição do que seja o título de crédito, definição essa formulada pelo extraordinário comercialista Cesare Vivante, verdadeiro criador do Direito Cambiário e do moderno Direito Empresarial.

Ressalta o formalismo próprio do título de crédito: é um documento extremamente formal; só é título de crédito se for revestido das formalidades ou requisitos exigidos pela lei. Todo título de crédito tem uma lei que o regulamenta e essa lei traz, logo no início, quais são os requisitos essenciais que aquele título deverá apresentar. A lei do cheque, por exemplo, traz no art. 1º seis requisitos para ele. Já o art. 2º diz que "o título a que falte qualquer dos requisitos enumerados no artigo precedente não vale como cheque". Assim consta também na LUG e nas demais leis, que seguem seu modelo.

Art. 890:
"A omissão de qualquer requisito legal, que tire ao escrito a sua validade como título de crédito, não implica a validade do negócio jurídico que lhe deu causa."

Esclarece mais o que diz o artigo anterior. A falta de um ou mais requisitos legais não quer dizer que o documento seja nulo, mas não é título de crédito, ou seja, não produz efeito como tal. Por exemplo, uma nota promissória ao portador não vale como nota promissória, mas pode ser documento útil para outras finalidades. Outra situação: uma nota promissória na qual não consta a expressão "nota promissória"; neste caso, não é nota promissória e não vale como tal; pode valer para outros efeitos, mas não efeitos cambiários.

Porém, o que esse artigo toca de maneira mais profunda é em duas características importantes do título de crédito: a autonomia e a abstração. A abstração é considerada como a autonomia mais aprofundada e radicalizada. Significa que não há correlação entre o título de crédito e o ato jurídico que o tenha provocado. Não quer dizer que não tenha ele sua causa, mas essa causa é irrelevante. Assim, por exemplo, uma nota promissória não paga e executada, o executado alega em sua defesa que essa nota promissória teve como causa a venda de dólares e esses dólares se desvalorizaram. Não pode prevalecer essa defesa; seja lá o que tiver sido a causa que tenha provocado a emissão dessa nota promissória, não tem relevância para a sua validade. Não está em discussão o negócio jurídico causador da emissão do título, mas o próprio título (negócio jurídico é o que o antigo Código chamava de ato jurídico).

Art. 891:
"Deve o título de crédito conter a data da emissão, a indicação precisa dos direitos que confere, e, por último, a assinatura do emitente.
1° – É à vista o título de crédito que não contenha a data do vencimento.
2° – Considera-se lugar de emissão e de pagamento, quando não indicado no título, o domicílio do emitente."

Aponta a lei alguns requisitos gerais a todo título de crédito, neste caso três:
- data de emissão – o termo "emissão" aqui citado tem aplicação "latu sensu", vale dizer, a criação do título de crédito. Esta data se toma para a validade do título de crédito. É o momento em que seu criador assumiu um compromisso e pode responder por ele. Num título sem data não se saberá em que momento começam os direitos e as obrigações.
- a indicação precisa dos direitos que confere – o direito primordial é o direito de crédito de uma importância certa, expressa em moeda nacional. Quando fala em "indicação precisa" quer dizer que não haja dúvidas. É o direito de receber um valor em dinheiro, num determinado dia e num determinado lugar.
- assinatura do emitente – emitente aqui se refere ao criador do título de crédito. Na letra de câmbio o criador não se chama emitente mas sacador. A criação se faz pela assinatura de quem dá nascimento ao título de crédito.

Todavia, há alguns requisitos que podem não constar no título. Não é que sejam eles dispensados, mas são supridos por outros dados. A lei prevê essas omissões, que ficam neste artigo confirmadas. Vejamos uma nota promissória em que haja três emissões, e como o requisito fica suprido.

- falta o vencimento – diz a LUG (Dec. 57. 663/66): a letra em que não se indique a época do pagamento entende-se pagável à vista. A própria lei portanto dá solução ao problema: se não consta o vencimento de um título de crédito, é ele pagável à vista, ou seja, na data da apresentação.
- falta o lugar em que o título foi emitido – entende-se que seja o do domicílio do seu criador, Por exemplo, domiciliado em São Paulo, emite nota promissória e deixa de colocar o local em que emitiu: tem-se que tenha ele emitido em São Paulo.
- falta o lugar do pagamento – Modestino emite nota promissória, prometendo pagá-la mas não diz onde, mas abaixo de seu nome consta seu domicílio em São Paulo; tem-se que deva ele pagar em São Paulo.

É conveniente dizer que não há falta desses três requisitos; eles foram determinados pela lei. Essa substituição não fica a cargo das figuras intervenientes no título de crédito, mas determinadas pela lei.

Art. 892:
"Consideram-se não escritas no título a cláusula de juros, a proibitiva de endosso, a excludente de responsabilidade pelo pagamento ou por despesas, a que dispense a observância de termos ou formalidades prescritas, e a que, além dos limites fixados em lei, exclua ou restrinja direitos e obrigações."

No título de crédito devem constar todos os requisitos exigidos por lei e só aquilo exigido por lei. Não podem ser inseridos neles outros dados, a não ser quando autorizados. Este artigo radicaliza o próprio rigor da lei; vai mais além apontando dados, que ficam expressamente vedados para um título de crédito, cláusulas a saber:

cláusula de juros – proibição de endosso – cláusula excludente de responsabilidade pelo pagamento ou por despesas – cláusula que dispense a observância de termos e formalidades prescritas – cláusula que exclua ou restrinja direitos e obrigações, além dos limites fixados por lei.

A presença de cláusulas desse tipo não invalida o título de crédito, mas são elas consideradas como não escritas.

Art. 893:
"O título de crédito, incompleto ao tempo da emissão, deve ser preenchido de conformidade com os ajustes realizados. O descumpri-

mento de tais ajustes pelos que deles participaram, não constitui motivo de oposição ao terceiro portador, salvo se este, ao adquirir o título, tiver agido de má-fé."

Eis um tema muito discutido: o título em branco. O que é um título em branco? É um título emitido com falta de alguns requisitos, mas ficou combinado entre as figuras intervenientes que aquelas omissões seriam supridas com os dados previamente estabelecidos entre elas. Não é apenas um título incompleto, mas os pontos omissos serão preenchidos posteriormente, de acordo com a combinação havida entre as pessoas envolvidas.

Por exemplo, uma nota promissória emitida sem constar o vencimento. Porém, há um acordo escrito entre o emitente e o beneficiário, de ser colocado o vencimento, ficando o beneficiário encarregado de colocar essa data em futuro próximo.

Digamos porém que o beneficiário completa a nota promissória de forma diferente do acordo e em seguida transfere para outra pessoa. Esta pessoa, vale dizer, o endossatário, não pode ser prejudicada pelo desacerto entre o emitente e o beneficiário, valendo o vencimento que constar na nota promissória. Excetua-se se o endossatário tiver agido de má-fé ao receber o título.

Art. 894:

"Aquele que, sem ter poderes, ou excedendo os que tem, lança sua assinatura em título de crédito, como mandatário ou representante de outrem, fica pessoalmente obrigado. Pagando o título, tem ele os mesmos direitos que teria o suposto mandante ou representante."

Cuida-se de título assinado por um procurador, problema muito vago e discutido. Em nosso parecer, a procuração dada ao mandatário deve ser específica: qual é a omissão, qual é o dado que deverá ser colocado, quando será colocado, porque será colocado. Se o procurador (mandatário ou representante de outrem) assinar um título de crédito, como emitente, avalista ou de qualquer posição, fica responsável pelo seu pagamento. Se pagar, poderá discutir as divergências com o mandante. O que importa porém é que o portador do título não seja afetado por essas divergências.

Art. 895:

"A transferência do título de crédito implica a de todos os direitos que lhe são inerentes."

Importante e sugestiva característica do título de crédito é realçada agora: a incorporação. Os direitos creditórios tomam corpo no título, materializam-se na cártula (pedaço de papel). Incorporam-se de tal maneira na cártula que sem ela esses direitos não se exercem; é como se não existissem ("o que não está no papel não está no mundo"). Quando o portador do título for exigir o pagamento, ou seja, for exercer seus direitos, terá que apresentar o título, pois os direitos estão materializados nele: onde estiver o título estarão os direitos.

Nessas condições, se o título for transferido para outra pessoa, o direito creditório vai para essa pessoa. O beneficiário que endossa o título e o entrega a um novo beneficiário despoja-se dos direitos incorporados no título.

Art. 896:
"O portador de título representativo de mercadoria tem o direito de transferi-lo, de acordo com as normas que regulam a sua circulação, ou de receber aquela, independentemente de quaisquer formalidades, além da entrega do título devidamente quitado."

O título representativo de mercadoria dá direito ao seu portador de apossar-se da mercadoria. Em nossa legislação, títulos dessa modalidade são: o WARRANT, o conhecimento de depósito e o conhecimento de transporte. Digamos que Ulpiano deseje despachar um pacote a Modestino, por via aérea; dirige-se ele a uma empresa de transporte aéreo e entrega o pacote para ser enviado. A companhia aérea dá-lhe um documento provando que Ulpiano entregou o pacote para despacho, isto é, comprovando um contrato de transporte. Em seguida, Ulpiano envia para Modestino esse documento, que o habilita a retirar a mercadoria. Esse documento é o conhecimento de transporte, em decorrência de um contrato de transporte de coisas.

Este artigo realça dois tipos de direitos reservados ao portador desses títulos representativos de mercadorias:

A – o de poder reclamar a entrega da mercadoria que eles representam;

B – o de poder transferi-los a outra pessoa, de acordo com as normas jurídicas que os regulam.

Art. 897:

"Enquanto o título de crédito estiver em circulação, só ele poderá ser dado em garantia, ou ser objeto de medidas judiciais, e não, separadamente, os direitos que representa."

A já falada incorporação materializa o título de crédito, ao incorporar nele direitos que não podem ser separados dele. Ao lado disso, há os títulos de crédito referidos no artigo anterior que dão ao portador direitos à posse ou propriedade de mercadorias. Podemos incluir, sob esse aspecto, as duplicatas.

Os direitos e as mercadorias referentes a ele não podem ser tocados, mas o título sim; poderá ele ser dado em garantia ou poderá ser penhorado. Para melhor compreensão desse problema, será de bom alvitre o estudo feito neste livro sobre o *warrant* e o conhecimento de depósito. São títulos representativos de mercadorias depositados em armazéns gerais; essa mercadoria não pode ser penhorada, sendo possível porém a penhora de ambos os títulos, que são representativos dela.

Podemos citar ainda outro exemplo, como o muito comum contrato bancário de empréstimo de dinheiro com penhor mercantil. É um contrato de mútuo formalizado por nota promissória, mas o mutuário entrega ao mutuante algumas duplicatas em penhor (o penhor de títulos de crédito é chamado de caução). O mutuante recebe essas duplicatas para garantia de seu crédito, mas essa garantia é das duplicatas e não da mercadoria faturada. Digamos então que haja um processo de execução: o exequente poderá pedir a penhora das duplicatas, mas não das mercadorias vendidas.

Art. 898:

"O título de crédito não pode ser reivindicado do portador que o adquiriu de boa fé e na conformidade das normas que disciplinam a sua circulação".

A simplicidade do Direito Cambiário pode dar margem a possíveis abusos por parte de quem deva pagar. Neste artigo fica preservada essa simplicidade, garantindo maior segurança ao portador do título de crédito. Se ele está na posse do título, presume-se ser ele legítimo portador. A transferência do título opera-se por endosso e o último endossatário deve ser o dono dele. Vejamos a situação de uma nota promissória:

1 – Pompônio emite nota promissória a favor de Salustiano: se o beneficiário é Salustiano, é ele o legítimo portador.

2 – Salustiano endossa a nota promissória a favor de Ulpiano: é este o último endossatário e portanto o titular dos direitos creditórios.

3 – Ulpiano transfere a NP por endosso em branco a Modestino, mas não consta o nome do endossatário. Modestino tem o título em suas mãos e essa posse faz presumir ser ele o legítimo portador. Essa posse pode ser contestada por alguém, desde que o contestador prove má-fé de Modestino ao adquirir a NP.

Art. 899:
"O pagamento de título de crédito, que contenha obrigação de pagar soma determinada pode ser garantido por aval.
Parágrafo único. É vedado o aval parcial."

Quatro artigos, de 899 a 902, vieram regulamentar o aval. Pareceria desnecessária essa regulamentação pois o aval está regulado pela Convenção de Genebra, os arts. 30 a 32. Há porém algumas falhas na lei cambiária e o novo Código elimina as dúvidas causadas por essas falhas. Não existe em francês o termo avalista. A Convenção de Genebra, redigida nesse idioma, traz a expressão "donneur de l'aval"; a tradução desse termo, feita ao pé da letra, foi lamentável: "dador do aval", expressão que não poderia mesmo ser aceita no Brasil. O novo código consagra o termo efetivamente aceito por nós: "avalista". É bom lembrar ainda que a Convenção de Genebra, a LUG, estabelece normas para a letra de câmbio e a nota promissória, embora suas normas sempre se alargaram a todos os títulos de crédito. O novo Código estabelece porém normas gerais, aplicadas a todos.

Como foi estudado, o aval consta da assinatura de um terceiro, para garantir o pagamento do título: se o devedor não pagar, o avalista paga. Há entretanto uma disposição em choque com a Convenção de Genebra: é vedado o aval parcial. Assim, uma NP de R$ 10.000,00 poderia ter o aval de R$ 5.000,00, segundo consta da Convenção de Genebra, como se sabe, promulgada no Brasil pelo Dec. 57.663/66, no art. 30:

"O pagamento de uma letra pode ser no todo ou em parte garantido por aval".

Há portanto duas leis conflitantes em vigor; qual delas deve prevalecer? Em nossa opinião, deve haver o aval parcial conforme permite a LUG. Uma convenção internacional, desde que promulgada no Brasil, é uma lei muito forte; deve preponderar sobre as demais. Além disso, a lei específica prevalece sobre a lei geral. O Art. 905 deixa claro esse princípio. Para os demais títulos, entretanto, acho que deve ser aplicado o novo código, uma vez que a LUG (Lei Uniforme de Genebra) regulamenta apenas a letra de câmbio e a NP.

Art. 900:
"O aval deve ser dado no verso ou no anverso do próprio título.

1º - Para a validade do aval, dado no anverso do título, é suficiente a simples assinatura do avalista.

2º - Subsiste a responsabilidade do avalista, ainda que nula a obrigação daquele a quem se equipara, a menos que a nulidade decorra de vício de forma."

A LUG diz que o aval deve ser dado no próprio título. Em outras palavras, este artigo diz a mesma coisa, isto é, pode ser dado no verso e no anverso. Há uma questão vaga, provocada pelo primeiro parágrafo: para o aval dado no anverso do título, é suficiente a simples assinatura do avalista. E se for no verso, como será? A lei não fala, mas, para nós, será do mesmo jeito; a simples assinatura do avalista no verso do título não se confunde com outras figuras intervenientes:

A – Não pode ser endosso, pois o aval é dado por um terceiro e só poderia endossar quem fosse o beneficiário.

B – Não se confunde com o emitente ou sacador, pois estes só podem assinar em posições determinadas do anverso.

Achamos também vaga e imprecisa a afirmação do parágrafo segundo: "considera-se não escrito o aval cancelado". A interpretação mais lógica será então que se o aval for riscado ou cancelado de outra forma, assinatura do avalista considera-se como se não tivesse sido feita.

Art. 901:
"O avalista equipara-se àquele cujo nome indicar; na falta de indicação, ao emitente ou devedor final.

1º – Pagando o título, tem o avalista ação de regresso contra o seu avalisado e demais co-obrigados anteriores.

2º – Subsiste a responsabilidade do avalista, ainda que nula a obrigação daquele a quem se equipara, a menos que a nulidade decorra de vício de forma."

O aval tem sido interpretado como uma garantia dada ao título, mas a LUG especifica que "o aval deve indicar a pessoa por quem se dá". A particularização do aval é agora confirmada por esse artigo. Vamos então examinar várias situações.

Uma nota promissória emitida por Ulpiano ao favor de Modestino; este porém endossa-a para Papiniano e este endossa-a para Pompônio. Paulo avalisou em branco, ou seja, sem indicar para quem estava ele dando o aval. Justiniano vai dar também o seu aval mas indica Papiniano como seu avalisado.

Tem-se pois que Paulo é avalista de Ulpiano, emitente da NP, por ter assinado em branco. Justiniano é avalista só de Papiniano.

Se o título não for pago, Pompônio vai acionar todos os coobrigados: Ulpiano, Modestino, Paulo, Papiniano e Justiniano. Porém, Papiniano paga a NP; sai assim da posição de devedor e Justiniano também, pois era avalista só de Papiniano.

Paulo fica com a obrigação de pagar, só cessando sua responsabilidade se a NP for paga pelo devedor direto e imediato, Ulpiano, emitente da NP.

Se Paulo pagar, poderá ele exercer direito de regresso contra Ulpiano, único coobrigado anterior a ele.

Falando sobre o segundo parágrafo, suponhamos que a assinatura de Ulpiano seja falsa; Paulo avalisou Ulpiano. Mesmo assim o aval de Paulo persiste e terá ele que pagar o título, devido à autonomia das obrigações cambiárias. Excetua-se no caso de haver vício formal no título; digamos que a NP seja ao portador; Paulo avalisou um título que deve ser nominal e essa nulidade formal não pode ser arredada pelo seu aval. Também poderia isentar-se Paulo, se tivesse avalisado por ter sido vítima de fraude; neste caso cabe a ele o ônus da prova da fraude.

Art. 902:
"O aval posterior ao vencimento produz os mesmos efeitos do anteriormente dado."

É chamado este aval de póstumo ou tardio, mas tem sua validade, mesmo porque o aval não tem data e não se pode saber quando foi dado: antes ou depois do vencimento. Não fala o novo Código Civil como ficaria o aval dado após o protesto do título; fica-se sabendo que foi dado o aval após o vencimento. Em nossa opinião o aval produzirá os mesmos efeitos, pois o avalista estava sabendo do protesto.

Art. 903:
"Fica validamente desonerado o devedor que paga título de crédito ao legítimo portador, no vencimento, sem oposição, salvo se agiu de má-fé."
Parágrafo único. Pagando, pode o devedor exigir do credor, além da entrega do título, quitação regular."
Esclarece um pouco mais o Art. 16 da LUG, embora seja este artigo bem claro também. Quer dizer este artigo que o pagamento é válido se for feito ao legítimo portador. Quem será porém o legítimo portador? A resposta é encontrada no art. 16 da LUG: é o último endossatário.
Direito que cabe ao devedor que paga é o de exigir quitação regular, vale dizer, com recibo passado no próprio título. Esse direito consta ainda do art. 39 da LUG.

Art. 904:
"Não é o credor obrigado a receber o pagamento antes do vencimento do título. Aquele que o paga, antes do vencimento, fica responsável pela validade do pagamento.
1º – No vencimento, não pode o credor recusar o pagamento, ainda que parcial.
2º – No caso de pagamento parcial, em que se não opera a tradição do título, além da quitação em separado, outra deverá ser firmada no próprio título."
Essa disposição é também prevista no art. 40 da LUG, ficando reservada ao portador do título a opção de aceitar ou não o pagamento antes do vencimento. Não poderá porém recusar pagamento parcial após o vencimento e muito menos o pagamento total.
No pagamento do título é essencial que seja ele entregue ao pagador, com a devida quitação. Se houver pagamento parcial, porém, não se opera a tradição do título, devendo ele ficar na posse do portador. Mesmo que fique com o título em seu poder, deverá o portador dar um recibo à parte e dará também recibo no próprio título, referente ao pagamento parcial.
Esclarecendo, a LUG, Lei Uniforme de Genebra, é também chamada de Convenção de Genebra ou Lei Cambiária.

Art. 905:

"Salvo disposição diversa em lei especial, regem-se os títulos de crédito pelo disposto neste Código."

Cada título de crédito tem sua lei específica: a letra de câmbio e a nota promissória têm a LUG, o cheque tem a Lei do Cheque, e assim por diante. Essas leis predominam sobre o novo Código Civil, mas, naquilo que a lei for omissa, prevalece o disposto no novo Código Civil, que é lei geral.

Art. 906:

"A transferência do título ao portador se faz por simples tradição."

Título ao portador é aquele que não traz o nome do favorecido, ou então, no lugar do favorecido consta "ao portador". Portador é quem detém o significado em suas mãos. O verbo latino "portare" tem o significado de levar, conduzir: portador é quem porta o título em suas mãos.

Se o título for ao portador, este poderá transferi-lo simplesmente entregando-o a outra pessoa. Apesar de ser ao portador seria de interesse de quem recebe o título pedir o endosso ainda que seja ao portador. Tradição é a passagem da posse de um para a posse de outro (*tradire* = transitar).

Art. 907:

"O possuidor de título ao portador tem direito à prestação nele indicada, mediante a sua simples apresentação ao devedor."

Parágrafo único. A prestação é devida ainda que o título tenha entrado em circulação contra a vontade do obrigado."

É decorrência do artigo anterior. O portador do título é o titular dos direitos nele contidos. Vencido o título, o portador apresenta o título para receber seu crédito, independente dos eventos ocorridos entre as pessoas envolvidas.

Art. 908:

"O devedor só poderá opor ao portador exceção fundada em direito pessoal ou em nulidade de sua obrigação."

Procura restringir a defesa do devedor, dando maior segurança ao exercício dos direitos cambiários. A esse respeito, fazemos remissão ao estudo que fizemos no capítulo 7, item 7.3: "A defesa na ação cambiária". Confirma esse artigo do novo código civil a disposição do art. 17 da LUG e art. 51 da Lei Saraiva (Dec. 2044/08). Encontram-se aqui os

fundamentos dos embargos de execução que possam ser apresentados pelo devedor, a saber:
1 – nulidade do título de crédito, como se não constar o nome do título, se já estiver prescrita a obrigação ou qualquer ausência de requisito essencial.
2 – direito pessoal do executado frente ao exeqüente, como por exemplo, se o exeqüente tiver conseguido fraudulentamente a posse desse título, ou se este tiver sido judicialmente anulado.

Art. 909:
"É nulo o título ao portador emitido sem autorização de lei especial."
Por enquanto, apenas o cheque pode ser emitido ao portador. A letra de câmbio, a nota promissória e a duplicata devem conter o nome do beneficiário e sua ausência acarreta a nulidade como título de crédito. É nulo como título de crédito, mas pode ter validade como qualquer outro documento.

Art. 910:
"O possuidor de título dilacerado, porém, identificável, tem o direito de obter do emitente a substituição do anterior, mediante a restituição do primeiro e o pagamento das despesas."
Eis aqui uma inovação que haverá de provocar muitos problemas, em vista de não ficar regulamentado o "modus faciendi" desse direito do portador do título. Digamos, por exemplo, que tenha caído café sobre um título, causando-lhe deformações. Nesse caso, poderá o portador solicitar a elaboração de novo título, o que nem sempre é fácil, uma vez que poderia haver outros co-obrigados, como avalistas e endossantes.
Iria então o portador entrar com ação judicial, compelindo as figuras intervenientes a confeccionarem novo título. Caso se recusem, que solução haveria? Acreditamos que a melhor solução seria requerer judicialmente a validação do título.

Art. 911:
"O proprietário, que perder ou extraviar título, ou for dele injustamente desapossado, poderá obter novo título em juízo, bem como impedir sejam pagos a outrem capital e rendimentos.

Parágrafo único. O pagamento, feito antes de ter ciência da ação referida neste artigo, exonera o devedor, salvo se se provar que ele tinha conhecimento do fato."

Enfoca problema semelhante ao do artigo anterior, mas, neste caso, o título não mais se encontra nas mãos do portador; deixa ele, assim, de ser o portador. A posição dele é a de proprietário do título, de titular dos direitos nele contidos; é portanto o credor.

A solução é a mesma: exercer a ação judicial compelindo os co-obrigados a dar novo título. Todavia, ante a recusa dos réus, que solução poderia ser adotada pela Justiça?

19.3. Do título à ordem

Art. 912:

"O endosso deve ser lançado pelo endossante no verso ou anverso do próprio título.

1º. Pode o endossante designar o endossatário. Para a validade do endosso, dado no verso do título, é suficiente a simples assinatura do endossante.

2º. A transferência por endosso completa-se com a tradição do título.

3º. Considera-se não escrito o endosso cancelado, total ou parcialmente."

Essa rápida regulamentação do endosso seria dispensável, pois o que é agora trazido já constava da ampla regulamentação da LUG, nos arts. 11 a 20. A afirmação do segundo parágrafo não constava da LUG, mas é evidente que a tradição faz parte do endosso. O endossante deve assinar o título e entregá-lo ao endossatário; de nada adiantaria para este estar o título endossado, pois não o teria em mãos; não poderia exercer os direitos cambiários.

Prevê os dois tipos de endosso: em branco ou em preto, ou seja, sem o nome do endossatário ou com o nome dele. Só achamos escusada a afirmação de que o endosso no verso do título se faz só com a assinatura do endossante. E se for no anverso, como deverá ser? Em nossa opinião, mesmo sendo dado o endosso no anverso, é suficiente a assinatura do endossante. Só pode ser endossante o beneficiário do título e se houver a assinatura dele no anverso, só pode ser endosso.

Não fica esclarecido o que seja endosso cancelado. Acreditamos que seja a assinatura do endossante riscada, ou então se escreva em cima dela "cancelada".

Art. 913:

"Considera-se legítimo possuidor o portador do título à ordem com série regular e ininterrupta de endossos, ainda que o último seja em branco."

Parágrafo único. Aquele que paga o título está obrigado a verificar a regularidade da série de endossos, mas não a autenticidade das assinaturas."

Está confirmado o art. 16 da LUG, focalizando a legitimação cambiária, ou seja, o legítimo portador do título. Às vezes, um título tem vários avalistas e endossantes, por ter sido transferido diversas vezes. No vencimento, o devedor principal e direto é procurado por um portador que ele nem conhece. Embora o título lhe seja apresentado e com o pagamento ficará na posse do título, quer ele saber a quem está pagando, com quem está lidando, se o portador do título possui realmente os direitos creditórios. Deve ele examinar quem será o último endossatário: esse é o legítimo beneficiário. Não há no título de crédito reconhecimento de firmas, razão porque não se cogita da legitimidade das assinaturas; o que interessa é a sucessão de endossos.

Examinemos esta letra de câmbio: Ulpiano saca contra Modestino para que este pague a Paulo; mas Paulo endossa para Papiniano, este para Pompônio, este para Justiniano e este para Salustiano. Quem deve receber o valor dessas letra de câmbio é o último endossatário, neste caso Salustiano. Ao ser cobrado, será lícito a Modestino pedir identificação de Salustiano, se não o conhecesse. Modestino porém está obrigado a verificar se existe no verso do título a assinatura de Paulo, Papiniano, Pompônio, e Justiniano.

Digamos porém que Salustiano tenha endossado essa letra para alguém sem indicação do nome, ou seja, endossou em branco; ficou então um título ao portador. Neste caso, o devedor direto, Modestino, deverá pagar a quem estiver com o título na mão, porquanto se supõe ser ele o legítimo portador. Tem Modestino o direito de exigir a identificação de quem lhe apresentar o título e ainda o recibo no próprio título, passado pelo portador-cobrador, que se identificará. A responsabilidade de Modestino está salva.

Art. 914:

"Considera-se não escrita no endosso qualquer condição a que subordine o endossante.

Parágrafo único. É nulo o endosso parcial."

Este artigo parece esclarecer melhor o art. 12 da LUG (Dec. 57.663/66), embora nos pareça que neste aspecto a LUG é também clara: "O endosso deve ser puro e simples. Qualquer condição a que ele seja subordinado considera-se como não escrita".

O que se considera endosso "puro e simples" é endosso incondicional, tanto que diz o art. 12 da LUG que se considera como não escrita qualquer condição referente ao endosso. Chegamos a essa conclusão ao considerarmos a lei cambiária italiana, o Regio Decreto 1.699, de 14.12.33:

"La cambiale contiene:

— l'ordine incondizionato di pagare una somma determinata."

Não é só o endosso, mas as demais declarações cambiárias não podem conter condições, senão tirariam a segurança e a clareza que caracterizam o Direito Cambiário. Não quer dizer que o endosso seja nulo; nula é a condição.

O endosso parcial é nulo, como também afirma o art. 12 da LUG. Também não seria viável, pois o endossante deve entregar o título ao endossatário, não poderia ele exigir sua parte do endosso e se não estiver na posse do título.

Art. 915:

"O endossatário de endosso em branco pode mudá-lo para endosso em preto, completando com o seu nome ou de terceiro; pode endossar novamente o título, em branco ou em preto, ou pode transferi-lo sem novo endosso."

Essa possibilidade sempre foi praticada, apesar de a LUG não ter estatuído a este respeito. Este artigo porém regulamenta essa prática tradicional. Realmente, o endossante, ao transferir o título, transfere junto os direitos incorporados no título. O destino do título depois não lhe interessa, pois não mais possui direitos, que passaram ao endossatário. Além disso, o nome do endossatário pode ser datilografado e ninguém poderia dizer por quem foi colocado. Assim sendo, o endosso em branco pode se transformar em endosso em preto, a cargo do novo portador.

Art. 916:

"Ressalvada cláusula expressa em contrário, constante do endosso, não responde o endossante pelo cumprimento da prestação constante do título.

1º – Assumindo responsabilidade pelo pagamento, o endossante se torna devedor solidário.

2º – Pagando o título, tem o endossante ação de regresso contra os co-obrigados anteriores."

Essa disposição contraria o art. 15 da LUG, que é a Convenção de Genebra sobre Letras e Câmbio e Notas Promissórias:

"O endossante, salvo cláusula em contrário, é garante tanto da aceitação como do pagamento da letra."

Não pode prevalecer portanto este artigo do novo código, pelo menos quanto à letra de câmbio e à nota promissória, pois que a LUG diz respeito a estes dois títulos, embora suas normas apliquem-se, por analogia, a todos os títulos de crédito. Invocaremos, sobre esta questão, dois fundamentos:

A – A lei específica prepondera sobre a lei geral;

B – A convenção internacional, desde que promulgada no Brasil, tem mais força do que a lei interna. A Convenção de Genebra foi promulgada no Brasil pelo Dec. 57.663/66.

Também a Lei do Cheque (Lei 7.357/85), no seu art. 21, declara: "Salvo estipulação em contrário, o endossante garante o pagamento."

Acreditamos porém que essa dúvida não constitua grave problema, em vista da possibilidade de se incluir cláusula de reserva de responsabilidade. Assim, por exemplo, os bancos, maiores interessados no problema, ao realizarem o desconto de duplicatas, exigirão essa "cláusula expressa em contrário", conservando para o endossante a responsabilidade pelo pagamento das duplicatas.

Art. 917:

"O devedor, além das exceções fundadas nas relações pessoais que tiver com o portador, poderá opor a este as exceções relativas à forma do título e ao seu conteúdo literal, à falsidade da própria assinatura, defeito de capacidade ou de representação no momento da subscrição, e à falta de requisito necessário ao exercício da ação."

O leque de medidas defensivas do devedor se abre para ele, esclarecendo melhor os fundamentos para os embargos de execução, a saber:

A – exceções relativas à forma do título e ao seu conteúdo literal.

O título de crédito é um documento formal; toda lei regulamentadora de um título de crédito traz, de imediato, os requisitos que ele deve conter. Diz também que o escrito em que faltar algum dos requisitos indicados não produzirá efeito como título de crédito. Vamos citar exemplos de uma nota promissória sem efeito:
— que não traga o nome do favorecido, ou
— que não contém a promessa de pagar determinado valor.

B – falsidade da própria assinatura

Cabe entretanto o ônus da prova a quem alega a falsidade de sua assinatura.

C – defeito de capacidade ou de representação no momento da subscrição

Não são muitos os casos de incapacidade, mas ocorrem, como por exemplo, uma figura interveniente de um título de crédito, que era menor de idade ou estava interdito quando assinou. Os casos de incapacidade estão previstos no próprio Código Civil. Defeito de representação seria o caso da emissão de uma nota promissória por uma empresa, com assinatura de pessoa sem poderes para tanto.

D – falta de requisito necessário ao exercício da ação

Podemos dar como exemplo, um título não vencido ou um título prescrito.

Art. 918:

"As exceções, fundadas em relação do devedor com os portadores precedentes, somente poderão ser por ele opostas ao portador se este, ao adquirir o título, tiver agido de má-fé."

Como já foi visto, as relações do devedor com outros co-obrigados, que não o exeqüente, não podem constituir exceções contra a cobrança de título executada pelo portador. Excetua-se porém se o exeqüente tiver obtido o título do executado, de má-fé ou com fraude. Cabe porém ao executado o ônus da prova, o que não será difícil, pois teria ele a colaboração dos co-obrigados anteriores, também vítimas, de esbulho ou outra fraude.

Art. 919:

"A cláusula constitutiva de mandato, lançada no endosso, confere ao endossatário o exercício dos direitos inerentes ao título, salvo restrição expressamente estatuída.

1º – O endossatário de endosso mandato só pode endossar novamente o título na qualidade de procurador, com os mesmos poderes que recebeu.

2º – Com a morte ou superveniente incapacidade do endossante, o endosso-mandato não perde eficácia.

3º – Pode o devedor opor ao endossatário de endosso-mandato somente as exceções que tiver contra o endossante."

Recapitulando um pouco do estudo do endosso, lembrar-nos-emos de que há três tipos de endosso: endosso-cambiário, endosso-mandato e endosso-caução.

O endosso cambiário transfere o título com todos os direitos inerentes a ele, perdendo o endossante a condição de credor.

O endosso-mandato, também chamado de endosso-cobrança, ou endosso-procuração, não transfere o título e os direitos a ele inerentes, ficando o endossante ainda como proprietário do título e titular dos direitos. Apenas outorga procuração a outra pessoa para agir em nome do endossante, geralmente para cobrar o valor do título.

É o que ocorre, por exemplo, com duplicatas cujo sacado esteja domiciliado em local diverso do domicílio do sacador. Vejamos esta hipótese: uma empresa de São Paulo saca duplicata para ser paga em Recife. Não irá até Recife para apresentar a duplicata para aceite e esperar até o vencimento para apresentá-la para pagamento. Encarrega então um banco com agência em Recife, para fazer a cobrança; entrega essa duplicata ao banco, endossando-a com a cláusula: "endosso para cobrança", ou então "endosso-mandato". A duplicata assim é transferida ao banco, que irá agir como procurador do endossante; recebe o valor da duplicata e o entrega ao endossante, o proprietário dela. O banco não se tornou proprietário da duplicata nem titular dos direitos a ela inerentes, mas foi apenas o encarregado de fazer a cobrança em nome do favorecido-endossante.

O banco-mandatário, vale dizer, o endossatário do endossante-mandante, poderá endossar a duplicata para outro banco, mas será também endossante-mandante, ficando os direitos reservados ao favorecido da duplicata.

O endosso-mandato continua válido se houver falecimento do endossante-mandante.

Digamos que em Recife o sacado da duplicata não a paga e o banco-mandatário executa o título não pago em nome do endossante-mandante. Nesse caso, o devedor poderá opor ao banco-mandatário as mesmas exceções oponíveis ao endossante-mandante.

Art. 920:

"A cláusula constitutiva de penhor, lançada no endosso, confere ao endossatário o exercício dos direitos inerentes ao título

1º . O endossatário de endosso-penhor, lançado no endosso, confere ao endossatário o exercício dos direitos inerentes ao título.

2º . Não pode o devedor opor ao endossatário de endosso-penhor as exceções que tinha contra o endossante, salvo se aquele tiver agido de má-fé."

Cuida-se agora de outro tipo de endosso: o endosso-penhor ou endosso-caução, uma mistura de endosso-cambiário com endosso-mandato. Foi assunto tratado no capítulo 5, item 5.6, com o nome de endosso-caução, É diferente dos outros dois mas tem características de um e de outro. O penhor de títulos de crédito é chamado de caução. O endosso-caução, ou seja, aquele com cláusula constitutiva de penhor, é também de mandato, pois transfere o título ao endossatário sem transferir os direitos creditórios.

Assim, uma empresa levanta empréstimo em um banco, dando-lhe algumas duplicatas para garantir o pagamento do empréstimo. O banco se encarregará da cobrança dessas duplicatas ante o sacado delas, em nome do endossante-favorecido, mas não se torna dono do dinheiro. Até aqui o endosso-caução é igual ao endosso-mandato.

Entretanto, ao receber o valor das duplicatas, o banco não entregará o dinheiro nas mãos do endossante-caucionário, mas aplicará esse dinheiro no pagamento da nota promissória. Assim sendo, as duplicatas foram entregues ao banco em penhor, só para garantia do débito que o endossante-caucionário tinha para com o banco-endossatário. O banco era perante o endossante-caucionário um credor pignoratício, ou seja, um credor cujo crédito seja garantido por penhor (*pignus*=penhor).

O banco poderá endossar essas duplicatas para outro banco, mas terá de ser um endossante-mandante, ou seja, o banco age como procurador do beneficiário das duplicatas. O devedor, porém, poderá opor ao banco-caucionário as mesmas exceções oponíveis ao endossatário-mandante. São critérios semelhantes ao endosso anterior (art. 919).

Art. 921:

"A aquisição de título à ordem, por meio diverso do endosso, tem efeito de cessão civil."

A única forma cambiária de transferência de títulos de crédito é o endosso. Se alguém optar por outra forma, como por exemplo, por um contrato de transferência de direitos, poderá fazê-lo, mas o título de crédito perde os efeitos cambiários, passando a ser crédito comum. Esse contrato não poderia, por exemplo, ensejar a ação cambiária.

Art. 922:

"O endosso posterior ao vencimento produz os mesmos efeitos do anterior."

Observam-se aqui os mesmos efeitos do aval póstumo. O endosso póstumo, também chamado endosso tardio, produz os mesmos efeitos produzidos por transferência de título sem endosso, ou seja, fora dos direitos cambiários. Achamos não muito clara essa disposição: ao dizer os mesmos efeitos do anterior, não fica esclarecido qual seja o anterior. Será o do artigo anterior, ou seja, o 921? Mas o art. 921 fala na inexistência de endosso. O mais provável é o de que o "anterior" seja o do art. 920, o do endosso-caução. Concluímos desta maneira, se compararmos aos arts. 19 e 20 da LUG. Resta ainda uma dúvida: o endosso não tem data e não se saberá se ele foi dado antes ou depois do vencimento. O mais lógico seria interpretar esse artigo como se o endosso fora dado após o protesto, pois o protesto tem data e ele provará se o título foi endossado antes ou depois do vencimento. O endosso póstumo pois corresponde a uma cessão de crédito, aplicando-se neste caso o disposto no art. 20 da LUG.

19.4. Do título nominativo

Art. 923:

"É título nominativo o emitido em favor de pessoa cujo nome conste no registro do emitente."

O novo código civil faz uma classificação de títulos de crédito, sob o critério de sua circulabilidade, em três tipos: ao portador, à ordem e nominativo. Já vimos como se transfere o título ao portador e à ordem e agora veremos nos arts. 923 a 928 a transferência dos títulos nominativos.

Não se pode dizer que título nominativo seja aquele que traz o nome do favorecido, pois o título à ordem também deverá ter o nome do favorecido. Mas o título à ordem transfere-se por endosso e o título nominativo por termo no livro de registro do emitente desse título. Pode parecer estranho falar-se em registro de títulos de crédito, porém ficaram incluídas como títulos de crédito as ações das S/A: são chamadas de títulos societários. As características das ações são impróprias para os títulos de crédito, mas são chamadas de títulos de crédito impróprios. Têm elas algumas características que permitem sua inclusão na categoria dos títulos de crédito, pois representam um crédito e são representadas por um título. É título representativo de um crédito do acionista perante a companhia que o emitiu, isto é, a S/A, tanto que o capital dela aparece no passivo de seu balanço. Entretanto, é um título de crédito regulamentado não por lei cambiária, mas pela Lei das S/A (Lei 6.404176), principalmente pelo art. 31.

As ações são nominativas, não mais sendo permitidas ações ao portador. Quando um acionista pretender transferir ações nominativas deverá comparecer na S/A que as emitiu e celebrar um termo no livro de registro.

Art. 924:
"Transfere-se o título nominativo mediante termo, em registro do emitente, assinado pelo proprietário e pelo adquirente."

A S/A tem um livro obrigatório chamado REGISTRO DE AÇÕES NOMINATIVAS e outro chamado TRANSFERÊNCIA DE AÇÕES NOMINATIVAS. O livro Registro de Ações Nominativas registra todas as ações nominativas e respectivo dono; é assim um registro de patrimônio.

O livro de Transferência de Ações Nominativas faz o registro de transferências de ações, que se transferem por termo lavrado nesse livro. Vendedor e comprador de ações comparecem na empresa emitente das ações e assinam o termo de transferência. Qualquer tipo de transferência é lavrado no livro: compra e venda direta do vendedor para o comprador, aquisição na Bolsa de Valores Mobiliários, arrematação em leilão judicial, herança ou qualquer outro.

Art. 925:
"O título nominativo pode ser transferido por endosso que contenha o nome do endossatário."

1º – A transferência, mediante endosso, só tem eficácia perante o emitente, uma vez feita a competente averbação em seu registro. O emitente pode exigir do endossatário que comprove a autenticidade da assinatura do endossante.

2º – O endossatário, legitimado por série regular e ininterrupta de endossos, tem o direito de obter a averbação no registro do emitente, comprovando a autenticidade das assinaturas de todos os endossantes.

3º – Contendo o título original o nome do primitivo proprietário, tem direito o adquirente de obter do emitente novo título, em seu nome. A emissão do novo título deve constar no registro do emitente."

A transferência de ações pode também ser feita por endosso, mas deverá ser registrada no Livro de Transferência de Ações Nominativas, comprovando-se a legitimidade do endosso, com a identificação devida do endossante e do endossatário. O novo proprietário das ações poderá ainda pedir a substituição do título, emitindo-se outro em nome do novo proprietário.

Essas formalidades são dispensadas na transferência por termo no livro, porquanto, tanto o vendedor como o comprador estão presentes na companhia e assinam o termo, identificando-se. Por endosso, entretanto, o vendedor não está presente e por isso devem ser tomadas novas cautelas.

Art. 926:
"Ressalvada proibição legal, pode o título nominativo ser transformado em à ordem ou ao portador, e pedido do proprietário e à sua custa."

É a chamada fungibilidade das ações. Podem elas ser transformadas de um tipo em outro e mesmo outros títulos, como as debêntures conversíveis em ações. A questão fica porém na dependência de transformações no capital da S/A, pois não basta a simples vontade do acionista, o dono das ações.

A Lei 8.021/90 eliminou as ações ao portador, mas poderá haver mudanças de ações nominativas para ações à ordem, ou vice-versa.

Art. 927:
"Fica desonerado de responsabilidade o emitente de boa-fé que fizer a transferência pelos modos indicados nos artigos antecedentes."

A transferência é uma transação entre o proprietário-endossante e o comprador-endossatário, devendo o emitente das ações, ou seja, a

S/A, fazer o registro dessa transação. Não cabe responsabilidade ao emitente do título transferido, por esse registro, a menos que tenha agido de má-fé.

Art. 928:
"Qualquer negócio ou medida judicial, que tenha por objeto o título, só produz efeito perante o emitente ou terceiros, uma vez feita a competente averbação no registro do emitente."

Todos os títulos nominativos que mudarem de dono deverão ter a transferência averbada no livro de registro de quem emitiu esses títulos (averbação é um registro em outro registro anterior). Na hipótese de uma transferência determinada por sentença judicial, será esta sentença documento hábil para que o emitente do título proceda a transferência.

CONCLUSÃO DESSE CAPÍTULO

As normas trazidas pelo novo Código Civil foram necessárias e relevantes, embora tenha sido essa regulamentação estabelecida nas leis que regulamentam os títulos de crédito no Brasil.

Todavia, as leis supra referidas regulamentam cada título de crédito e só por analogia aplicam de um para outro. A Lei Cambiária brasileira, ou seja, O Decreto 57.663/66, que "PROMULGA AS CONVENÇÕES PARA ADOÇÃO DE UMA LEI UNIFORME EM MATÉRIA DE LETRAS DE CÂMBIO E NOTAS PROMISSÓRIAS", conforme o próprio nome diz, regulamenta a letra de câmbio e a nota promissória e não todos os títulos de crédito.

20. CÉDULA DE CRÉDITO BANCÁRIO

20.1. Conceito e figuras intervenientes
20.2. Natureza jurídica
20.3. Valor da CCB
20.4. Requisitos da CCB
20.5. A circulação da CCB
20.6. As garantias
20.7. Certificado da CCB
20.8. Protesto e execução
20.9. Alienação fiduciária em garantia
20.10. Redesconto

20.1. Conceito e figuras intervenientes

Já constam na legislação brasileira as cédulas e notas de crédito, títulos que se iniciaram com a Cédula de Crédito Industrial e depois se ampliaram para a Cédula de Crédito à Exportação e a Cédula de Crédito Comercial. Surgiu recentemente a Cédula de Crédito Bancário, cujas características se afastam um pouco das cédulas de crédito e, por isso, dedicaremos a elas um estudo especial.

Por ser título agora criado, não há jurisprudência formada, nem estudos doutrinários sobre ele. Procuraremos então estudar a CCB, numa iniciativa pioneira, procurando interpretar a lei que a criou, a Medida Provisória 2.160-23, de 26.6.2001, à luz da LUG, Lei Uniforme de Genebra, do Decreto-lei 413/69, criador da CCI, Cédula de Crédito Industrial, das normas do Direito Bancário, todos ligados pela analogia a este novo título de crédito.

O próprio nome do título já sugere ser ele um título bancário, lastreando uma operação bancária. Tem como causa um contrato de mútuo, empréstimo de dinheiro feito por um banco a seu cliente. É um título de crédito causal, como a duplicata, que tem como causa um contrato de compra e venda a crédito, o WARRANT e o Conhecimento de Depósito, tendo como causa um contrato de depósito de mercadorias.

As figuras intervenientes são a princípio as partes do contrato de mútuo, provocador do título: o banco mutuante é o beneficiário do título e o emitente é seu cliente, o mutuário. Saltam aos olhos os interesses dos bancos, pois visa este título a dar mais garantias e facilidades maiores aos bancos ao conceder crédito a seus clientes, uma vez que a CCB é na verdade uma nota promissória, por ser promessa de pagamento em dinheiro. Tem sido utilizada a nota promissória comum para essas operações bancárias, mas havia necessidade de se estabelecer maiores garantias ao crédito bancário, o que foi conseguido com o novo título.

Vamos esclarecer melhor as figuras intervenientes:

BENEFICIÁRIO – É uma instituição financeira ou entidade a esta equiparada. Mais precisamente é um banco. Ante o desenvolvimento do Direito Bancário, ficaram regulamentados vários tipos de bancos: banco de varejo, banco de investimento, banco de desenvolvimento, banco de crédito cooperativo, banco de crédito agrário, de crédito imobiliário. Adicionam-se ainda várias outras instituições financeiras, equiparadas a bancos, embora não recebam o nome de banco, como é o caso da Sociedade de Financiamento, Crédito e Investimento, apelidada "Financeira", e outras. Incluem-se nessa categoria a cooperativa de crédito e a caixa econômica.

Malgrado todas essas instituições financeiras possam operar com a CCB, por serem entidades equiparadas a banco, é marcante o emprego desse título pelo banco de varejo, chamado ainda de "banco de depósitos", ou "banco comercial"; mas doravante faremos referência apenas a "Banco". Como exemplo, poderíamos citar as numerosas agências do Bradesco, Unibanco, e do Itaú.

EMITENTE – Pode ser pessoa física ou jurídica que levantar empréstimo em um banco. Sem querer afrontar o princípio de que o "futuro a Deus pertence", não acreditamos que a CCB venha a ser difundida às pessoas físicas, mas a lei abre essa possibilidade, e não vemos incompatibilidade no levantamento de empréstimo por pessoa física, com garantias reais ou mesmo pessoais.

Pode a CCB sofrer modificações por aditamentos que se incorporarão ao documento original. Assim se faz, por exemplo, se houver reforço de garantia, alteração no vencimento, mudança de companhia seguradora e outras modificações semelhantes. Esses aditamentos deverão ser feitos por instrumento escrito, como a própria CCB, e assinados pelas mesmas figuras intervenientes da cédula.

20.2. Natureza jurídica

CCB é um título executivo extrajudicial, contendo promessa de pagamento em dinheiro a determinada pessoa, o que a configura como NOTA PROMISSÓRIA com características extras. É emitida para lastrear empréstimo de dinheiro, ou seja, um contrato de mútuo. Esse contrato de mútuo é porém muito especial: é dinheiro entregue graças a um crédito aberto em conta corrente (CIC), chamado de "empréstimo em conta corrente"; é ainda chamado de "crédito rotativo" e por vários outros nomes. O débito vai passando por variações, por ser uma C/C. Pode ser um título isolado, vale dizer, sem a C/C, mas parece ter sido criado mais para esse fim.

Poderia esse título ser incluído no art. 585 do CPC, no elenco dos títulos executivos extrajudiciais, citando esse artigo apenas cinco: letra de câmbio, nota promissória, duplicata, debênture e cheque. Todavia, podemos conceituar a CCB como uma nota promissória. "Latu sensu", todo escrito que contenha promessa de pagamento em dinheiro a uma determinada pessoa é nota promissória, tal como é prevista na LUG e podemos comentar essas características:

1º – Como aspecto fundamental, podemos considerar a CCB um título causal; carece de importante fator dos títulos de crédito: a abstração. Está ela estreitamente vinculada a um contrato, contrato este retratante de uma operação financeira realizada entre o emitente da cédula e o Banco-beneficiário. Intimamente ligado a esse aspecto há outro: adicionam-se à cédula vários outros documentos, como extratos de conta e planilha de cálculos. Falta-lhe assim a característica da unicidade. Lembramo-nos de que a abstração e a unicidade são características marcantes da nota promissória.

2º – A CCB é emitida em várias vias, no mínimo duas, uma para o emitente e outra para o Banco-beneficiário. Se houver vários emitentes ou vários beneficiários, haveria tantas cópias quanto o número de figuras intervenientes. Não é o que acontece com verdadeiros títulos de crédito, como a nota promissória e a letra de câmbio: a nota promissória é única: a letra de câmbio também.

3º – Há na CCB vários requisitos decorrentes do negócio jurídico subjacente, como a cláusula referente a juros, correção monetária, multas, garantias e outras. Essas cláusulas, se forem inseridas na nota promissória ou na letra de câmbio seriam consideradas como não escritas, segundo a LUG e o novo Código Civil.

4º – Como o próprio nome diz, a CCB só pode ser emitida a favor de um banco; tem assim aplicação específica e restrita, enquanto a nota promissória é de aplicação genérica, podendo ser emitida a favor de qualquer pessoa.

Confrontando a CCB com os demais títulos de crédito, vamos aproximá-la das cédulas de crédito, que, no direito brasileiro, apresentam-se em três versões: Cédula de Crédito Industrial, Cédula de Crédito à Exportação, Cédula de Crédito Comercial. Aliás, o nome de cédula de crédito já sugere essa aproximação: cada uma é aplicada a uma área específica.

O título que mais se aproxima é a Cédula de Crédito Industrial, regulamentada pelo Decreto-lei 413/69, tanto que há até mesmo artigos idênticos nas duas leis. Há porém diferenças específicas entre as duas cédulas. A CCB é mais simplificada e mais ágil; é mais liberal. A CCI é para financiamento específico de uma operação industrial, o devedor precisa antes de um projeto e de um orçamento para a aplicação do empréstimo. Ao revés, a CCB retrata um mútuo puro; o devedor recebe o dinheiro do empréstimo e o aplica livremente.

No tocante às garantias cedularmente constituídas, a CCI é mais explícita e solene. Diz expressamente que há três tipos de garantias: penhor cedular, alienação fiduciária, hipoteca cedular; diz ainda quais os tipos de bens que possam constituir penhor cedular. Regulamenta mais pormenorizadamente a hipoteca.

Por analogia, aplicam-se à CCB as disposições do Decreto-lei 413/69, regulamentador da CCI.

20.3. Valor da CCB

Poderá ser fixo o valor da CCB, ou seja, do valor do crédito concedido, mas não obrigatoriamente. Poderá ser orçado pelo Banco, mas este não poderá orçá-lo ao seu arbítrio: a própria lei impõe-lhe normas e os critérios do cálculo devem constar no texto da cédula.

Sempre que necessário, a apuração do valor exato da obrigação, ou de seu saldo devedor, representado pela CCB, será feita pelo Banco-credor por meio de planilha de cálculo ou dos extratos de C/C, ou de ambos, documentos esses que integrarão a cédula. Dessa forma, o devedor terá acesso aos cálculos e poderá contestá-los. No momento da execução, terá ele argumentos para opor exceções.

Os cálculos realizados deverão evidenciar de modo claro, preciso e de fácil entendimento, o valor principal da dívida, seus encargos e despesas contratuais devidas, a parcela de juros e os critérios de sua incidência (conforme deve constar na cédula), a parcela de atualização monetária ou cambial, a parcela correspondente a multas e demais penalidades contratuais, as despesas de cobrança e de honorários advocatícios devidos até a data do cálculo e, por fim, o valor da dívida.

Vê-se então que a CCB, apesar de ser uma nota promissória, não tem valor líquido e certo, mas que deverá ser apurado. A nota promissória, segundo a LUG, deverá ter um valor líquido e certo, expresso em moeda nacional, como também acontece com a letra de câmbio e demais títulos de crédito.

Outro aspecto em que a CCB se distingue da nota promissória é que ela poderá ser emitida em moeda estrangeira, não obstante só possa ser possível quando emitida a favor de banco domiciliado no exterior. Nesse caso, a obrigação constante na cédula em moeda estrangeira deverá estar sujeita exclusivamente à lei e ao foro brasileiros. Assim sendo, na hora do pagamento, deverá ser feita a conversão da moeda estrangeira em moeda nacional; essa operação demonstra que a CCB em moeda estrangeira não tem valor líquido.

A CCB representativa de dívida oriunda de contrato de abertura de crédito bancário em C/C será emitida pelo valor total do crédito posto à disposição do emitente. Compete ao credor discriminar nos extratos de C/C ou planilhas de cálculo, que serão anexados à cédula, as parcelas utilizadas no crédito aberto, os aumentos do limite do crédito inicialmente concedido, as eventuais amortizações da dívida e a incidência dos encargos nos vários períodos de utilização do crédito aberto.

Vamos explicar melhor esta questão: é muito comum os bancos realizarem empréstimo a seus clientes sob a modalidade do CONTRATO DE ABERTURA DE CRÉDITO BANCÁRIO EM C/C. É aberta uma C/C com determinado limite, digamos R$ 100.000,00; pode o cliente sacar esse valor, ficando o saldo negativo. Contudo, pode o cliente fazer depósitos nessa conta, diminuindo o débito e movimentando-a como qualquer C/C.

Os bancos celebram contratos ativos e passivos. Nos ativos, o banco se torna credor; nos passivos, devedor. Se um cliente abre conta de depósitos, celebra um contrato passivo, pois o banco fica devedor, por estar na obrigação de pagar os cheques sacados nessa conta. No contrato a que estamos nos referindo, o banco fica credor do cliente; é portanto uma operação ativa. Anteriormente, esse contrato era lastreado por uma nota promissória de igual valor do limite de crédito. Não sendo pago o débito no vencimento, o banco procedia a execução judicial, pelo valor do saldo devedor em C/C e não pelo valor da nota promissória.

Agora porém, em vez da nota promissória, é emitida pelo cliente a favor do banco a CCB. Se ela não for paga no vencimento e for executada, deverão ser juntados na cédula os documentos referentes ao débito, como extrato de C/C, as planilhas de cálculo de juros, e outros mais, para ser promovida a execução.

20.4. Requisitos da CCB

Como título de crédito, a CCB é um documento formal; prescreve a lei várias formalidades, além das exigidas pela legislação cambiária, previstas em lei específica, a Medida Provisória 2.160-23, de 28.6.2001. São as seguintes:

I – A denominação CÉDULA DE CRÉDITO BANCÁRIO, em letra de realce.
II – A promessa incondicionada de pagamento em dinheiro a determinada pessoa, no vencimento e no local previstos.
III – A data e o local do pagamento; se o pagamento for feito em parcelas, deverão constar as datas, valores e critérios para essa determinação.
IV – O nome do Banco-credor.
V – A cláusula "à ordem", caso houver, por não ser obrigatória;
VI – Data e lugar da emissão.
VII – Assinatura do emitente e, caso houver, do terceiro que oferecer bem em garantia.

Conforme pudemos discorrer no item anterior, sobre o valor da CCB, o valor da cédula pode ser levantado por ocasião do pagamento. Para os cálculos do valor, devem ser pactuados, entre as partes, os critérios devidos. Esses critérios poderão constar na cédula. A lei fala "poderão", mas deverão estar expressos para evitar discussões futuras. São as seguintes as bases da pactuação:

A – Os juros sobre a dívida, capitalizados ou não, os critérios de sua incidência e, se for o caso, a periodicidade de sua capitalização, bem como as despesas e os demais encargos decorrentes da obrigação.

B – Os critérios de atualização monetária ou de variação cambial como permitido em lei; a variação cambial refere-se à CCB em moeda estrangeira.

C – Os critérios de apuração e de ressarcimento, pelo emitente ou por terceiro garantidor, ou seja, o proprietário do bem oferecido para garantir o débito do emitente da cédula. Conforme foi falado, não é essencial que o bem dado em garantia pertença ao devedor, mas pode ser de um terceiro.

D – Os critérios de ressarcimento das despesas de cobrança da dívida e dos honorários advocatícios judiciais e extrajudiciais, sendo que os honorários advocatícios extrajudiciais não poderão superar o limite de 10% do valor total devido.

E – Os casos de ocorrência de mora e de incidência de multas e penalidades contratuais, bem como as hipóteses de vencimento antecipado da dívida.

F – Quando for o caso, a modalidade de garantia da dívida, sua extensão e as hipóteses de substituição de tal garantia.

G – As obrigações a serem cumpridas pelo credor, entre as quais a de emitir extratos de C/C ou planilhas de cálculo da dívida, ou de seu saldo devedor, de acordo com os critérios estabelecidos na própria CCB.

H – Outras condições de crédito, suas garantias ou liquidação, obrigações adicionais do emitente ou do terceiro garantidor da obrigação, desde que não contrariem as disposições da Medida Provisória 2.160-23/2001, criadora e regulamentadora da CCB.

20.5. A circulação da CCB

Apesar de ser um título nominal, é título à ordem, podendo ser transferido por endosso, mas só endosso em preto, ou seja, constando sempre o nome do endossatário; não poderá transformar-se em título ao portador. Não é essencial que o endossatário seja um banco, por ser de endosso livre, até mesmo a pessoa física. Contudo, só a via do banco é transferível, uma vez que a CCB pode ser emitida em várias vias: uma para o beneficiário (o Banco) e outra para o eminente (o devedor). Se houver outras pessoas, haverá cópia também para elas. Nas outras vias, que não seja a do Banco, deverá constar a expressão: "não negociável".

20.6. As garantias

A garantia da CCB pode ser real ou fidejussória e delas será conveniente traçar uma distinção e esclarecimento. A garantia real consta de uma coisa móvel ou imóvel, oferecida pelo devedor ao seu credor, para assegurar o cumprimento de uma obrigação. A coisa oferecida fica vinculada à dívida com ônus real. Não é necessário que a coisa vinculada à dívida seja propriedade do devedor, mas é possível alguém dar garantia real por ele, uma vez que é a coisa que irá garantir a dívida.

A coisa oferecida pode ser de várias espécies: imóveis (hipoteca), móvel (penhor), títulos de crédito (caução), anticrese (coisa com rendimento). No caso de não cumprimento da obrigação garantida, a coisa dada em garantia será empregada no pagamento. Quando tratar-se de um bem sujeito a registro, a garantia deverá ser registrada nele, para impedir sua alienação, pois nas dívidas garantidas por penhor, caução, hipoteca ou anticrese a coisa dada em garantia fica sujeita por vínculo real ao cumprimento da obrigação. Trata-se de um reforço de garantia, pois a própria CCB já é uma garantia, como também o patrimônio do devedor. Assim, por exemplo, a hipoteca de um imóvel deverá ser registrada na Circunscrição Imobiliária; o penhor de um veículo deve ser registrado no Detran.

A garantia pessoal é dada pela pessoa do devedor, sendo também chamada de fidejussória. Funda-se na idoneidade moral e financeira do devedor. Equivale a uma palavra de honra. É o caso do aval e da fiança, podendo ser considerado também o endosso.

A CCB poderá ter ou não garantia. Caso não tenha, equivale à Nota de Crédito, embora não seja essa expressão adotada para a CCB. É possível haver garantia de um tipo ou de outro: a CCB poderá ter aval e, ao mesmo tempo, hipoteca e penhor.

A garantia é constituída cedularmente, vale dizer, na própria cédula. Destarte, o penhor não precisará de contrato, mas vale a sua inscrição na cédula. A hipoteca dispensa escritura pública, mas será feita na cédula, embora esta deva ser registrada na Circunscrição Imobiliária. Poderia a hipoteca ser feita por escritura pública, mas constando também na cédula.

O bem apenhado ou hipotecado, ou objeto de alienação fiduciária, pode permanecer em poder do devedor ou do terceiro prestador da garantia, recebendo essa cláusula o nome de "constituto possessório", ou "clausula constituti". Foi o que aconteceu com um banco que emprestou dinheiro a um pecuarista, recebendo em penhor uma boiada de 2.000 bois, que tiveram que ficar no pasto do devedor-pecuarista. Em casos assim, deve constar na CCB o local em que ficarão os bens apenhados e os cuidados a serem adotados. Aliás, a maioria dos imóveis hipotecados permanecem em poder do devedor. Também os bens apenhados (entregues em penhor), como veículos, máquinas, gado e outros, cuja guarda se torna difícil para o Banco.

O emitente da CCB (o devedor) fica com a coisa em seu poder, na condição de depositário e deverá observar com ela os cuidados necessários, como se sua fosse. Assim estabelece o Código Civil. A coisa deverá ser segurada, constando na apólice de seguro o Banco, como beneficiário do seguro. Caso a coisa não se destrua totalmente, mas fique avariada ou sofra desgaste, o Banco poderá pedir sua substituição ou reforço da garantia.

20.7. Certificado da CCB

Aspecto peculiar da CCB é a possibilidade de o Banco emitir título representativo dela, circulável por endosso, permanecendo a cédula em poder do Banco. Este título é quase a duplicação da cédula, ficando como dois títulos circulando em separado. Diz a Medida Provisória 2.160-23/01, que a ela se aplicam as normas da legislação cambial, mas esta, mormente a LUG, não prevê essa dualidade. Essa nomenclatura de "legislação cambial", referida duas vezes pela Medida Provisória, consideramos inadequada. O Direito Cambial está-se formando e refere-se às normas referentes às operações de Câmbio, isto é, as que envolvem transações em moedas estrangeiras. O direito regulamentador dos títulos de crédito denomina-se Direito Cambiário, nome oriundo de letra de câmbio. Quando a Medida Provisória fala em legislação cambial, entende-se com legislação cambiária.

Esse título representativo da CCB, chamado de Certificado de Cédula de Crédito Bancário, deverá conter certos dados exigidos pela Medida Provisória:

1 – o local e a data da emissão;
2 – o nome e a qualificação de depositante da CCB;
3 – a denominação de CERTIFICADO DE CÉDULAS DE CRÉDITO BANCÁRIO;
4 – a especificação das cédulas depositadas, o nome dos seus emitentes, e o valor, o lugar e a data de pagamento do crédito por elas incorporadas;
5 – o nome da instituição emitente;

6 – a declaração de que a instituição financeira, na qualidade e com as responsabilidades de depositário e mandatário do titular do certificado, promoverá a cobrança da CCB, e de que as cédulas depositadas, assim como o produto da cobrança do seu principal e encargos, somente serão entregues ao titular do certificado, contra apresentação deste;
7 – o lugar da entrega do objeto do depósito; e
8 – a remuneração devida à instituição financeira pelo depósito das cédulas objeto da emissão do certificado, se convencionado.

Parece ter havido influência da Lei das S/A, pois o art. 19 da Medida Provisória tem bastante similaridade com o art. 43 da Lei 6.404/76, regulamentanto o Certificado de Depósito de Ações. Os parágrafos dos dois artigos são quase idênticos. Parece ainda haver influência norte-americana, devido a um certificado semelhante de nome ADR-*American Depository Receipts*.

A instituição financeira a que se refere esta Medida Provisória é a depositária da CCB, pertencente a outra instituição financeira, o Banco-beneficiário da cédula. Essa instituição financeira responde pela origem e autenticidade da CCB depositadas, como também acontece com o Certificado de Depósito de Ações.

Emitido o Certificado, as Cédulas de Crédito Bancário e as importâncias recebidas pela instituição financeira a título de pagamento do principal e de encargos não poderão ser objeto de penhora, arresto, seqüestro, busca e apreensão, ou qualquer outro embaraço que impeça a sua entrega ao titular do certificado, mas este poderá ser objeto de penhora, ou de qualquer medida cautelar por obrigação de seu titular.

É o que acontece também com o WARRANT e o Conhecimento de Depósito, que podem ser penhorados, mas não as mercadorias que esses títulos representam. O mesmo acontece com o Certificado de Cédulas de Crédito Bancário; pode ele ser penhorado, mas não as cédulas que ele representa. Trata-se de uma penhora indireta. Com a penhora do WARRANT e do Conhecimento de Depósito chega-se à mercadoria que eles representam, a penhora do Certificado dá acesso à própria cédula e à mercadoria.

20.8. Protesto e execução

O protesto da CCB é dispensado para garantir o direito de cobrança contra os endossantes, seus avalistas e terceiros garantidores. Para maior comodidade, fica dispensada importante formalidade exigida pela legislação cambiária. Todo título de crédito deve ser apresentado para pagamento, não só ao devedor direto, mas também aos demais co-obrigados; estes últimos talvez não sejam encontrados e o protesto é a forma de apresentação a eles. Entretanto, a dispensa do protesto é mais benéfica a eles, devido à má interpretação do protesto.

Aspecto interessante do protesto da CCB é o de que poderá ele ser feito pela cópia, permanecendo a via original em poder do Banco. Ao encaminhar essa cópia ao Cartório de Protestos, o Banco terá que declarar estar na posse da sua única via negociável e indicar o valor pelo qual será protestada a CCB, inclusive no caso de ter feito protesto parcial.

20.9. Alienação fiduciária em garantia

O artigo 22 da Medida Provisória 2.160-23/01 introduziu modificação na Lei do Mercado de Capitais, acrescendo um novo dispositivo; incluiu novo artigo, o 66-A, nessa lei (Lei 4.728/65). Refere-se esse artigo à Alienação Fiduciária em Garantia de bens fungíveis ou de direito. Os bens fungíveis são aqueles que podem ser substituídos por outros bens do mesmo gênero, qualidade e quantidade. Infungíveis são os bens insuscetíveis de substituição.

Examinaremos uma CCB garantida por uma casa ou por um prédio: é um certo, determinado imóvel, descrito numa escritura pública. O devedor não poderá substitui-lo por outro, sob o ponto de vista legal. Poderia acertar a substituição em comum acordo com o credor mas não por "sponte própria". Digamos porém que houve o penhor de duas toneladas de feijão de determinada qualidade e tipo: esses feijões podem ser substituídos por outros: o que importa é que o devedor apresente quando necessário duas toneladas de feijão daquele tipo e da mesma qualidade. Bem fungível por excelência é o dinheiro; por exemplo, um banco empresta R$ 100.000,00 ao seu devedor e este deve devolver esse dinheiro no vencimento; mas não são as mesmas notas; importa é que sejam notas que formem o valor de R$ 100.000,00.

O artigo em análise fala apenas de coisa fungível ou de direito. Ao falar em direito está incluindo o título de crédito, por ser um documento com direito incorporado nele. Evita assim criar polêmica sobre a fungibilidade ou não do título de crédito, apesar de ser ele um bem fungível, por ser possível fazer-se novo título da mesma qualidade, do mesmo valor e demais requisitos.

Causa espécie o fato de uma Medida Provisória modificar uma lei ordinária. Uma lei só pode ser revogada ou modificada por outra lei da mesma categoria, emanada do mesmo poder competente. Não pode um decreto modificar lei ordinária ou vice-versa. Não pode uma portaria do Banco Central modificar uma lei, como não pode o prefeito de São Paulo revogar lei federal. Agora porém vão medidas provisórias revogando e modificando leis ordinárias votadas pelo Congresso Nacional. Cria-se ambiente de instabilidade e insegurança legislativa. Assim, por exemplo, a MP 2065-22, de 22.6.2001 criou a CCB. Seis dias depois, em 28.6.2001 surge a MP 2.160-23 revogando a anterior e dando nova regulamentação à CCB. Temos porém que conviver com a fúria legiferante do Governo Federal e nos amoldarmos à nova situação.

Além disso, não se explica porque a MP sobre CCB modifica a lei sobre mercado de capitais. Acreditamos porém que haja um sentido subjacente. A Alienação Fiduciária em Garantia pode ser também adotada na CCB e esta MP visa a dar poderes maiores ao Banco-beneficiário da CCB, que, no contrato de AFG será o credor-fiduciário. No caso de inadimplemento ou mora da obrigação garantida, o credor-fiduciário poderá vender o bem dado em garantia a terceiros, independentemente de leilão ou qualquer outra medida judicial ou extrajudicial, aplicando o preço da venda desse bem no pagamento de seu crédito e das despesas decorrentes e entregar ao devedor, acompanhado de demonstrativo da operação realizada, o saldo apurado, se houver.

Destarte, o credor exerce a justiça pelas próprias mãos, executando a dívida, marcando leilão e nomeando leiloeiro, para satisfazer seu crédito.

20.10. Redesconto

Vantagem da CCB é a possibilidade de redesconto, que se fará junto ao Banco Central. O redesconto é uma conhecida operação bancária, pela qual um Banco concede empréstimo ao seu cliente e depois o repassa a outro Banco, recuperando o dinheiro aplicado, que poderá ser novamente aplicado.

O desconto é o adiantamento de dinheiro feito por um Banco ao seu cliente, que lhe transfere um título de crédito, por exemplo, uma duplicata. O Banco desconta do valor dessa duplicata (donde o nome de desconto) a sua remuneração, como juros, despesas e correção monetária. O banco porém poderá repassar esta duplicata para outro Banco, recebendo o valor dela: é o redesconto.

A CCB pode ensejar essa operação, o que vem aumentar a sua eficácia, por ser a reprodução do crédito por ela representado. A CCB retrata a operação de crédito entre o Banco-beneficiário e o cliente emitente. Por sua vez, o Banco-beneficiário do título transfere-o por endosso ao Banco Central, recebendo o valor da cédula, recuperando o dinheiro que houvera aplicado. O Banco Central passa a ser então o legítimo portador da CCB e fará a cobrança de seu valor junto ao emitente da cédula, o devedor direto.

Medida Provisória n. 2.160-23 de junho de 2001
D.O. 125-E de 29-6-2001 pág. 29

Dispõe sobre a Cédula de Crédito Bancário e acresce dispositivo à Lei n. 4.728[1] de 14 de julho de 1965, para instituir a alienação fiduciária em garantia de coisa fungível ou de direito.

O PRESIDENTE DA REPÚBLICA, no uso da atribuição que lhe confere o art. 62 da Constituição, adota a seguinte Medida Provisória, com força de lei:

CAPÍTULO I
DA CÉDULA DE CRÉDITO BANCÁRIO

Art. 1° A Cédula de Crédito Bancário é título de crédito emitido, por pessoa física ou jurídica, em favor de instituição financeira ou de

---

(1) Leg. Fed., 1965, pág. 954.

entidade a esta equiparada, representando promessa de pagamento em dinheiro, decorrente de operação de crédito, de qualquer modalidade.

§ 1º A instituição credora deve integrar o Sistema Financeiro Nacional, sendo admitida a emissão da Cédula de Crédito Bancário em favor de instituição domiciliada no exterior, desde que a obrigação esteja sujeita exclusivamente à lei e ao foro brasileiros.

§ 2º A Cédula de Crédito Bancário em favor de instituição domiciliada no exterior poderá ser emitida em moeda estrangeira.

Art. 2º A Cédula de Crédito Bancário poderá ser emitida, com ou sem garantia, real ou fidejussória, cedularmente constituída.

Parágrafo único. A garantia constituída será especificada na Cédula de Crédito Bancário, observadas as disposições do Capítulo II desta Medida Provisória e, no que não forem com estas conflitantes, as da legislação comum ou especial aplicável.

Art. 3º A Cédula de Crédito Bancário é título executivo extrajudicial e representa dívida em dinheiro, certa, líquida o exigível, seja pela soma nela indicada, seja pelo saldo devedor demonstrado em planilha de cálculo, ou nos extratos da conta corrente, elaborados conforme previsto no § 2º.

§ 1º Na Cédula do Crédito Bancário poderão ser pactuados:

I – os juros sobre a dívida, capitalizados ou não, ou critérios de sua incidência e, se for o caso, a periodicidade de sua capitalização, bem como as despesas e os demais encargos decorrentes da obrigação;

II – os critérios de atualização monetária ou de variação cambial como permitido em lei;

III – os casos de ocorrência de mora e de incidência das multas e penalidades contratuais, bem como as hipóteses de vencimento antecipado da dívida;

IV – os critérios de apuração e de ressarcimento, pelo emitente ou por terceiro garantidor, das despesas de cobrança da dívida e dos honorários advocatícios, judiciais ou extrajudiciais, sendo que os honorários advocatícios extrajudiciais não poderão superar o limite de dez por cento do valor total devido;

V – quando for o caso, a modalidade de garantia da dívida, sua extensão e as hipóteses de substituição de tal garantia;

VI – em obrigações a serem cumpridas pelo credor,

VII – a obrigação do credor de emitir extratos da conta corrente ou planilhas de cálculo da dívida, ou de seu saldo devedor, de acordo com os critérios estabelecidos na própria Cédula de Crédito Bancário, observado o disposto no § 2°; e

VIII — outras condições de concessão do crédito, suas garantias ou liquidação, obrigações adicionais do emitente ou do terceiro garantidor da obrigação, desde que não contrariem as disposições desta Medida Provisória.

§ 2° Sempre que necessário, a apuração do valor exato da obrigação, ou do seu saldo devedor, representado pela Cédula de Crédito Bancário, será feita pelo credor por meio de planilha de cálculo ou dos extratos da conta corrente, ou de ambos, documentos esses que integrarão a Cédula, observado que:

I — os cálculos realizados deverão evidenciar de modo claro, preciso e de fácil entendimento e compreensão, o valor principal da dívida, seus encargos e despesas contratuais devidos, a parcela de juros e os critérios de sua incidência, a parcela de atualização monetária ou cambial, a parcela correspondente a multas e demais penalidades contratuais, as despesas de cobrança e de honorários advocatícios devidos até a data do cálculo e, por fim, o valor total da dívida; e

II — a Cédula de Crédito Bancário representativa de dívida oriunda de contrato de abertura de crédito bancário em conta corrente será emitida pelo valor total do crédito posto à disposição do emitente, competindo ao credor, nos termos deste parágrafo, discriminar nos extratos da conta corrente ou nas planilhas de cálculo, que serão anexados à Cédula, as parcelas utilizadas do crédito aberto, os aumentos do limite do crédito inicialmente concedido, as eventuais amortizações da dívida e a incidência dos encargos nos vários períodos de utilização do crédito aberto.

Art. 4° A Cédula de Crédito Bancário deve conter os seguintes requisitos essenciais:

I — a denominação "Cédula de Crédito Bancário";

II — a promessa do emitente de pagar a dívida em dinheiro, certa, líquida e exigível no seu vencimento ou, no caso de dívida oriunda de contrato de abertura de crédito bancário, a promessa do emitente de pagar a dívida em dinheiro, certa, líquida e exigível correspondente ao crédito utilizado;

III — a data e o lugar do pagamento da dívida e, no caso de pagamento parcelado, as datas e os valores de cada prestação, ou os critérios para essa determinação;

IV — o nome da instituição credora, podendo conter cláusula à ordem;
V — a data e o lugar de sua emissão; e
VI — a assinatura do emitente e, se for o caso, do terceiro garantidor da obrigação, ou de seus respectivos mandatários.

§ 1º A Cédula de Crédito Bancário será transferível mediante endosso em preto, ao qual se aplicarão, no que couberem, as normas do direito cambiário, caso em que o endossatário, mesmo não sendo instituição financeira ou entidade a ela equiparada, poderá exercer todos os direitos por ela conferidos, inclusive cobrar os juros e demais encargos na forma pactuada na Cédula.

§ 2º A Cédula de Crédito Bancário será emitida por escrito, em tantas vias quantas forem as partes que nela intervierem, assinadas pelo emitente e pelo terceiro garantidor, se houver, ou por seus respectivos mandatários, devendo cada parte receber uma via.

§ 3º Somente a via do credor será negociável, devendo constar nas demais vias a expressão "não negociável".

§ 4º A Cédula de Crédito Bancário pode ser aditada, retificada e ratificada mediante documento escrito, datado, com os requisitos previstos no *caput* deste artigo, passando esse documento a integrar a Cédula para todos os fins.

CAPÍTULO II
DAS GARANTIAS CEDULARMENTE CONSTITUÍDAS

Art. 5º A constituição de garantia da obrigação representada pela Cédula de Crédito Bancário é disciplinada por esta Medida Provisória, sendo aplicáveis as disposições da legislação comum ou especial que não forem com ela conflitantes.

Art. 6º A garantia da Cédula de Crédito Bancário poderá ser fidejussória ou real, neste último caso constituída por bem patrimonial de qualquer espécie, disponível e alienável, móvel ou imóvel, material ou imaterial, presente ou futuro, fungível ou infungível, consumível ou não, cuja titularidade pertença ao próprio emitente ou a terceiro garantidor da obrigação principal.

Parágrafo único. O penhor de direitos constitui-se pela mera notificação ao devedor do direito apenhado.

Art. 7º A constituição da garantia poderá ser feita na própria Cédula de Crédito Bancário ou em documento separado, neste caso fazendo-se, na Cédula, menção a tal circunstância.

Art. 8º O bem constitutivo da garantia deverá ser descrito e individualizado de modo que permita sua fácil identificação.

Parágrafo único. A descrição e individualização do bem constitutivo da garantia poderá ser substituída pela remissão a documento ou certidão expedida por entidade competente, que integrará a Cédula de Crédito Bancário para todos os fins.

Art. 9º A garantia da obrigação abrangerá, além do bem principal constitutivo da garantia, todos os seus acessórios, benfeitorias de qualquer espécie, valorizações a qualquer título, frutos e qualquer bem vinculado ao bem principal por acessão física, intelectual, industrial ou natural.

§ 1º O credor poderá averbar, no órgão competente para o registro do bem constitutivo da garantia, a existência de qualquer outro bem por ela abrangido.

§ 2º Até a efetiva liquidação da obrigação garantida, os bens abrangidos pela garantia não poderão, sem prévia autorização escrita do credor, ser alterados, retirados, deslocados ou destruídos, nem poderão ter sua destinação modificada, exceto quando a garantia for constituída por semoventes ou por veículos, automotores ou não, e a remoção ou o deslocamento desses bens for inerente à atividade do emitente da Cédula de Crédito Bancário, ou do terceiro prestador da garantia.

Art. 10. Os bens constitutivos de garantia pignoratícia ou objeto de alienação fiduciária poderão, a critério do credor, permanecer sob a posse direta do emitente ou do terceiro prestador da garantia, nos termos da cláusula de constituto possessório, caso em que as partes deverão especificar o local em que o bem será guardado e conservado até a efetiva liquidação da obrigação garantida.

§ 1º O emitente e, se for o caso, o terceiro prestador da garantia responderão solidariamente pela guarda e conservação do bem constitutivo da garantia.

§ 2º Quando a garantia for prestada por pessoa jurídica, esta indicará representantes para responder nos termos do § 1º.

Art. 11. Para a eficácia, em face de terceiros, de garantia pignoratícia ou de alienação fiduciária, será suficiente, no caso de veículos automotores de qualquer espécie, a averbação do ônus no respectivo órgão em que deve ser feito o registro para a aquisição ou transferência de direitos.

Art. 12. O credor poderá exigir que o bem constitutivo da garantia seja coberto por seguro até a efetiva liquidação da obrigação garantida, em que o credor será indicado como exclusivo beneficiário da apólice securitária e estará autorizado a receber a indenização para liquidar ou amortizar a obrigação garantida.

Art. 13. Se o bem constitutivo da garantia for desapropriado, ou se for danificado ou perecer por fato imputável a terceiro, o credor sub-rogar-se-á no direito à indenização devida pelo expropriante ou pelo terceiro causador do dano, até o montante necessário para liquidar ou amortizar a obrigação garantida.

Art. 14. Nos casos previstos nos arts. 12 e 13 desta Medida Provisória, facultar-se-á ao credor exigir a substituição da garantia, ou o seu reforço, renunciando ao direito à percepção do valor relativo à indenização.

Art. 15. O credor poderá exigir a substituição ou o reforço da garantia, em caso de perda, deterioração ou diminuição de seu valor.

Parágrafo único. O credor notificará por escrito o emitente e, se for o caso, o terceiro garantidor, para que substituam ou reforcem a garantia no prazo de quinze dias, sob pena de vencimento antecipado da dívida garantida.

CAPÍTULO III
DAS DISPOSIÇÕES ESPECIAIS

Art. 16. Nas operações de crédito rotativo, o limite de crédito concedido será recomposto, automaticamente e durante o prazo de vigência da Cédula de Crédito Bancário, sempre que o devedor, não estando em mora ou inadimplente, amortizar ou liquidar a dívida.

Art. 17. Para fins de lavratura de protesto, a Cédula de Crédito Bancário poderá ser encaminhada, por cópia, ao oficial do cartório, desde que a instituição credora declare estar de posse da sua única via negociável e indique o valor pelo qual será protestada, inclusive no caso de protesto parcial.

Art. 18. A validade e eficácia de Cédula de Credito Bancário não dependem de registro, mas as garantias reais, por ela constituídas, ficam sujeitas, para valor contra terceiros, aos registros ou averbações previstos no legislação aplicável, com as alterações introduzidas por esta Medida Provisória.

Art. 19. As instituições financeiras, nas condições estabelecidas pelo Conselho Monetário Nacional, podem emitir título representativo das Cédulas de Credito Bancário por elas mantidas em depósito, do qual constarão:

I — o local e a data da emissão;

II — o nome e a qualificação do depositante das Cédulas de Crédito Bancário;

III — a denominação "Certificado de Cédulas de Crédito Bancário";

IV — a especificação das cédulas depositadas, o nome dos seus emitentes, e o valor, o lugar e a data do pagamento do crédito por elas incorporado;

V — o nome da instituição emitente;

VI — a declaração de que a instituição financeira, na qualidade e com as responsabilidades de depositária e mandatária do titular do certificado, promoverá a cobrança das Cédulas de Crédito Bancário, e de que as cédulas depositadas, assim como o produto da cobrança do seu principal e encargos, somente serão entregues ao titular do certificado, contra apresentação deste;

VII — o lugar da entrega do objeto do depósito; e

VIII — a remuneração devida à instituição financeira pelo depósito das cédulas objeto da emissão do certificado, se convencionada.

§ 1º A instituição financeira responde pela origem e autenticidade das Cédulas de Crédito Bancário depositadas.

§ 2º Emitido o certificado, as Cédulas de Crédito Bancário e as importâncias recebidas pela instituição financeira a título de pagamento do principal e de encargos não poderão ser objeto de penhora, arresto, seqüestro, busca e apreensão, ou qualquer outro embaraço que impeça a sua entrega ao titular do certificado, mas este poderá ser objeto de penhora, ou de qualquer medida cautelar por obrigação do seu titular.

§ 3º O certificado poderá ser emitido sob a forma escritural, sendo regido, no que for aplicável, pelo contido nos arts. 34 e 35 da Lei n. 6.404[(2)], de 15 de dezembro de 1976.

§ 4º O certificado poderá ser transferido mediante endosso ou termo de transferência, se escritural, devendo, em qualquer caso, a transferência ser datada e assinada pelo seu titular ou mandatário com poderes

---

(2) Leg. Fed., 1976, pág. 899.

especiais e averbada junto à instituição financeira emitente, no prazo máximo de dois dias.

§ 5º As despesas e os encargos decorrentes da transferência e averbação do certificado serão suportados pelo endossatário ou cessionário, salvo convenção em contrário.

CAPÍTULO IV
DAS DISPOSIÇÕES GERAIS

Art. 20. Aplica-se às Cédulas de Crédito Bancário, no que não contrariar o disposto nesta Medida Provisória, a legislação cambial, dispensado o protesto para garantir o direito de cobrança contra endossantes, seus avalistas e terceiros garantidores.

Art. 21. Os títulos de crédito e direitos creditórios, representados sob a forma escritural ou física, que tenham sido objeto de desconto, poderão ser admitidos a redesconto junto ao Banco Central do Brasil, observando-se as normas e instruções baixadas pelo Conselho Monetário Nacional.

§ 1º Os títulos de crédito e os direitos creditórios de que trata o *caput* considerar-se-ão transferidos, para fins de redesconto, à propriedade do Banco Central do Brasil, desde que inscritos em termo de tradição eletrônico constante do Sistema de Informações do Banco Central — SISBACEN, ou, ainda, no termo de tradição previsto no § 1º do art. 5º do Decreto n. 21.499, de 9 de junho de 1932, com a redação dada pelo art. 1º do Decreto n. 21.928, de 10 de outubro de 1932.

§ 2º Entendem-se inscritos nos termos de tradição referidos no § 1º os títulos de crédito e direitos creditórios neles relacionados e descritos, observando-se os requisitos, os critérios e as formas estabelecidas pelo Conselho Monetário Nacional.

§ 3º A inscrição produzirá os mesmos efeitos jurídicos do endosso, somente se aperfeiçoando com o recebimento, pela instituição financeira proponente do redesconto, de mensagem de aceitação do Banco Central do Brasil, ou, não sendo eletrônico o termo de tradição, após a assinatura das partes.

§ 4º Os títulos de crédito e documentos representativos de direitos creditórios, inscritos nos termos de tradição, poderão, a critério do Banco Central do Brasil, permanecer na posse direta da instituição financeira beneficiária do redesconto, que os guardará e conservará em depósito, devendo proceder, como comissária *del credere*, à sua cobrança judicial ou extrajudicial.

Art. 22. Fica acrescido o art. 66-A à Seção XIV da Lei n. 4.728, de 14 de julho de 1965, com a seguinte redação:

"Art. 66-A. Aplica-se à alienação fiduciária em garantia de coisa fungível ou de direito o disposto no art. 66, e o seguinte:

I — salvo disposição em contrário, a alienação fiduciária em garantia de coisa fungível ou de direito transferirá ao credor fiduciário a posse direta e indireta do bem alienado em garantia;

II — a alienação fiduciária em garantia de coisa fungível ou de direito valerá contra terceiros.

a) no caso de bens móveis e títulos ao portador, desde a tradição;
b) no caso de bens móveis sujeitos a registro, títulos nominativos e ações, desde a inscrição, anotação ou averbação, na forma legal;
c) no caso de créditos, desde a notificação ao devedor.

§ 1º No caso de inadimplemento ou mora da obrigação garantida, o fiduciário poderá vender o bem a terceiros, independentemente de leilão, hasta pública, ou qualquer outra medida judicial ou extrajudicial, salvo disposição expressa em contrário prevista no contrato, devendo aplicar o preço da venda no pagamento de seu crédito e das despesas decorrentes e entregar ao devedor, acompanhado de demonstrativo da operação realizada, o saldo apurado, se houver.

§ 2º Aplicam-se, no que couber, os arts. 758, 762, 763, 774, 775 a 802 do Código Civil à alienação fiduciária em garantia de coisa fungível ou de direito." (NR)*

Art. 23. Ficam convalidados os atos praticados com base na Medida Provisória n. 2.065-22[(3)], de 22 de junho de 2001.

Art. 24. Esta Medida Provisória entra em vigor na data de sua publicação.

Art. 25. Revoga-se a Medida Provisória n. 2.065-22, de 22 de junho de 2001.

FERNANDO HENRIQUE CARDOSO
Pedro Parente

---

* NR = Nova Redação (*vide* Decreto n. 2.954, de 29-1-1999 – alínea "e" do item II do art. 21 — Leg. Fed., 1999, pág. 673)

(3) Leg. Fed., 2001, pág. 2.563.

21. A LEGISLAÇÃO CAMBIÁRIA BRASILEIRA

É muito vasta a legislação cambiária brasileira, porquanto cada título de crédito tem a sua lei específica, como a Lei da Duplicata, a Lei do Cheque. A lei básica do Direito Cambiário é porém a chamada Lei Cambiária, conhecida também como LUG (Lei Uniforme de Genebra), ou mesmo Convenção de Genebra. A Convenção de Genebra transformou-se em lei nacional, ao ser aprovada pelo Congresso Nacional, por meio do Decreto Legislativo 54/64 e promulgada pelo Decreto 57.633/66 do Poder Executivo.

Convenção internacional ou tratado internacional é uma lei para vigorar entre todos os países, adotada no relacionamento entre os países signatários dessa convenção. A convenção internacional obriga portanto o Brasil, mas não os brasileiros. É possível porém que a convenção internacional se transforme em lei nacional, ou seja, aplicada internamente no Brasil. Para tanto, deverá ela ser aprovada pelo Congresso Nacional por decreto legislativo, e deverá após ser promulgada pelo Poder Executivo por um decreto. Foi o que aconteceu com a Convenção de Genebra sobre Letra de Câmbio e Nota Promissória, celebrada na cidade de Genebra (Suíça), em 1930, de que participou o Brasil e vários outros países. Foi aprovada pelo Decreto Legislativo 54/64 e promulgada pelo Decreto 57.663/66 do Poder Executivo. Passou então a constituir a Lei Cambiária brasileira.

Anteriormente, porém, vigorava no Brasil a Lei Cambiária de 31.12.1908, o Decreto 2.044s, conhecida como Lei Saraiva, derivado do nome do deputado que tomou a iniciativa do projeto. Em nossa opinião, a LUG revogou a Lei Saraiva, com base no que dispõe a Lei de Introdução ao Código Civil, pela qual a lei posterior revoga a lei anterior quando regulamenta a mesma matéria.

Contudo, a LUG tem várias imperfeições em vista da lastimável tradução feita do francês, idioma em que foi redigida a Convenção de Genebra. Por esta razão, pronunciamentos jurisprudenciais, inclusive do Supremo Tribunal Federal declararam ainda vigente o Dec. 2.044, de 1908. Há algumas divergências entre as duas leis, mas, para essas, deve prevalecer a Convenção de Genebra, por ser mais recente, revogando as disposições em contrário da Lei Saraiva. Além disso a convenção internacional tem mais força do que a lei interna. Por exemplo, segundo o art. 52 da Lei Saraiva, a ação cambiária prescreve em cinco anos, enquanto o art. 70 da LUG diz três anos; prevalece portanto esta última.

Para facilitar a consulta dos que utilizam este compêndio, transcrevemos aqui esses dois diplomas jurídicos.

DECRETO N.º 57.663, DE 24 DE JANEIRO DE 1966 (*)

Promulga as Convenções para adoção de uma Lei Uniforme em matéria de letras de câmbio e notas promissórias.

O Presidente da República:

Havendo o Governo brasileiro, por nota da Legação em Berna, datada de 26 de agosto de 1942, ao secretário-geral, da Liga das Nações, aderido às seguintes Convenções assinadas em Genebra, a 7 de junho de 1930:

1.ª) Convenção para adoção de uma Lei Uniforme sobre letras de câmbio e notas promissórias, anexos e protocolo, com reservas aos arts. 2, 3, 5, 6, 7, 9, 10, 13, 15, 16, 17, 19 e 20 do Anexo II;

2.ª) Convenção destinada a regular conflitos de leis em matéria de letras de câmbio e notas promissórias, com Protocolo;

3.ª) Convenção relativa ao Imposto do Selo, em matéria de letras de câmbio e de notas promissórias, com Protocolo;

Havendo as referidas Convenções entrado em vigor para o Brasil 90 (noventa) dias após a data do registro pela Secretaria-Geral da Liga das Nações, isto é, a 26 de novembro de 1942;

E havendo o Congresso Nacional aprovado pelo Decreto Legislativo n.º 54, de 1964, as referidas Convenções;

Decreta que as mesmas, apensas por cópia ao presente Decreto, sejam executadas e cumpridas tão inteiramente como nelas se contém, observadas as reservas feitas à Convenção relativa à Lei Uniforme sobre letras de câmbio e notas promissórias.

Brasília, 24 de janeiro de 1966; 145.º da Independência e 78.º da República.

H. CASTELLO BRANCO

(*) Publicado no *Diário Oficial da União*, de 31 de janeiro de 1966.

CONVENÇÃO PARA A ADOÇÃO DE UMA LEI UNIFORME SOBRE LETRAS DE CÂMBIO E NOTAS PROMISSÓRIAS

O Presidente do Reich Alemão; o Presidente Federal da República Austríaca; Sua Majestade o Rei dos Belgas; o Presidente da República dos Estados Unidos do Brasil; o Presidente da República da Colômbia; Sua Majestade o Rei da Dinamarca; o Presidente da República da Polônia pela Cidade Livre de Dantzig; o Presidente da República do Equador; Sua Majestade o Rei da Espanha; o Presidente da República da Finlândia; o Presidente da República Francesa; o Presidente da República Helênica; Sua Alteza Sereníssima o Regente do Reino da Hungria; Sua Majestade o Rei da Itália; Sua Majestade o Imperador do Japão; Sua Alteza Real a Grã-Duquesa do Luxemburgo; Sua Majestade o Rei da Noruega; Sua Majestade a Rainha da Holanda; o Presidente da República da Polônia; o Presidente da República Portuguesa; Sua Majestade o Rei da Suécia; o Conselho Federal Suíço; o Presidente da República da Tchecoslováquia; o Presidente da República da Turquia; Sua Majestade o Rei da Iugoslávia.

Desejando evitar as dificuldades originadas pela diversidade de legislação nos vários países em que as letras circulam e aumentar assim a segurança e rapidez das relações do comércio internacional;

Designaram como seus plenipotenciários:

Os quais, depois de terem apresentado os seus plenos poderes, achados em boa e devida forma, acordaram nas disposições seguintes:

Artigo 1.º

As Altas Partes Contratantes obrigam-se a adotar nos territórios respectivos, quer num dos textos originais, quer nas suas línguas nacionais, a Lei Uniforme que constitui o Anexo I da presente Convenção.

Esta obrigação poderá ficar subordinada a certas reservas que deverão eventualmente ser formuladas por cada uma das Altas Partes Contratantes no momento da sua ratificação ou adesão. Estas reservas deverão ser recolhidas entre as mencionadas no Anexo II da presente Convenção.

Todavia, as reservas a que se referem os arts. 8.º, 12 e 18 do citado Anexo II poderão ser feitas posteriormente à ratificação ou adesão, desde que sejam notificadas ao secretário-geral da Sociedade das Nações, o qual imediatamente comunicará o seu texto aos membros da Sociedade das Nações e aos Estados não-membros em cujo nome tenha sido ratificada a presente Convenção ou que a ela tenham aderido. Essas reservas só produzirão efeitos 90 (noventa) dias depois de o secretário-geral ter recebido a referida notificação.

Qualquer das Altas Partes Contratantes poderá, em caso de urgência, fazer uso, depois da ratificação ou da adesão, das reservas indicadas nos arts. 7.º e 22 do referido Anexo II. Neste caso deverá comunicar essas reservas direta e imediatamente a todas as outras Altas Partes Contratantes e ao secretário-geral da Sociedade das Nações. Esta notificação produzirá os seus efeitos 2 (dois) dias depois de recebida a dita comunicação pelas Altas Partes Contratantes.

Artigo 2.º

A Lei Uniforme não será aplicável no território de cada uma das Altas Partes Contratantes às letras e notas promissórias já passadas à data da entrada em vigor da presente Convenção.

Artigo 3.º

A presente Convenção, cujos textos francês e inglês farão, ambos, igualmente fé, terá a data de hoje.

Poderá ser ulteriormente assinada, até 6 de setembro de 1930, em nome de qualquer membro da Sociedade das Nações e de qualquer Estado não-membro.

Artigo 4.º

A presente Convenção será ratificada.

Os instrumentos de ratificação serão transmitidos, antes de 1.º de setembro de 1932, ao secretário-geral da Sociedade das Nações, que notificará imediatamente do seu depósito todos os membros da Sociedade das Nações, e os Estados não membros que sejam Partes na presente Convenção.

Artigo 5.º

A partir de 6 de setembro de 1930, qualquer membro da Sociedade das Nações e qualquer Estado não-membro poderá aderir à presente Convenção.

Esta adesão efetuar-se-á por meio de notificação ao secretário-geral da Sociedade das Nações, que será depositada nos arquivos do Secretariado.

O secretário-geral notificará imediatamente desse depósito todos os Estados que tenham assinado ou aderido à presente Convenção.

Artigo 6.º

A presente Convenção somente entrará em vigor depois de ter sido ratificada ou de a ela terem aderido sete membros da Sociedade das Nações ou Estados não-membros, entre os quais deverão figurar três dos membros da Sociedade das Nações com representação permanente no Conselho.

Começará a vigorar 90 (noventa) dias depois de recebida pelo secretário-geral da Sociedade das Nações a 7ª ratificação ou adesão, em conformidade com o disposto na alínea primeira do presente artigo.

O secretário-geral da Sociedade das Nações, nas notificações previstas nos arts. 4.º e 5°, fará menção especial de terem sido recebidas as ratificações ou a que se refere a alínea primeira do presente artigo.

Artigo 7.º

As ratificações ou adesões após a entrada em vigor da presente Convenção em conformidade com o disposto no art. 6.º produzirão os seus efeitos 90 (noventa) dias depois da data da sua recepção pelo secretário-geral da Sociedade das Nações.

Artigo 8.º

Exceto nos casos de urgência, a presente Convenção não poderá ser denunciada antes de decorrido um prazo de 2 (dois) anos a contar da data em que tiver começado a vigorar para o membro da Sociedade das

Nações ou para o Estado não-membro que a denuncia; esta denúncia produzirá os seus efeitos 90 (noventa) dias depois de recebida pelo secretário-geral a respectiva notificação.

Qualquer denúncia será imediatamente comunicada pelo secretário-geral da Sociedade das Nações a todas as outras Altas Partes Contratantes.

Nos casos de urgência, a Alta Parte Contratante que efetuar a denúncia comunicará esse fato direta e imediatamente a todas as outras Altas Partes Contratantes, e a denúncia produzirá os seus efeitos 2 (dois) dias depois de recebida a dita comunicação pelas respectivas Altas Partes Contratantes. A Alta Parte Contratante que fizer a denúncia nestas condições dará igualmente conhecimento da sua decisão ao secretário-geral da Sociedade das Nações.

Qualquer denúncia só produzirá efeitos em relação à Alta Parte Contratante em nome da qual ela tenha sido feita.

Artigo 9.º

Decorrido um prazo de 4 (quatro) anos da entrada em vigor da presente Convenção, qualquer membro da Sociedade das Nações ou Estado não-membro ligado à Convenção poderá formular ao secretário-geral da Sociedade das Nações um pedido de revisão de algumas ou de todas as suas disposições.

Se este pedido, comunicado aos outros membros ou Estados não-membros para os quais a Convenção estiver em vigor, for apoiado dentro do prazo de 1 (um) ano por seis, pelo menos, dentre eles, o Conselho da Sociedade das Nações decidirá se deve ser convocada uma conferência para aquele fim.

Artigo 10

As Altas Partes Contratantes poderão declarar no momento da assinatura da ratificação ou da adesão que, aceitando a presente Convenção, não assumem nenhuma obrigação pelo que respeita a todas ou partes das suas colônias, protetorados ou territórios sob a sua soberania ou mandato, caso em que a presente Convenção se não aplicará aos territórios mencionados nessa declaração.

As Altas Partes Contratantes poderão a todo o tempo mais tarde notificar o secretário-geral da Sociedade das Nações de que desejam que a presente Convenção se aplique a todos ou parte dos territórios que tenham sido objeto da declaração prevista na alínea precedente, e nesse caso a Convenção aplicar-se-á aos territórios mencionados na comunicação 90 (noventa) dias depois de ésta ter sido recebida pelo secretário-geral da Sociedade das Nações.

Da mesma forma, as Altas Partes Contratantes podem, nos termos do art. 8.º, denunciar a presente Convenção para todas ou parte das suas colônias, protetorados ou territórios sob a sua soberania ou mandato.

Artigo 11

A presente Convenção será registrada pelo secretário-geral da Sociedade das Nações desde que entre em vigor. Será publicada, logo que for possível, na "Coleção de Tratados", da Sociedade das Nações.

Em fé do que os plenipotenciários acima designados assinaram a presente Convenção.

Feito em Genebra, aos sete de junho de mil novecentos e trinta, num só exemplar, que será depositado nos arquivos do Secretariado da Sociedade das Nações. Será transmitida cópia autêntica a todos os membros da Sociedade das Nações e a todos os Estados não-membros representados na Conferência.

Alemanha: *Leo Quassowski, Dr. Albrecht, Dr. Ullmann*; Áustria: *Dr. Strobele*; Bélgica: *Vte. P. Poullert de la Vallée Poussin*; Brasil: *Deoclécio de Campos*; Colômbia: *A. J. Restrepo*; Dinamarca: *A. Helper, V. Eigtved*; Cidade Livre de Dantzig: *Sulkowski*; Equador: *Alej. Gastolú*; Espanha: *Juan Gómez Monteio*; Finlândia: *F. Gronvall*; França: *J. Percerou*; Grécia: *R. Raphael*; Hungria: *Dr. Baranyai, Zoltán*; Itália: *Amedeo Giannini*; Japão: *M. Ohno, T. Shimada*; Luxemburgo: *Ch. G. Vermaire*; Noruega: *Stub Holmboe*; Holanda: *Molengraaff*, Peru: *J. M. Barreto*; Polônia: *Sulkowski*; Portugal: *José Caieiro da Matta*; Suécia: *E. Marks von Wurtemberg, Birger Ekeberg*; Suíça: *Vischer*; Tchecoslováquia: *Prof. Dr. Karel Hermann-Otavsky*; Turquia: *"Ad referendum", Mehmed Munir*; Iugoslávia: *I. Choumenkovitch*.

ANEXO I
LEI UNIFORME RELATIVA ÀS LETRAS DE CÂMBIO E NOTAS PROMISSÓRIAS

TÍTULO I
DAS LETRAS

CAPÍTULO I
DA EMISSÃO E FORMA DA LETRA

Artigo 1.º

A letra contém:
1. a palavra "letra" inserta no próprio texto do título e expressa na língua empregada para a redação desse título;
2. o mandato puro e simples de pagar uma quantia determinada;
3. o nome daquele que deve pagar (sacado);
   - *Identificação do devedor nos títulos cambiais: Lei n.º 6.268 de 24 de novembro de 1975, art. 3.º.*
4. a época do pagamento;
5. a indicação do lugar em que se deve efetuar o pagamento;
6. o nome da pessoa a quem ou à ordem de quem deve ser paga;
7. a indicação da data em que, e do lugar onde a letra é passada;
8. a assinatura de quem passa a letra (sacador).

Artigo 2.º

O escrito em que faltar algum dos requisitos indicados no artigo anterior não produzirá efeito como letra, salvo nos Casos determinados nas alíneas seguintes:

A letra em que se não indique a época do pagamento entende-se pagável à vista.

Na falta de indicação especial, o lugar designado ao lado do nome do sacado considera-se como sendo o lugar do pagamento, e, ao mesmo tempo, o lugar do domicílio do sacado.

A letra sem indicação do lugar onde foi passada considera-se como tendo-o sido no lugar designado, ao lado do nome do sacador.

Artigo 3.º

A letra pode ser à ordem do próprio sacador.
Pode ser sacada sobre o próprio sacador.
Pode ser sacada por ordem e conta de terceiro.

Artigo 4.º

A letra pode ser pagável no domicílio de terceiro, quer na localidade onde o sacado tem o seu domicílio, quer noutra localidade.

Artigo 5.º

Numa letra pagável à vista ou a um certo termo de vista, pode o sacador estipular que a sua importância vencerá juros. Em qualquer outra espécie de letra a estipulação de juros será considerada como não escrita.

A taxa de juros deve ser indicada na letra; na falta de indicação, a cláusula de juros é considerada como não escrita.

Os juros contam-se da data da letra, se outra data não for indicada.

Artigo 6.º

Se na letra a indicação da quantia a satisfazer se achar feita por extenso e em algarismos, e houver divergência entre uma e outra, prevalece a que estiver feita por extenso.

Se na letra indicação da quantia a satisfazer se achar feita por mais de uma vez, quer por extenso, quer em algarismos, e houver divergências entre as diversas indicações, prevalecerá a que se achar feita pela quantia inferior.

Artigo 7.º

Se a letra contém assinaturas de pessoas incapazes de se obrigarem por letras, assinaturas falsas, assinaturas de pessoas fictícias, ou assinaturas que por qualquer outra razão não poderiam obrigar as pessoas que assinaram a letra, ou em nome das quais ela foi assinada, as obrigações dos outros signatários nem por isso deixam de ser válidas.

Artigo 8.º

Todo aquele que apuser a sua assinatura numa letra, como representante de uma pessoa, para representar a qual não tinha de fato poderes, fica obrigado em virtude da letra e, se a pagar, tem os mesmos direitos que o pretendido representado. A mesma regra se aplica ao representante que tenha excedido os seus poderes.

Artigo 9.º

O sacador é garante tanto da aceitação como do pagamento de letra.

O sacador pode exonerar-se da garantia da aceitação; toda e qualquer cláusula pela qual ele se exonere da garantia do pagamento considera-se como não escrita.

Artigo 10

Se uma letra incompleta no momento de ser passada tiver sido completada contrariamente aos acordos realizados, não pode a inobservância desses acordos ser motivo de oposição ao portador, salvo se este tiver adquirido a letra de má-fé ou, adquirindo-a, tenha cometido uma falta grave.

CAPÍTULO II
DO ENDOSSO

Artigo 11

Toda letra de câmbio, mesmo que não envolva expressamente a cláusula à ordem, é transmissível por via de endosso.

Quando o sacador tiver inserido na letra as palavras "não à ordem", ou uma expressão equivalente, a letra só é transmissível pela forma e com os efeitos de uma cessão ordinária de créditos.

O endosso pode ser feito mesmo a favor do sacado, aceitando ou não, do sacador, ou de qualquer outro coobrigado. Estas pessoas podem endossar novamente a letra.

Artigo 12

O endosso deve ser puro e simples. Qualquer condição a que ele seja subordinado considera-se como não escrita.
O endosso parcial é nulo.
O endosso ao portador vale como endosso em branco.

Artigo 13

O endosso deve ser escrito na letra ou numa folha ligada a esta (anexo). Deve ser assinado pelo endossante.
O endosso pode não designar o benefício, ou consistir simplesmente na assinatura do endossante (endosso em branco). Neste último caso, o endosso para ser válido deve ser escrito no verso da letra ou na folha anexa.

Artigo 14

O endosso transmite todos os direitos emergentes da letra.
Se o endosso for em branco, o portador pode:
1.º) preencher o espaço em branco, quer com o seu nome, quer com o nome de outra pessoa;
2.º) endossar de novo a letra em branco ou a favor de outra pessoa;
3.º) remeter a letra a um terceiro, sem preencher o espaço em branco e sem a endossar.

Artigo 15

O endossante, salvo cláusula em contrário, é garante tanto da aceitação como do pagamento da letra.
O endossante pode proibir um novo endosso, e, neste caso, não garante o pagamento às pessoas a quem a letra for posteriormente endossada.

Artigo 16

O detentor de uma letra é considerado portador legítimo se justifica o seu direito por uma série ininterrupta de endossos, mesmo se o último for em branco. Os endossos riscados consideram-se, para este efeito, como não escritos. Quando um endosso em branco é seguido de um outro endosso, presume-se que o signatário deste adquiriu a letra pelo endosso em branco.

Se uma pessoa foi por qualquer maneira desapossada de uma letra, o portador dela, desde que justifique o seu direito pela maneira indicada na alínea precedente, não é obrigado a restituí-la, salvo se a adquiriu de má-fé ou se, adquirindo-a, cometeu uma falta grave.

Artigo 17

As pessoas acionadas em virtude de uma letra não podem opor ao portador exceções fundadas sobre as relações pessoais delas com o sacador ou com os portadores anteriores, a menos que o portador ao adquirir a letra tenha procedido conscientemente em detrimento do devedor.

Artigo 18

Quando o endosso contém a menção "valor a cobrar" (*valeur en recouvrement*), "para cobrança" (*pour encaissement*), "por procuração" (*par procuration*), ou qualquer outra menção que implique um simples mandato, o portador pode exercer todos os direitos emergentes da letra, mas só pode endossá-la na qualidade de procurador.

Os coobrigados, neste caso, só podem invocar contra o portador as exceções que eram oponíveis ao endossante.

O mandato que resulta de um endosso por procuração não se extingue por morte ou sobrevinda incapacidade legal do mandatário.

Artigo 19

Quando o endosso contém a menção "valor em garantia", "valor em penhor" ou qualquer outra menção que implique uma caução, o portador pode exercer todos os direitos emergentes da letra, mas um endosso feito por ele só vale como endosso a título de procuração.

Os coobrigados não podem invocar contra o portador as exceções fundadas sobre as relações pessoais deles com o endossante, a menos que o portador, ao receber a letra, tenha procedido conscientemente em detrimento do devedor.

Artigo 20

O endosso posterior ao vencimento tem os mesmos efeitos que o endosso anterior. Todavia, o endosso posterior ao protesto por falta de pagamento, ou feito depois de expirado o prazo fixado para se fazer o protesto, produz apenas os efeitos de uma cessão ordinária de créditos.

Salvo prova em contrário, presume-se que um endosso sem data foi feito antes de expirado o prazo fixado para se fazer o protesto.

CAPÍTULO III
DO ACEITE

Artigo 21

A letra pode ser apresentada, até o vencimento, ao aceite do sacado, no seu domicílio, pelo portador ou até por um simples detentor.

Artigo 22

O sacador pode, em qualquer letra, estipular que ela será apresentada ao aceite, com ou sem fixação de prazo.

Pode proibir na própria letra a sua apresentação ao aceite, salvo se se tratar de uma letra pagável em domicílio de terceiro, ou de uma letra pagável em localidade diferente da do domicílio do sacado, ou de uma letra sacada a certo termo de vista.

O sacador pode também estipular que a apresentação ao aceite não poderá efetuar-se antes de determinada data.

Todo endossante pode estipular que a letra deve ser apresentada ao aceite, com ou sem fixação de prazo, salvo se ela tiver sido declarada não aceitável pelo sacador.

Artigo 23

As letras a certo termo de vista devem ser apresentadas ao aceite dentro do prazo de 1 (um) ano das suas datas.

O sacador pode reduzir este prazo ou estipular um prazo maior.

Esses prazos podem ser reduzidos pelos endossantes.

Artigo 24

O sacado pode pedir que a letra lhe seja apresentada uma segunda vez no dia seguinte ao da primeira apresentação. Os interessados somente podem ser admitidos a pretender que não foi dada satisfação a este pedido no caso de ele figurar no protesto.

O portador não é obrigado a deixar nas mãos do aceitante a letra apresentada ao aceite.

Artigo 25

O aceite é escrito na própria letra. Exprime-se pela palavra "aceite" ou qualquer outra palavra equivalente; o aceite é assinado pelo sacado. Vale como aceite a simples assinatura do sacado aposta na parte anterior da letra.

Quando se trate de uma letra pagável a certo termo de vista, ou que deva ser apresentada ao aceite dentro de um prazo determinado por estipulação especial, o aceite deve ser datado do dia em que foi dado, salvo se o portador exigir que a data seja a da apresentação. À falta de data, o portador, para conservar os seus direitos de recurso contra os endossantes e contra o sacador, deve fazer constar essa omissão por um protesto, feito em tempo útil.

Artigo 26

O aceite é puro e simples, mas o sacado pode limitá-lo a uma parte da importância sacada.

Qualquer outra modificação introduzida pelo aceite no enunciado da letra equivale a uma recusa de aceite. O aceitante fica, todavia, obrigado nos termos do seu aceite.

Artigo 27

Quando o sacador tiver indicado na letra um lugar de pagamento diverso do domicílio do sacado, sem designar um terceiro em cujo domicílio o pagamento se deva efetuar, o sacado pode designar no ato de aceite a pessoa que deve pagar a letra. Na falta dessa indicação, considera-se que o aceitante se obriga, ele próprio, a efetuar o pagamento no lugar indicado na letra.

Se a letra é pagável no domicílio do sacado, este pode, no ato do aceite, indicar, para ser efetuado o pagamento, ou outro domicílio no mesmo lugar.

Artigo 28

O sacado obriga-se pelo aceite pagar a letra à data do vencimento.

Na falta de pagamento, o portador, mesmo no caso de ser ele o sacador, tem contra o aceitante um direito de ação resultante da letra, em relação a tudo que pode ser exigido nos termos dos arts. 48 e 49.

Artigo 29

Se o sacado, antes da restituição da letra, riscar o aceite que tiver dado, tal aceite é considerado como recusado. Salvo prova em contrário, a anulação do aceite considera-se feita antes da restituição da letra.

Se, porém, o sacado tiver informado por escrito o portador ou qualquer outro signatário da letra de que aceita, fica obrigado para com estes, nos termos do seu aceite.

CAPÍTULO IV
DO AVAL

Artigo 30

O pagamento de uma letra pode ser no todo ou em parte garantido por aval.

Esta garantia é dada por um terceiro ou mesmo por um signatário da letra.

Artigo 31

O aval é escrito na própria letra ou numa folha anexa.

Exprime-se pelas palavras "bom para aval" ou por qualquer fórmula equivalente; e assinado pelo dador do aval.

O aval considera-se como resultante da simples assinatura do dador aposta na face anterior da letra, salvo se se trata das assinaturas do sacado ou do sacador.

O aval deve indicar a pessoa por quem se dá. Na falta de indicação, entender-se-á pelo sacador.

Artigo 32

O dador de aval é responsável da mesma maneira que a pessoa por ele afiançada.

A sua obrigação mantém-se, mesmo no caso de a obrigação que ele garantiu ser nula por qualquer razão que não seja um vício de forma.

Se o dador de aval paga a letra, fica sub-rogado nos direitos emergentes da letra contra a pessoa a favor de quem foi dado o aval e contra os obrigados para com esta em virtude da letra.

CAPÍTULO V
DO VENCIMENTO

Artigo 33

Uma letra pode ser sacada:
à vista;
a um certo termo de vista;
a um certo termo de data;
pagável num dia fixado.

As letras, quer com vencimentos diferentes, quer com vencimentos sucessivos, são nulas.

Artigo 34

A letra à vista é pagável à apresentação. Deve ser apresentada a pagamento dentro do prazo de 1 (um) ano, a contar da sua data. O sacador pode reduzir este prazo ou estipular um outro mais longo. Estes prazos podem ser encurtados pelos endossantes.

O sacador pode estipular que uma letra pagável à vista não deverá ser apresentada a pagamento antes de uma certa data. Nesse caso, o prazo para a apresentação conta-se dessa data.

Artigo 35

O vencimento de uma letra a certo termo de vista determina-se, quer pela data do aceite, quer pela do protesto. Na falta de protesto, o aceite não datado entende-se, no que respeita ao aceitante, como tendo sido dado no último dia do prazo para a apresentação ao aceite.

Artigo 36

O vencimento de uma letra sacada a 1 (um) ou mais meses de data ou de vista será na data correspondente do mês em que o pagamento se deve efetuar. Na falta de data correspondente, o vencimento será no último dia desse mês.
Quando a letra é sacada a 1 (um) ou mais meses e meio de data ou de vista, contam-se primeiro os meses inteiros.
Se o vencimento for fixado para o princípio, meado ou fim do mês, entende-se que a letra será vencível no primeiro, no dia 15 (quinze), ou no último dia desse mês.
As expressões "oito dias" ou "quinze dias" entendem-se não como 1 (uma) ou 2 (duas) semanas, mas como um prazo de 8 (oito) ou 15 (quinze) dias efetivos.
A expressão "meio mês" indica um prazo de 15 (quinze) dias.

Artigo 37

Quando uma letra é pagável num dia fixo num lugar em que o calendário é diferente do lugar de emissão, a data do vencimento é considerada como fixada segundo o calendário do lugar de pagamento.
Quando uma letra sacada entre duas praças que em calendários diferentes é pagável a certo termo de vista, o dia da emissão é referido ao dia correspondente do calendário do lugar de pagamento, para o efeito da determinação da data do vencimento.
Os prazos de apresentação das letras são calculados segundo as regras da alínea precedente.
Estas regras não se aplicam se uma cláusula da letra, ou até o simples enunciado do título, indicar que houve intenção de adotar regras diferentes.

CAPÍTULO VI
DO PAGAMENTO

Artigo 38

O portador de uma letra pagável em dia fixo ou a certo termo de data ou de vista deve apresentá-la a pagamento no dia em que ela é pagável ou num dos 2 (dois) dias úteis seguintes.

A apresentação da letra a uma câmara de compensação equivale a apresentação a pagamento.

Artigo 39

O sacado que paga uma letra pode exigir que ela lhe seja entregue com a respectiva quitação.

O portador não pode recusar qualquer pagamento parcial.

No caso de pagamento parcial, o sacado pode exigir que desse pagamento se faça menção na letra e que dele lhe seja dada quitação.

Artigo 40

O portador de uma letra não pode ser obrigado a receber o pagamento dela antes do vencimento.

O sacado que paga uma letra antes do vencimento fá-lo sob sua responsabilidade.

Aquele que paga uma letra no vencimento fica validamente desobrigado, salvo se da sua parte tiver havido fraude ou falta grave. É obrigado a verificar a regularidade da sucessão dos endossos mas não a assinatura dos endossantes.

Artigo 41

Se numa letra se estipular o pagamento em moeda que não tenha curso legal no lugar do pagamento, pode a sua importância ser paga na moeda do país, segundo o seu valor no dia do vencimento. Se o devedor está em atraso, o portador pode, à sua escolha, pedir que o pagamento da importância da letra seja feito na moeda do país ao câmbio do dia do vencimento ou ao câmbio do dia do pagamento.

A determinação do valor da moeda estrangeira será feita segundo os usos do lugar de pagamento. O sacador pode, todavia, estipular que a soma a pagar seja calculada segundo um câmbio fixado na letra.

As regras acima indicadas não se aplicam ao caso em que o sacador tenha estipulado que o pagamento deverá ser efetuado numa certa moeda especificada (cláusula de pagamento efetivo numa moeda estrangeira).

Se a importância da letra for indicada numa moeda que tenha a mesma denominação mas o valor diferente, no país de emissão e no de pagamento, presume-se que se fez referência à moeda do lugar de pagamento.

Artigo 42

Se a letra não for apresentada a pagamento dentro do prazo fixado no art. 38, qualquer devedor tem a faculdade de depositar a sua importância junto da autoridade competente à custa do portador e sob a responsabilidade deste.

CAPÍTULO VII
DA AÇÃO POR FALTA DE ACEITE E FALTA DE PAGAMENTO

Artigo 43

O portador de uma letra pode exercer os seus direitos de ação contra os endossantes, sacador e outros coobrigados:
no vencimento;
se o pagamento não foi efetuado;
mesmo antes do vencimento:
1.º) se houve recusa total ou parcial de aceite;
2.º) nos casos de falência do sacado, quer ele tenha aceite, quer não, de suspensão de pagamentos do mesmo, ainda que não constatada por sentença, ou de ter sido promovida, sem resultado, execução dos seus bens;
3.º) nos casos de falência do sacador de uma letra não aceitável.

Artigo 44

A recusa de aceite ou de pagamento deve ser comprovada por um ato formal (protesto por falta de aceite ou falta de pagamento).

O protesto por falta de aceite deve ser feito nos prazos fixados para a apresentação ao aceite. Se, no caso previsto na alínea 1ª do art. 24, a primeira apresentação da letra tiver sido feita no último dia do prazo, pode fazer-se ainda o protesto no dia seguinte.

O protesto por falta de pagamento de uma letra pagável em dia fixo ou a certo termo de data ou de vista deve ser feito num dos 2 (dois) dias úteis seguintes àquele em que a letra é pagável. Se se trata de uma letra pagável à vista, o protesto deve ser feito nas condições indicadas na alínea precedente para o protesto por falta de aceite.

O protesto por falta de aceite dispensa a apresentação a pagamento e o protesto por falta de pagamento.

No caso de suspensão de pagamentos do sacado quer seja aceitante, quer não, ou no caso de lhe ter sido promovida, sem resultado, execução dos bens, o portador da letra só pode exercer o seu direito de ação após apresentação da mesma ao sacado para pagamento e depois de feito o protesto.

No caso de falência declarada do sacado, quer seja aceitante, quer não, bem como no caso de falência declarada do sacador de uma letra não aceitável, a apresentação da sentença de declaração de falência é suficiente para que o portador dá letra possa exercer o seu direito de ação.

Artigo 45

O portador deve avisar da falta de aceite ou de pagamento o seu endossante e o sacador dentro dos 4 (quatro) dias úteis que se seguirem ao dia do protesto ou da apresentação, no caso de a letra conter a cláusula "sem despesas". Cada um dos endossantes deve, por sua vez, dentro dos 2 (dois) dias úteis que se seguirem ao da recepção do aviso, informar o seu endossante do aviso que recebeu, indicando os nomes e endereços dos que enviaram os avisos precedentes, e assim sucessivamente até se chegar ao sacador. Os prazos acima indicados contam-se a partir da recepção do aviso precedente.

Quando, em conformidade com o disposto na alínea anterior, se avisou um signatário da letra, deve avisar-se também o seu avalista dentro do mesmo prazo de tempo.

No caso de um endossante não ter indicado o seu endereço, ou de o ter feito de maneira ilegível, basta que o aviso seja enviado ao endossante que o precede.

A pessoa que tenha de enviar um aviso pode fazê-lo por qualquer forma, mesmo pela simples devolução da letra.

Essa pessoa deverá provar que o aviso foi enviado dentro do prazo prescrito. O prazo considerar-se-á como tendo sido observado desde que a carta contendo o aviso tenha sido posta no Correio dentro dele.

A pessoa que não der o aviso dentro do prazo acima indicado não perde os seus direitos; será responsável pelo prejuízo, se o houver, motivado pela sua negligência, sem que a responsabilidade possa exceder a importância da letra.

Artigo 46

O sacador, um endossante ou um avalista pode, pela cláusula "sem despesas", "sem protesto", ou outra cláusula equivalente, dispensar o portador de fazer um protesto por falta de aceite ou falta de pagamento, para poder exercer os seus direitos de ação.

Essa cláusula não dispensa o portador da apresentação da letra dentro do prazo prescrito nem tampouco dos avisos a dar. A prova da inobservância do prazo incumbe àquele que dela se prevaleça contra o portador.

Se a cláusula foi escrita pelo sacador produz os seus efeitos em relação a todos os signatários da letra; se for inserida por um endossante ou por avalista, só produz efeito em relação a esse endossante ou avalista. Se, apesar da cláusula escrita pelo sacador, o portador faz o protesto, as respectivas despesas serão de conta dele. Quando a cláusula emanar de um endossante ou de um avalista, as despesas do protesto, se for feito, podem ser cobradas de todos os signatários da letra.

Artigo 47

Os sacadores, aceitantes, endossantes ou avalistas de uma letra são todos solidariamente responsáveis para com o portador.

O portador tem o direito de acionar todas estas pessoas individualmente, sem estar adstrito a observar a ordem por que elas se obrigaram.

O mesmo direito possui qualquer dos signatários de uma letra quando a tenha pago.

A ação intentada contra um dos coobrigados não impede acionar os outros, mesmo os posteriores àquele que foi acionado em primeiro lugar.

Artigo 48

O portador pode reclamar daquele contra quem exerce o seu direito de ação:

1.º) o pagamento da letra não aceita, não paga, com juros se assim foi estipulado;
2.º) os juros à taxa de 6% (seis por cento) desde a data do vencimento;
3.º) as despesas do protesto, as dos avisos dados e as outras despesas.

Se a ação for interposta antes do vencimento da letra, a sua importância será reduzida de um desconto. Esse desconto será calculado de acordo com a taxa oficial de desconto (taxa de Banco) em vigor no lugar do domicílio do portador à data da ação.

Artigo 49

A pessoa que pagou unia letra pode reclamar dos seus garantes:

1.º) a soma integral que pagou;
2.º) os juros da dita soma, calculados à taxa de 6% (seis por cento), desde a data em que a pagou;
3.º) as despesas que tiver feito.

Artigo 50

Qualquer dos coobrigados, contra o qual se intentou ou pode ser intentada uma ação, pode exigir, desde que pague a letra, que ela lhe seja entregue com o protesto e um recibo.

Qualquer dos endossantes que tenha pago uma letra pode riscar o seu endosso e os dos endossantes subseqüentes.

Artigo 51

No caso de ação intentada depois de um aceite parcial, a pessoa que pagar a importância pela qual a letra não foi aceita pode exigir que esse pagamento seja mencionado na letra e que dele lhe seja dada quitação. O portador deve, além disso, entregar a essa pessoa uma cópia autêntica da letra e o protesto, de maneira a permitir o exercício de ulteriores direitos de ação.

Artigo 52

Qualquer pessoa que goze do direito de ação pode, salvo estipulação em contrário, embolsar-se por meio de uma nova letra (ressaque) à vista, sacada sobre um dos coobrigados e pagável no domicílio deste.

O ressaque inclui, além das importâncias indicadas nos arts. 48 e 49, um direito de corretagem e a importância do selo do ressaque.

Se o ressaque é sacado pelo portador, a sua importância é fixada segundo a taxa para uma letra à vista, sacada do lugar onde a primitiva letra era pagável sobre o lugar do domicílio do coobrigado. Se o ressaque é sacado por um endossante a sua importância é fixada segundo a taxa para uma letra à vista, sacada do lugar onde o sacador do ressaque tem o seu domicílio sobre o lugar do domicílio do coobrigado.

Artigo 53

Depois de expirados os prazos fixados:
— para a apresentação de uma letra à vista ou a certo termo de vista;
— para se fazer o protesto por falta de aceite ou por falta de pagamento;
— para a apresentação a pagamento no caso da cláusula "sem despesas".

O portador perdeu os seus direitos de ação contra os endossantes, contra o sacador e contra os outros coobrigados, à exceção do aceitante.

Na falta de apresentação ao aceite no prazo estipulado pelo sacador, o portador per- deu os seus direitos de ação, tanto por falta de pagamento como por falta de aceite, a não ser que dos termos da estipulação se conclua que o sacador apenas teve em vista exonerar-se da garantia do aceite.

Se a estipulação de um prazo para a apresentação constar de um endosso, somente aproveita ao respectivo endossante.

Artigo 54

Quando a apresentação da letra ou o seu protesto não puder fazer-se dentro dos prazos indicados por motivo insuperável (prescrição legal declarada por um Estado qualquer ou outro caso de força maior), esses prazos serão prorrogados.

O portador deverá avisar imediatamente o seu endossante do caso de força maior e fazer menção desse aviso, datada e assinada, na letra ou numa folha anexa; para os demais, são aplicáveis as disposições do art. 45.

Desde que tenha cessado o caso de força maior, o portador deve apresentar sem demora a letra ao aceite ou a pagamento, e, caso haja motivo para tal, fazer o protesto.

Se o caso de força maior se prolongar além de 30 (trinta) dias a contar da data do vencimento, podem promover-se ações sem que haja necessidade de apresentação ou protesto.

Para as letras à vista ou a certo termo de vista, o prazo de 30 (trinta) dias conta-se da data em que o portador, mesmo antes de expirado o prazo para a apresentação, deu o aviso do caso de força maior ao seu endossante; para as letras a certo termo de vista, o prazo de 30 (trinta) dias fica acrescido do prazo de vista indicado na letra.

Não são considerados casos de força maior os fatos que sejam de interesse puramente pessoal do portador ou da pessoa por ele encarregada da apresentação da letra ou de fazer o protesto.

CAPÍTULO VIII
DA INTERVENÇÃO

1 — Disposições Gerais

Artigo 55

O sacador, um endossante ou um avalista, podem indicar uma pessoa para em caso de necessidade aceitar ou pagar.

A letra pode, nas condições a seguir indicadas, ser aceita ou paga por uma pessoa que intervenha por um devedor qualquer contra quem existe direito de ação.

O interveniente pode ser um terceiro, ou mesmo o sacado, ou uma pessoa já obrigada em virtude da letra, exceto o aceitante.

O interveniente é obrigado a participar, no prazo de 2 (dois) dias úteis, a sua intervenção à pessoa por quem interveio. Em caso de inobservância deste prazo, o interveniente é responsável pelo prejuízo, se o houver, resultante da sua negligência, sem que as perdas e danos possam exceder a importância da letra.

2 — Aceite por Intervenção

Artigo 56

O aceite por intervenção pode realizar-se em todos os casos em que o portador de uma letra aceitável tem direito de ação antes do vencimento.

Quando na letra se indica uma pessoa para em caso de necessidade a aceitar ou a pagar no lugar do pagamento, o portador não pode exercer o seu direito de ação antes do vencimento contra aquele que indicou essa pessoa e contra os signatários subseqüentes a não ser que tenha apresentado a letra à pessoa designada e que, tendo esta recusado o aceite, se tenha feito o protesto.

Nos outros casos de intervenção, o portador pode recusar o aceite por intervenção. Se, porém, o admitir, perde o direito de ação antes do vencimento contra aquele por quem a aceitação foi dada e contra os signatários subseqüentes.

Artigo 57

O aceite por intervenção será mencionado na letra e assinado pelo interveniente. Deverá indicar por honra de quem se fez a intervenção; na falta desta indicação, presume-se que interveio pelo sacador.

Artigo 58

O aceitante por intervenção fica obrigado para com o portador e para com os endossantes posteriores àquele por honra de quem interveio da mesma forma que este.

Não obstante o aceite por intervenção, aquele por honra de quem ele foi feito e os seus garantes podem exigir do portador, contra o pagamento da importância indicada, no art. 48, a entrega da letra, do instrumento do protesto e, havendo lugar, de uma conta com a respectiva quitação.

3 — Pagamento por Intervenção

Artigo 59

O pagamento por intervenção pode realizar-se em todos os casos em que o portador de uma letra tem direito de ação à data do vencimento ou antes dessa data.

O pagamento deve abranger a totalidade da importância que teria a pagar aquele por honra de quem a intervenção se realizou.

O pagamento deve ser feito o mais tardar no dia seguinte ao último em que é permitido fazer o protesto por falta de pagamento.

Artigo 60

Se a letra foi aceita por intervenientes tendo o seu domicílio no lugar do pagamento, ou se foram indicadas pessoas tendo o seu domicílio no mesmo lugar para, em caso de necessidade, pagarem a letra, o portador deve apresentá-la a todas essas pessoas e, se houver lugar, fazer o protesto por falta de pagamento o mais tardar no dia seguinte e ao último em que era permitido fazer o protesto.

Na falta de protesto dentro deste prazo, aquele que tiver indicado pessoas para pagarem em caso de necessidade, ou por conta de quem a letra tiver sido aceita, bem como os endossantes posteriores, ficam desonerados.

Artigo 61

O portador que recusar o pagamento por intervenção perde o seu direito de ação contra aqueles que teriam ficado desonerados.

Artigo 62

O pagamento por intervenção deve ficar constatado por um recibo passado na letra, contendo a indicação da pessoa por honra de quem foi feito. Na falta desta indicação presume-se que o pagamento foi feito por honra do sacador.

A letra e o instrumento do protesto, se o houve, devem ser entregues à pessoa que pagou por intervenção.

Artigo 63

O que paga por intervenção fica sub-rogado nos direitos emergentes da letra contra aquele por honra de quem pagou e contra os que são obrigados para com este em virtude da letra. Não pode, todavia, endossar de novo a letra.

Os endossantes posteriores ao signatário por honra de quem foi feito o pagamento ficam desonerados.

Quando se apresentarem várias pessoas para pagar uma letra por intervenção, será preferida aquela que desonerar maior número de obrigados. Aquele que, com conhecimento de causa, intervir contrariamente a esta regra, perde os seus direitos de ação contra os que teriam sido desonerados.

CAPÍTULO IX
DA PLURALIDADE DE EXEMPLARES E DAS CÓPIAS

1 — Pluralidade de exemplares

Artigo 64
A letra pode ser sacada por várias vias

Essas vias devem ser numeradas no próprio texto, na falta do que, cada via será considerada como uma letra distinta.

O portador de uma letra que não contenha a indicação de ter sido sacada numa única via pode exigir à sua custa a entrega de várias vias. Para este efeito o portador deve dirigir-se ao seu endossante imediato, para que este o auxilie a proceder contra o seu próprio endossante e assim sucessivamente até se chegar ao sacador. Os endossantes são obrigados a reproduzir os endossos nas novas vias.

Artigo 65

O pagamento de uma das vias é liberatório, mesmo que não esteja estipulado que esse pagamento anula o efeito das outras. O sacado fica, porém, responsável por cada uma das vias que tenham o seu aceite e lhe não hajam sido restituídas.

O endossante que transferiu vias da mesma letra a várias pessoas e os endossantes subseqüentes são responsáveis por todas as vias que contenham as suas assinaturas e que não hajam sido restituídas.

Artigo 66

Aquele que enviar ao aceite uma das vias da letra deve indicar nas outras o nome da pessoa em cujas mãos aquela se encontra. Essa pessoa é obrigada a entregar essa via ao portador legítimo doutro exemplar.

Se se recusar a fazê-lo, o portador só pode exercer seu direito de ação depois de ter feito constatar por um protesto:

1.º) que a via enviada ao aceite lhe não foi restituída a seu pedido;

2.º) que não foi possível conseguir o aceite ou o pagamento de uma outra via.

2 — Cópias

Artigo 67

O portador de uma letra tem o direito de tirar cópias dela.

A cópia deve reproduzir exatamente o original com os endossos e todas as outras menções que nela figurem. Deve mencionar onde acaba a cópia.

A cópia pode ser endossada e avalizada da mesma maneira e produzindo os mesmos efeitos que o original.

Artigo 68

A cópia deve indicar a pessoa em cuja posse se encontra o título original. Esta é obrigada a remeter o dito título ao portador legítimo da cópia.

Se se recusar a fazê-lo, o portador só pode exercer o seu direito de ação contra as pessoas que tenham endossado ou avalizado a cópia, depois de ter feito constatar por um protesto que o original lhe não foi entregue a seu pedido.

Se o título original, em seguida ao último endosso feito antes de tirada a cópia, contiver a cláusula "daqui em diante só é válido o endosso na cópia" ou qualquer outra fórmula equivalente, é nulo qualquer endosso assinado ulteriormente no original.

CAPÍTULO X
DAS ALTERAÇÕES

Artigo 69

No caso de alteração do texto de uma letra, os signatários posteriores a essa alteração ficam obrigados nos termos do texto alterado; os signatários anteriores são obrigados nos termos do texto original.

CAPÍTULO XI
DA PRESCRIÇÃO

Artigo 70

Todas as ações contra o aceitante relativas a letras prescrevem em 3 (três) anos a contar do seu vencimento.

As ações do portador contra os endossantes e contra o sacador prescrevem num ano, a contar da data do protesto feito em tempo útil, ou da data do vencimento, se se trata de letra que contenha cláusula "sem despesas".

As ações dos endossantes uns contra os outros e contra o sacador prescrevem em 6 (seis) meses a contar do dia em que o endossante pagou a letra ou em que ele próprio foi acionado.

Artigo 71

A interrupção da prescrição só produz efeito em relação à pessoa para quem a interrupção foi feita.

CAPÍTULO XII
DISPOSIÇÕES GERAIS

Artigo 72

O pagamento de uma letra cujo vencimento recai em dia feriado legal só pode ser exigido no primeiro dia útil seguinte. Da mesma maneira, todos os atos relativos a letras, especialmente a apresentação ao aceite e o protesto, somente podem ser feitos em dia útil.

Quando um desses atos tem de ser realizado num determinado prazo, e o último dia desse prazo é feriado legal, fica o dito prazo prorrogado até ao primeiro dia útil que se seguir ao seu termo.

Artigo 73

Os prazos legais ou convencionais não compreendem o dia que marca o seu início.

Artigo 74

Não são admitidos dias de perdão quer legal, quer judicial.

TÍTULO II
DA NOTA PROMISSÓRIA

Artigo 75

A nota promissória contém:
1. denominação "nota promissória" inserta no próprio texto do título e expressa na língua empregada para a redação desse título;
2. a promessa pura e simples de pagar uma quantia determinada;
3. a época do pagamento;
4. a indicação do lugar em que se efetuar o pagamento;
5. o nome da pessoa a quem ou à ordem de quem deve ser paga;
6. a indicação da data em que e do lugar onde a nota promissória é passada;
7. a assinatura de quem passa a nota promissória (subscritor).
   •• *Identificação do devedor nos títulos cambiais: Lei n.° 6.268, de 24 de novembro de 1975, art. 3.°*.

Artigo 76

O título em que faltar algum dos requisitos indicados no artigo anterior não produzirá efeito como nota promissória, salvo nos casos determinados das alíneas seguintes.

A nota promissória em que se não indique a época do pagamento será considerada à vista.

Na falta de indicação especial, o lugar onde o título foi passado considera-se como sendo o lugar do pagamento e, ao mesmo tempo, o lugar do domicílio do subscritor da nota promissória.

A nota promissória que não contenha indicação do lugar onde foi passada considera-se como tendo-o sido no lugar designado ao lado do nome do subscritor.

Artigo 77

São aplicáveis às notas promissórias, na parte em que não sejam contrárias à natureza deste título, as disposições relativas às letras e concernentes: endosso (arts. 11 a 20);
vencimento (arts. 33 a 37);
pagamento (arts. 38 a 42);
direito de ação por falta de pagamento (arts. 43 a 50 e 52 a 54);
pagamento por intervenção (arts. 55 e 59 a 63);
cópias (arts. 67 e 68);
alterações (art. 69);
prescrição (arts. 70 e 71);
dias feriados, contagem de prazos e interdição de dias de perdão (arts. 72 a 74).

São igualmente aplicáveis às notas promissórias as disposições relativas às letras pagáveis no domicílio de terceiro ou numa localidade diversa da do domicílio do sacado (arts. 4.º e 27), a estipulação de juros (art. 5.º), as divergências das indicações da quantia a pagar (art. 6.º), as conseqüências da aposição de uma assinatura nas condições indicadas no art. 7.º, as da assinatura de uma pessoa que age sem poderes ou excedendo os seus poderes (art. 8.º) e a letra em branco (art. 10).

São também aplicáveis às notas promissórias as disposições relativas ao aval (arts. 30 a 32); no caso previsto na última alínea do art. 31, se o aval não indicar a pessoa por quem é dado, entender-se-á ser pelo subscritos da nota promissória.

Artigo 78

O subscritor de uma nota promissória é responsável da mesma forma que o aceitante de uma letra.

As notas promissórias pagáveis a certo termo de vista devem ser presentes ao visto dos subscritores nos prazos fixados no art. 23. O termo de vista conta-se da data do visto dado pelo subscritor. A recusa do subscritor a dar o seu visto é comprovada por um protesto (art. 25), cuja data serve de início ao termo de vista.

ANEXO II
Artigo 1.º

Qualquer das Altas Partes Contratantes pode prescrever que a obrigação de inserir nas letras passadas no seu território a palavra "letra", prevista no art. 1.º, n.º 1, da Lei Uniforme, só se aplicará 6 (seis) meses após a entrada em vigor da presente Convenção.

Artigo 2.º

Qualquer das Altas Partes Contratantes tem, pelo que respeita às obrigações contraídas em matéria de letras no seu território, a faculdade de determinar de que maneira pode ser suprida a falta de assinatura, desde que por uma declaração autêntica escrita na letra se possa constatar a vontade daquele, que deveria ter assinado.

Artigo 3.º

Qualquer das Altas Partes Contratantes reserva-se a faculdade de não inserir o art. 10 da Lei Uniforme na sua lei nacional.

Artigo 4.º

Por derrogação da alínea primeira do art. 31 da Lei Uniforme, qualquer das Altas Partes Contratantes tem a faculdade de admitir a possibilidade de ser dado um aval no seu território por ato separado em que se indique o lugar onde foi feito.

Artigo 5.º

Qualquer das Altas Partes Contratantes pode completar o art. 38 da Lei Uniforme dispondo que, em relação às letras pagáveis no seu território, o portador deverá fazer a apresentação no próprio dia do vencimento; a inobservância desta obrigação só acarreta responsabilidade por perdas e danos.

As outras Altas Partes Contratantes terão a faculdade de fixar as condições em que reconhecerão uma tal obrigação.

Artigo 6.º

A cada uma das Altas Partes Contratantes incumbe determinar, para os efeitos da aplicação da última alínea do art. 38, quais as instituições que, segundo a lei nacional, devam ser consideradas câmaras de compensação.

Artigo 7.º

Pelo que se refere às letras pagáveis no seu território, qualquer das Altas Partes Contratantes tem a faculdade de sustar, se o julgar necessário, em circunstâncias excepcionais relacionadas com a taxa de câmbio da moeda nacional, os efeitos da cláusula prevista no art. 41 relativa ao pagamento efetivo em moeda estrangeira. A mesma regra se aplica no que respeita à emissão no território nacional de letras em moedas estrangeiras.

Artigo 8.º

Qualquer das Altas Partes Contratantes tem a faculdade de determinar que os protestos a fazer no seu território possam ser substituídos por uma declaração datada, escrita na própria letra e assinada pelo sacado, exceto no caso de o sacador exigir no texto da letra que se faça um protesto com as formalidades devidas.

Qualquer das Altas Partes Contratantes tem igualmente a faculdade de determinar que a dita declaração seja transcrita num registro público no prazo fixado para os protestos.

No caso previsto nas alíneas precedentes o endosso sem data presume se ter sido feito anteriormente ao protesto.

Artigo 9.º

Por derrogação da alínea terceira do art. 44 da Lei Uniforme, qualquer das Altas Partes Contratantes tem a faculdade de determinar que o protesto por falta de pagamento deve ser feito no dia em que a letra é pagável ou num dos 2 (dois) dias úteis seguintes.

Artigo 10

Fica reservada para a legislação de cada uma das Altas Partes Contratantes a determinação precisa das situações jurídicas a que se referem os ns. 2 e 3 do art. 43 e os ns. 5 e 6 do art. 44 da Lei Uniforme.

Artigo 11

Por derrogação dos ns. 2 e 3 do art. 43 e do art. 74 da Lei Uniforme, qualquer das Altas Partes Contratantes reserva-se a faculdade de admitir na sua legislação a possibilidade, para os garantes de uma letra que tenham sido acionados, de ser concedido um alongamento de prazos, os quais não poderão em caso algum ir além da data do vencimento da letra.

Artigo 12

Por derrogação do art. 45 da Lei Uniforme, qualquer das Altas Partes Contratantes tem a faculdade de manter ou de introduzir o sistema de aviso por intermédio de um agente público, que consiste no seguinte: ao fazer o protesto por falta de aceite ou por falta de pagamento, o notário ou o funcionário público incumbido desse serviço, segundo a lei nacional, é obrigado a dar comunicação por escrito desse protesto às pessoas obrigadas pela letra, cujos endereços figuram nela, ou que sejam conhecidos do agente que faz o protesto, ou sejam indicados pelas pessoas que exigiram o protesto. As despesas originadas por esses avisos serão adicionadas às despesas do protesto.

Artigo 13

Qualquer das Altas Partes Contratantes tem a faculdade de determinar, no que respeita às letras passadas e pagáveis no seu território, que a taxa de juro a que referem os ns. 2 dos arts. 48 e 49 da Lei Uniforme poderá ser substituída pela taxa legal em vigor no território da respectiva Alta Parte Contratante.

Artigo 14

Por derrogação do art. 48 da Lei Uniforme, qualquer das Altas Partes Contratantes reserva-se a faculdade de inserir na lei nacional uma disposição pela qual o portador pode reclamar daquele contra quem exerce o seu direito de ação uma comissão cujo quantitativo será fixado pela mesma lei nacional.

A mesma doutrina se aplica, por derrogação do art. 49 da Lei Uniforme, no que se refere à pessoa que, tendo pago uma letra, reclama a sua importância aos seus garantes.

Artigo 15

Qualquer das Altas Partes Contratantes tem a liberdade de decidir que, no caso de perda de direitos ou de prescrição, no seu território subsistirá o direito de proceder contra o sacador que não constituir provisão ou contra um sacador ou endossante que tenha feito lucros ilegítimos. A mesma faculdade existe, em caso de prescrição, pelo que respeita ao aceitante que recebeu provisão ou tenha realizado lucros ilegítimos.

Artigo 16

A questão de saber se o sacador é obrigado a constituir provisão à data do vencimento e se o portador tem direitos especiais sobre essa provisão está fora do âmbito da Lei Uniforme.

O mesmo sucede relativamente a qualquer outra questão respeitante às relações jurídicas que serviram de base à emissão da letra.

Artigo 17

A cada uma das Altas Partes Contratantes compete determinar na sua legislação nacional as causas de interrupção e de suspensão da prescrição das ações relativas a letras que os seus tribunais são chamados a conhecer.

As outras Altas Partes Contratantes têm a faculdade de determinar as condições a que subordinarão o conhecimento de tais causas. O mesmo sucede quanto ao efeito de uma ação como meio de indicação do início do prazo de prescrição, a que se refere a alínea terceira do art. 70 da Lei Uniforme.

Artigo 18

Qualquer das Altas Partes Contratantes tem a faculdade de determinar que certos dias úteis sejam assimilados aos dias feriados legais, pelo que respeita à apresentação ao aceite ou ao pagamento e demais atos relativos às letras.

Artigo 19

Qualquer das Altas Partes Contratantes pode determinar o nome a dar nas leis nacionais aos títulos a que se refere o art. 75 da Lei Uniforme ou dispensar esses títulos de qualquer denominação especial, uma vez que contenham a indicação expressa de que são à ordem.

Artigo 20

As disposições dos arts. 1° a 18 do presente Anexo, relativas às letras, aplicam-se igualmente às notas promissórias.

Artigo 21

Qualquer das Altas Partes Contratantes reserva-se a faculdade de limitar a obrigação assumida, em virtude do art. 1° da Convenção, exclusivamente às disposições relativas às letras, não introduzindo no seu território as disposições sobre notas promissórias constantes do Título II da Lei Uniforme. Neste caso, a Alta Parte Contratante que fizer uso desta reserva será considerada Parte Contratante apenas pelo que respeita às letras.

Qualquer das Altas Partes Contratantes reserva-se igualmente a faculdade de compilar num regulamento especial as disposições relativas às notas promissórias, regulamento que será inteiramente conforme as estipulações do Título II da Lei Uniforme e que deverá reproduzir as disposições sobre letras referidas no mesmo título sujeitas apenas às modificações resultantes dos arts. 75, 76, 77 e 78 da Lei Uniforme e dos arts. 19 e 20 do presente anexo.

Artigo 22

Qualquer das Altas Partes Contratantes tem a faculdade de tomar medidas excepcionais de ordem geral relativas à prorrogação dos prazos relativos a atos tendentes à conservação de direitos e à prorrogação do vencimento das letras.

Artigo 23

Cada uma das Altas Partes Contratantes obriga-se a reconhecer as disposições adotadas por qualquer das outras Altas Partes Contratantes em virtude dos arts. 1° a 4°, 6°, 8° a 16 e 18 a 21 do presente Anexo.

PROTOCOLO

Ao assinar a Convenção datada de hoje, estabelecendo uma Lei Uniforme em matéria de letras e notas promissórias, os abaixo-assinados, devidamente autorizados, acordaram nas disposições seguintes:

A

Os membros da Sociedade das Nações e os Estados não-membros que não tenham podido efetuar antes de 1.° de setembro de 1932 o depósito da ratificação da referida Convenção obrigam-se a enviar, dentro de 15 (quinze) dias, a contar daquela data, uma comunicação ao secretário-geral da Sociedade das Nações, dando-lhe a conhecer a situação em que se encontram no que diz respeito à ratificação.

B

Se, em 1.º de novembro de 1932, não se tiverem verificado as condições previstas na alínea primeira do art. 6.º para a entrada em vigor da Convenção, o secretário-geral da Sociedade nas Nações convocará uma reunião dos membros da Sociedade das Nações e dos Estados não-membros que tenham assinado a Convenção ou a ela tenham aderido, a fim de serem examinadas a situação e as medidas que porventura devam ser tomadas para a resolver.

C

As Altas Partes Contratantes comunicar-se-ão reciprocamente, a partir da sua entrada em vigor, as disposições legislativas promulgadas nos respectivos territórios para tornar efetiva a Convenção.

Em fé do que os plenipotenciários acima mencionados assinaram o presente Protocolo.

Feito em Genebra, aos sete de junho de mil novecentos e trinta, num só exemplar, que será depositado nos arquivos do Secretariado da Sociedade das Nações, será transmitida cópia autêntica a todos os membros da Sociedade das Nações e a todos os Estados não-membros representados na Conferência.

•• *Seguem-se as mesmas assinaturas colocadas após o art. 11 da Convenção.*

CONVENÇÃO DESTINADA A REGULAR CERTOS CONFLITOS DE LEIS EM MATÉRIA DAS LETRAS DE CÂMBIO E NOTAS PROMISSÓRIAS E PROTOCOLO

O Presidente do Reich Alemão...

Desejando adotar disposições para resolver certos conflitos de leis em matéria de letras e de notas promissórias, designaram como seus plenipotenciários:

Os quais depois de terem apresentado os seus plenos poderes, achados em boa e devida forma, acordaram nas disposições seguintes:

Artigo 1.º

As Altas Partes Contratantes obrigam-se mutuamente a aplicar para a solução dos conflitos de leis em matéria de letras e de notas promissórias, a seguir enumerados, as disposições constantes dos artigos seguintes:

Artigo 2.º

A capacidade de uma pessoa para se obrigar por letra ou nota promissória é regulada pela respectiva lei nacional. Se a lei nacional declarar competente a lei de um outro país, será aplicada esta última.

A pessoa incapaz, segundo a lei indicada na alínea precedente, é contudo havida como validamente obrigada se tiver aposto a sua assinatura em território de um país segundo cuja legislação teria sido considerada capaz.

Qualquer das Altas Partes Contratantes tem a faculdade de não reconhecer a validade da obrigação contraída em matéria de letras ou notas promissórias por um dos seus nacionais, quando essa obrigação só seja válida no território das outras Altas Partes Contratantes pela aplicação da alínea anterior do presente artigo.

Artigo 3.º

A forma das obrigações contraídas em matéria de letras e notas promissórias é regulada pela lei do país em cujo território essas obrigações tenham sido assumidas.

No entanto, se as obrigações assumidas em virtude de uma letra ou nota promissória não forem válidas nos termos da alínea precedente, mas o forem em face da legislação do país em que tenha posteriormente sido contraída uma outra obrigação, o fato de as primeiras obrigações serem irregulares quanto à forma não afeta a validade da obrigação posterior.

Qualquer das Altas Partes Contratantes tem a faculdade de determinar que as obrigações contraídas no estrangeiro por algum dos seus nacionais, em matéria de letras e notas promissórias, serão válidas no seu próprio território, em relação a qualquer outro dos seus nacionais, desde que tenham sido contraídas pela forma estabelecida na lei nacional.

Artigo 4.º

Os efeitos das obrigações do aceitante de uma letra e do subscritor de uma nota promissória são determinados pela lei do lugar onde esses títulos sejam pagáveis.

Os efeitos provenientes das assinaturas dos outros coobrigados por letra ou nota promissória são determinados pela lei do país em cujo território as assinaturas forem apostas.

Artigo 5.º

Os prazos para o exercício do direito de ação são determinados para todos os signatários pela lei do lugar de emissão do título.

Artigo 6.º

A lei do lugar de emissão do título determina se o portador de uma letra adquire o crédito que originou a emissão do título.

Artigo 7.º

A lei do país em que a letra é pagável determina se o aceite pode ser restrito a uma parte da importância a pagar ou se o portador é ou não obrigado a receber um pagamento parcial.

A mesma regra é aplicável ao pagamento de notas promissórias.

Artigo 8.º

A forma e os prazos do protesto, assim como a forma dos outros atos necessários ao exercício ou à conservação dos direitos em matéria de letras e notas promissórias, são regulados pelas leis do país em cujo território se deva fazer o protesto ou praticar os referidos atos.

Artigo 9.º

As medidas a tomar em caso de perda ou de roubo de uma letra ou de uma nota promissória são determinadas pela lei do país em que esses títulos sejam pagáveis.

Artigo 10

Qualquer das Altas Partes Contratantes reserva-se a faculdade de não aplicar os princípios de Direito Internacional privado consignados na presente Convenção, pelo que respeita:

1.º) uma obrigação contraída fora do território de uma das Altas Partes Contratantes;

2.º) a uma lei que seria aplicável em conformidade com estes princípios, mas que não seja lei em vigor no território de uma das Altas Partes Contratantes.

Artigo 11

As disposições da presente Convenção não serão aplicáveis, no território de cada uma das Altas Partes Contratantes, às letras e notas promissórias já criadas à data de entrada em vigor da Convenção.

Artigo 12

A presente Convenção, cujos textos francês e inglês farão, ambos, igualmente fé, terá a data de hoje.

Poderá ser ulteriormente assinada até 6 de setembro de 1930 em nome de qualquer membro da Sociedade das Nações e de qualquer Estado não-membro.

Artigo 13

A presente Convenção será ratificada.

Os instrumentos de ratificação serão transmitidos, antes de 1.º de setembro de 1932, ao secretário-geral da Sociedade das Nações, que notificará imediatamente do seu depósito todos os membros da Sociedade das Nações e os Estados não-membros que sejam partes na presente Convenção.

Artigo 14

A partir de 6 de setembro de 1930, qualquer membro da Sociedade das Nações e qualquer Estado não-membro poderá aderir à presente Convenção.

Esta adesão efetuar-se-á por meio de notificação ao secretário-geral da Sociedade das Nações, que será depositada nos arquivos do Secretariado.

O secretário-geral notificará imediatamente desse depósito todos os Estados que tenham assinado a presente Convenção ou a ela tenham aderido.

Artigo 15

A presente Convenção somente entrará em vigor depois de ter sido ratificada ou de a ela terem aderido sete membros da Sociedade das Nações ou Estados não-membros, entre os quais deverão figurar três dos membros da Sociedade das Nações com representação no Conselho.

Começará a vigorar 90 (noventa) dias depois de recebida pelo secretário-geral da Sociedade das Nações a 7.ª ratificação ou adesão, em conformidade com o disposto na alínea primeira do presente artigo.

O secretário-geral da Sociedade das Nações, nas notificações previstas nos arts. 13 e 14, fará menção especial de terem sido recebidas as ratificações ou adesões a que se refere a alínea primeira do presente artigo.

Artigo 16

As ratificações ou adesões após a entrada em vigor da presente Convenção, em conformidade com o disposto no art. 15 produzirão os seus efeitos 90 (noventa) dias depois da data da sua recepção pelo secretário-geral da Sociedade das Nações.

Artigo 17

A presente Convenção não poderá ser denunciada antes de decorrido um prazo de 2 (dois) anos a contar da data em que ela tiver começado a vigorar para o membro da Sociedade das Nações ou para o Estado não-membro que a denuncia; esta denúncia produzirá os seus efeitos 90 (noventa) dias depois de recebida pelo secretário-geral a respectiva notificação.

Qualquer denúncia será imediatamente comunicada pelo secretário-geral da Sociedade das Nações a todas as outras Altas Partes Contratantes.

A denúncia só produzirá efeito em relação à Alta Parte Contratante em nome da qual ela tenha sido feita.

Artigo 18

Decorrido um prazo de 4 (quatro) anos da entrada em vigor da presente Convenção, qualquer membro da Sociedade das Nações, ou Estado não-membro ligado à Convenção poderá formular ao secretário-geral da Sociedade das Nações um pedido de revisão de algumas ou de todas as suas disposições.

Se este pedido, comunicado aos outros membros da Sociedade das Nações ou Estados não-membros para os quais a Convenção estiver então em vigor, for apoiado dentro do prazo de 1 (um) ano por seis, pelo menos, dentre eles, o Conselho da Sociedade das Nações decidirá se deve ser convocada uma conferência para aquele fim.

Artigo 19

As Altas Partes Contratantes podem declarar no momento da assinatura da ratificação ou da adesão que, aceitando a presente Convenção, não assumem nenhuma obrigação pelo que respeita a todas ou parte das suas colônias, protetorados ou territórios sob a sua soberania ou mandato, caso em que a presente Convenção se não aplicará aos territórios mencionados nessa declaração.

As Altas Partes Contratantes poderão mais tarde notificar o secretário-geral da Sociedade das Nações de que desejam que a presente Convenção se aplique a todos ou parte dos territórios que tenham sido objeto da declaração prevista na alínea precedente, e nesse caso a Convenção aplicar-se-á aos territórios mencionados na comunicação, 90 (noventa) dias depois de esta ter sido recebida pelo secretário-geral da Sociedade das Nações.

As Altas Partes Contratantes podem a todo o tempo declarar que desejam que a presente Convenção cesse de se aplicar a toda ou parte das suas colônias, protetorados ou territórios sob a sua soberania ou mandato, caso em que a Convenção deixará de se aplicar aos territórios mencionados nessa declaração 1 (um) ano após esta ter sido recebida pelo secretário-geral da Sociedade das Nações.

Artigo 20

A presente Convenção será registrada pelo secretário-geral da Sociedade das Nações desde que entre em vigor. Será publicada, logo que for possível, na "coleção de Tratados" da Sociedade das Nações.

Em fé do que os plenipotenciários acima designados assinaram a presente Convenção.

Feito em Genebra, aos sete de junho de mil novecentos e trinta, num só exemplar, que será depositado nos arquivos do Secretariado da Sociedade das Nações. Será transmitida cópia autêntica a todos os membros da Sociedade das Nações e a todos os Estados não-membros representados na Conferência.

•• *Seguem-se as mesmas assinaturas colocadas após o art. 11 da Convenção para a adoção de uma Lei Uniforme sobre letras de câmbio e notas promissórias.*

PROTOCOLO

Ao assinar a Convenção datada de hoje, destinada a regular certos conflitos de leis em matéria de letras e de notas promissórias, os abaixo-assinados, devidamente autorizados, acordaram nas disposições seguintes:

A

Os membros da Sociedade das Nações e os Estados não-membros que não tenham podido efetuar, antes de 1.º de setembro de 1932, o depósito da ratificação da referida Convenção, obrigam-se a enviar, dentro de 15 (quinze) dias a contar daquela data, uma comunicação ao secretário-geral da Sociedade das Nações dando-lhe a conhecer a situação em que se encontram no que diz respeito à ratificação.

B

Se, em 1º de novembro de 1932, não se tiverem verificado as condições previstas na alínea primeira do art. 15 para a entrada em vigor da

Convenção, o secretário-geral da Sociedade das Nações convocará uma reunião dos membros da Sociedade das Nações e dos Estados não-membros que tenham assinado a Convenção ou a ela tenham aderido, a fim de ser examinada a situação e as medidas que porventura devem ser tomadas para a resolver.

C

As Altas Partes Contratantes comunicar-se-ão, reciprocamente, a partir da sua entrada em vigor, as disposições legislativas promulgadas nos respectivos territórios para tornar efetiva a Convenção.

Em fé do que os plenipotenciários acima mencionados assinaram o presente Protocolo.

Feito em Genebra, aos sete de junho de mil novecentos e trinta, num só exemplar, que será depositado nos arquivos do Secretariado da Sociedade das Nações, será transmitida cópia autêntica a todos os membros da Sociedade das Nações e todos os Estados não-membros representados na Conferência.

- •• *Seguem-se as mesmas assinaturas colocadas após o art. 11 da Convenção para a adoção de uma Lei Uniforme sobre letras de câmbio e notas promissórias.*

DECRETO N.º 2.044, DE 31 DE DEZEMBRO DE 1908

Define a letra de câmbio e a nota promissória e regula as operações cambiais.

O Presidente da República dos Estados Unidos do Brasil:

Faço saber que o Congresso Nacional decreta e eu sanciono a seguinte Resolução:

TÍTULO I
DA LETRA DE CÂMBIO

CAPÍTULO I
DO SAQUE

Art. 1.º A letra de câmbio é uma ordem de pagamento e deve conter estes requisitos, lançados, por extenso, no contexto:

I — a denominação "letra de câmbio" ou a denominação equivalente na língua em que for emitida;

II — a soma de dinheiro a pagar e a espécie de moeda;

III — o nome da pessoa que deve pagá-la. Esta indicação pode ser inserida abaixo do contexto;

IV — o nome da pessoa a quem deve ser paga. A letra pode ser ao portador e também pode ser emitida por ordem e conta de terceiro. O sacador pode designar-se como tomador;

V — a assinatura do próprio punho do sacador ou do mandatário especial. A assinatura deve ser firmada abaixo do contexto.

Art. 2.º Não será letra de câmbio o escrito a que faltar qualquer dos requisitos acima enumerados.

Art. 3.º Esses requisitos são considerados lançados ao tempo da emissão da letra. A prova em contrário será admitida no caso de má-fé do portador.

Art. 4.º Presume-se mandato ao portador para inserir a data e o lugar do saque, na letra que não os contiver.

Art. 5.º Havendo diferença entre o valor lançado por algarismo e o que se achar por extenso no corpo da letra, este último será sempre considerado verdadeiro e a diferença não prejudicará a letra. Diversificando as indicações da soma de dinheiro no contexto, o título não será letra de câmbio.

Art. 6.º A letra pode ser passada:
I — à vista;
II — a dia certo;
III — a tempo certo da data;
IV — a tempo certo da vista.
Art. 7.º A época do pagamento deve ser precisa, uma e única para a totalidade da soma cambial.

CAPÍTULO II
DO ENDOSSO

Art. 8.º O endosso transmite a propriedade da letra de câmbio.

Para a validade do endosso, é suficiente a simples assinatura do próprio punho do endossador ou do mandatário especial no verso da letra. O endossatário pode completar este endosso.

§ 1.º A cláusula "por procuração", lançada no endosso, indica o mandato com todos os poderes, salvo o caso de restrição, que deve ser expressa no mesmo endosso.

§ 2.º O endosso posterior ao vencimento da letra tem o efeito de cessão civil.

§ 3.º É vedado o endosso parcial.

CAPÍTULO III
DO ACEITE

Art. 9.º A apresentação da letra ao aceite é facultativa quando certa a data do vencimento. A letra a tempo certo da vista deve ser apresentada ao aceite do sacado, dentro do prazo nela marcado; na falta de designação, dentro de 6 (seis) meses contados da data da emissão do título, sob pena de perder o portador o direito regressivo contra o sacador, endossadores e avalistas.

Parágrafo único. O aceite da letra, a tempo certo da vista, deve ser datado, presumindo-se, na falta de data, o mandado ao portador para inseri-la.

Art. 10. Sendo dois ou mais os sacados, o portador deve apresentar a letra ao primeiro nomeado; na falta ou recusa do aceite, ao segundo, se estiver domiciliado na mesma praça; assim, sucessivamente, sem embargo da forma da indicação na letra dos nomes dos sacados.

Art. 11. Para a validade do aceite é suficiente a simples assinatura do próprio punho do sacado ou do mandatário especial, no anverso da letra.

Vale, como aceite puro, a declaração que não traduzir inequivocamente a recusa, limitação ou modificação.

Parágrafo único. Para os efeitos cambiais, a limitação ou modificação do aceite equivale à recusa, ficando, porém, o aceitante cambialmente vinculado, nos termos da limitação ou modificação.

Art. 12. O aceite, uma vez firmado, não pode ser cancelado nem retirado.

Art. 13. A falta ou recusa do aceite prova-se pelo protesto.

CAPÍTULO IV
DO AVAL

Art. 14. O pagamento de uma letra de câmbio, independente do aceite e do endosso, pode ser garantido por aval. Para a validade do aval, é suficiente a simples assinatura do próprio punho do avalista ou do mandatário especial, no verso ou no anverso da letra.

Art. 15. O avalista é equiparado àquele cujo nome indicar; na falta de indicação, àquele abaixo de cuja assinatura lançar a sua; fora destes casos, ao aceitante e, não estando aceita a letra, ao sacador.

CAPÍTULO V
DA MULTIPLICAÇÃO DA LETRA DE CÂMBIO

Seção Única
Das Duplicatas

Art. 16. O sacador, sob pena de responder por perdas e interesses, é obrigado a dar, ao portador, as vias de letra que este reclamar antes do vencimento, diferençadas, no contexto, por números de ordem ou pela ressalva, das que se extraviaram. Na falta da diferenciação ou da ressalva, que torne inequívoca a unicidade da obrigação, cada exemplar valerá como letra distinta.

§ 1.º O endossador e o avalista, sob pena de responderem por perdas e interesses, são obrigados a repetir, na duplicata, o endosso e o aval firmados no original.

§ 2.º O sacado fica cambialmente obrigado por cada um dos exemplares em que firmar o aceite.

§ 3.º O endossador de dois ou mais exemplares da mesma letra a pessoas diferentes, e os sucessivos endossadores e avalistas ficam cambialmente obrigados.

§ 4.º O detentor da letra expedida para o aceite é obrigado a entregá-la ao legítimo portador da duplicata, sob pena de responder por perdas e interesses.

CAPÍTULO VI
DO VENCIMENTO

Art. 17. A letra à vista vence-se no ato da apresentação ao sacado.

A letra, a dia certo, vence-se nesse dia. A letra, a dias da data ou da vista, vence-se no último dia do prazo; não se conta, para a primeira, o dia do saque, e, para a segunda, o dia do aceite.

A letra a semanas, meses ou anos da data ou da vista vence no dia da semana, mês ou ano do pagamento, correspondente ao dia do saque ou dia do aceite. Na falta do dia correspondente, vence-se no último dia do mês do pagamento.

Art. 18. Sacada a letra em país onde vigorar outro calendário, sem a declaração do adotado, verifica-se o termo do vencimento contando-se do dia do calendário gregoriano, correspondente ao da emissão da letra pelo outro calendário.

Art. 19. A letra é considerada vencida, quando protestada:

I — pela falta ou recusa do aceite;

II — pela falência do aceitante.

O pagamento, nestes casos, continua diferido até o dia do vencimento ordinário da letra, ocorrendo o aceite de outro sacado nomeado ou, na falta, a aquiescência do portador expressa no ato do protesto, ao aceite na letra, pelo interveniente voluntário.

CAPÍTULO VII
DO PAGAMENTO

Art. 20. A letra deve ser apresentada ao sacado ou ao aceitante para o pagamento, no lugar designado e no dia do vencimento ou, sendo este dia feriado por lei, no primeiro dia útil imediato, sob pena de perder o portador o direito de regresso contra o sacador, endossadores e avalistas.

§ 1.º Será pagável à vista a letra que não indicar a época do vencimento. Será pagável, no lugar mencionado ao pé do nome do sacado, a letra que não indicar o lugar do pagamento.

É facultada a indicação alternativa de lugares de pagamento, tendo o portador direito de opção. A letra pode ser sacada sobre uma pessoa, para ser paga no domicílio de outra, indicada pelo sacador ou pelo aceitante.

§ 2.º No caso de recusa ou falta de pagamento pelo aceitante, sendo dois ou mais os sacados, o portador deve apresentar a letra ao primeiro nomeado, se estiver domiciliado na mesma praça; assim sucessivamente, sem embargo da forma da indicação na letra dos nomes dos sacados.

§ 3.º Sobrevindo caso fortuito ou força maior, a apresentação deve ser feita, logo que cessar o impedimento.

Art. 21. A letra à vista deve ser apresentada ao pagamento dentro do prazo nela marcado; na falta desta designação, dentro de 12 (doze) meses, contados da data da emissão do título, sob pena de perder o portador o direito de regresso contra o sacador, endossadores e avalistas.

Art. 22. O portador não é obrigado a receber o pagamento antes do vencimento da letra. Aquele que paga uma letra, antes do respectivo vencimento, fica responsável pela validade desse pagamento.

§ 1.º O portador é obrigado a receber o pagamento parcial, ao tempo do vencimento.

§ 2.º O portador é obrigado a entregar a letra com a quitação àquele que efetua e pagamento; no caso do pagamento parcial, em que se não opera a tradição do título, além da quitação em separado, outra deve ser firmada na própria letra.

Art. 23. Presume-se validamente desonerado aquele que paga a letra no vencimento, sem oposição.

Parágrafo único. A oposição ao pagamento é somente admissível no caso de extravio da letra, de falência ou incapacidade do portador para recebê-lo.

Art. 24. O pagamento feito pelo aceitante ou pelos respectivos avalistas desonera da responsabilidade cambial todos os coobrigados.

O pagamento feito pelo sacador, pelos endossadores ou respectivos avalistas desonera da responsabilidade cambial os coobrigados posteriores.

Parágrafo único. O endossador ou avalista, que paga ao endossatário ou ao avalista posterior, pode riscar o próprio endosso ou aval e os dos endossadores ou avalistas posteriores.

Art. 25. A letra de câmbio deve ser paga na moeda indicada. Designada moeda estrangeira, o pagamento, salvo determinação em contrário, expressa na letra, deve ser efetuado em moeda nacional, ao câmbio à vista do dia do vencimento e do lugar do pagamento; não havendo no lugar curso de câmbio, pelo da praça mais próxima.

Art. 26. Se o pagamento de uma letra de câmbio não for exigido no vencimento, o aceitante pode, depois de expirado o prazo para o protesto por falta de pagamento, depositar o valor da mesma, por conta e risco do portador, independente de qualquer citação.

Art. 27. A falta ou recusa, total ou parcial, de pagamento, prova-se pelo protesto.

CAPÍTULO VIII
DO PROTESTO

Art. 28. A letra que houver de ser protestada por falta de aceite ou de pagamento deve ser entregue ao oficial competente, no primeiro dia útil que se seguir ao da recusa do aceite ou ao do vencimento, e o respectivo protesto tirado dentro de 3 (três) dias úteis.

Parágrafo único. O protesto deve ser tirado do lugar indicado na letra para o aceite ou para o pagamento. Sacada ou aceita a letra para ser paga em outro domicílio que não o do sacado, naquele domicílio deve ser tirado o protesto.

Art. 29. O instrumento de protesto deve conter:

I — A data.

II — A transcrição literal da letra e das declarações nela inseridas pela ordem respectiva.

III — A certidão da intimação ao sacado ou ao aceitante ou aos outros sacados, nomeados na letra para aceitar ou pagar, a resposta dada ou a declaração da falta da resposta.

A intimação é dispensada no caso do sacado ou aceitante firmar na letra a declaração da recusa do aceite ou do pagamento e, na hipótese de protesto, por causa da falência do aceitante.

IV — A certidão de não haver sido encontrada ou de ser desconhecida a pessoa indicada para aceitar ou para pagar. Nesta hipótese, o oficial afixará a intimação nos lugares do estilo e, se possível, a publicará pela imprensa.

V — A indicação dos intervenientes voluntários e das firmas por eles honradas.

VI — A aquiescência do portador ao aceite por honra.

VII — A assinatura, com o sinal público, do oficial do protesto.

Parágrafo único. Este instrumento, depois de registrado no livro de protesto, deverá ser entregue ao detentor ou portador da letra ou àquele que houver efetuado o pagamento.

Art. 30. O portador é obrigado a dar aviso do protesto ao último endossador, dentro de 2 (dois) dias, contados da data do instrumento do protesto e cada endossatário dentro de 2 (dois) dias, contados do recebimento do aviso, deve transmiti-lo ao seu endossador, sob pena de responder por perdas e interesses.

Não constando do endosso o domicílio ou a residência do endossador, o aviso deve ser transmitido ao endossador anterior, que houver satisfeito aquela formalidade.

Parágrafo único. O aviso pode ser dado em carta registrada. Para esse fim, a carta será levada aberta ao Correio, onde, verificada a existência do aviso, se declarará o conteúdo da carta registrada no conhecimento e talão respectivo.

Art. 31. Recusada a entrega da letra por aquele que a recebeu para firmar o aceite ou para efetuar o pagamento, o protesto pode ser tirado por outro exemplar ou, na falta, pelas indicações do protestante.

Parágrafo único. Pela prova do fato, pode ser decretada a prisão do detentor da letra, salvo depositando este a soma cambial e a importância das despesas feitas.

Art. 32. O portador que não tira, em tempo útil e forma regular, o instrumento do protesto da letra, perde o direito de regresso contra o sacador, endossadores e avalistas.

Art. 33. O oficial que não lavra, em tempo útil e forma regular, o instrumento do protesto, além da pena em que incorrer, segundo o Código Penal, responde por perdas e interesses.

CAPÍTULO IX
DA INTERVENÇÃO

Art. 34. No ato do protesto pela falta ou recusa do aceite, a letra pode ser aceita por terceiro, mediante a aquiescência do detentor ou portador.

A responsabilidade cambial deste interveniente é equiparada à do sacado que aceita.

Art. 35. No ato do protesto, excetuada apenas a hipótese do artigo anterior, qualquer pessoa tem o direito de intervir para efetuar o pagamento da letra, por honra de qualquer das firmas.

§ 1.º O pagamento, por honra da firma do aceitante ou dos respectivos avalistas, desonera da responsabilidade cambial todos os coobrigados.

O pagamento, por honra da firma do sacador, do endossador ou dos respectivos avalistas, desonera da responsabilidade cambial todos os coobrigados posteriores.

§ 2.º Não indicada a firma, entende-se ter sido honrada a do sacador; quando aceita a letra, a do aceitante.

§ 3.º Sendo múltiplas as intervenções, concorram ou não coobrigados, deve ser preferido o interveniente que desonera maior número de firmas.

Múltiplas as intervenções pela mesma firma, deve ser preferido o interveniente coobrigado; na falta deste, o sacado; na falta de ambos, o detentor ou portador tem a opção. É vedada a intervenção ao aceitante ou ao respectivo avalista.

CAPÍTULO X
DA ANULAÇÃO DA LETRA

Art. 36. Justificando a propriedade e o extravio ou a destruição total ou parcial da letra, descrita com clareza e precisão, o proprietário pode requerer ao juiz competente do lugar do pagamento, na hipótese de extravio, a intimação do sacado ou do aceitante e dos coobrigados, para não pagarem a aludida letra, e a citação do detentor para apresentá-la em juízo, dentro do prazo de 3 (três) meses, e, nos casos de extravio e de destruição, a citação dos coobrigados para, dentro do referido prazo, oporem contestação firmada em defeito de forma do título ou, na falta de requisito essencial, ao exercício da ação cambial.

Estas citações e intimações devem ser feitas pela imprensa, publicadas no jornal oficial do Estado e no Diário Oficial para o Distrito Federal e nos periódicos indicados pelo juiz, além de afixadas nos lugares do estilo e na bolsa da praça do pagamento.

§ 1.º O prazo de 3 (três) meses corre da data do vencimento; estando vencida a letra, da data da publicação no jornal oficial.

§ 2.º Durante o curso desse prazo, munido da certidão do requerimento e do despacho favorável do juiz, fica o proprietário autorizado a praticar todos os atos necessários à garantia do direito creditório, podendo, vencida a letra, reclamar do aceitante o depósito judicial da soma devida.

§ 3.º Decorrido o prazo, sem se apresentar o portador legitimado (art. 39) da letra, ou sem a contestação do coobrigado (art. 36), o juiz decretará a nulidade do título extraviado ou destruído e ordenará, em benefício do proprietário, o levantamento do depósito da soma, caso tenha sido feito.

§ 4.º Por esta sentença, fica o proprietário habilitado, para o exercício da ação executiva, contra o aceitante e os outros coobrigados.

§ 5.º Apresentada a letra pelo portador legitimado (art. 39) ou oferecida a contestação (art. 36) pelo coobrigado, o juiz julgará prejudicado o pedido de anulação da letra, deixando, salvo à parte, o recurso aos meios ordinários.

§ 6.º Da sentença proferida no processo cabe o recurso de agravo com efeito suspensivo.

§ 7.º Este processo não impede o recurso à duplicata e nem para os efeitos da responsabilidade civil do coobrigado dispensa o aviso imediato do extravio, por cartas registradas endereçadas ao sacado, ao aceitante e aos outros coobrigados, pela forma indicada no parágrafo único do art. 30.

CAPÍTULO XI
DO RESSAQUE

Art. 37. O portador da letra protestada pode haver o embolso da soma devida, pelo ressaque de nova letra de câmbio, à vista, sobre qualquer dos obrigados.

O ressacado que paga pode, por seu turno, ressacar sobre qualquer dos coobrigados a ele anteriores.

Parágrafo único. O ressaque deve ser acompanhado da letra protestada, do instrumento do protesto e da conta de retorno.

Art. 38. A conta de retorno deve indicar:

I — a soma cambial e a dos juros legais, desde o dia do vencimento;

II — a soma das despesas legais: protesto, comissão, porte de cartas, selos, e dos juros legais, desde o dia em que foram feitas;

III — o nome do ressacado;

IV — o preço, do câmbio, certificado por corretor ou, na falta, por dois comerciantes.

§ 1.° O recâmbio é regulado pelo curso do câmbio da praça do pagamento, sobre a praça do domicílio ou da residência do ressacado; o recâmbio, devido ao endossador ou ao avalista que ressaca, é regulado pelo curso do câmbio da praça do ressaque, sobre a praça da residência ou do domicílio do ressacado.

Não havendo curso de câmbio na praça do ressaque, o recâmbio é regulado pelo curso do câmbio da praça mais próxima.

§ 2.° É facultado o cúmulo dos recâmbios nos sucessivos ressaques.

CAPÍTULO XII
DOS DIREITOS E DAS OBRIGAÇÕES CAMBIAIS

Seção I
Dos Direitos

Art. 39. O possuidor é considerado legítimo proprietário da letra ao portador e da letra endossada em branco.

O último endossatário é considerado legítimo proprietário da letra endossada em preto, se o primeiro endosso estiver assinado pelo tomador e cada um dos outros, pelo endossatário do endosso, imediatamente anterior.

Seguindo-se ao endosso em branco outro endosso presume-se haver o endossador deste adquirido por aquele a propriedade da letra.

§ 1.° No caso de pluralidade de tomadores ou de endossatários, conjuntos ou disjuntos, tomador ou o endossatário possuidor da letra é considerado, para os efeitos cambiais, o credor único da obrigação.

§ 2.° O possuidor, legitimado de acordo com este artigo, somente no caso de má-fé na aquisição, pode ser obrigado a abrir mão da letra de câmbio.

Art. 40. Quem paga não está obrigado a verificar a autenticidade dos endossos.

Parágrafo único. O interveniente voluntário que paga fica sub-rogado em todos os direitos daquele, cuja firma foi por ele honrada.

Art. 41. O detentor, embora sem título algum, está autorizado a praticar as diligências necessárias à garantia do crédito, a reclamar o aceite, a tirar os protestos, a exigir, ao tempo do vencimento, o depósito da soma cambial.

Seção II
Das Obrigações

Art. 42. Pode obrigar-se, por letra de câmbio, quem tem a capacidade civil ou comercial.

Parágrafo único. Tendo a capacidade pela lei brasileira, o estrangeiro fica obrigado pela declaração que firmar, sem embargo da sua incapacidade, pela lei do Estado a que pertencer.

Art. 43. As obrigações cambiais são autônomas e independentes umas das outras. O signatário da declaração cambial fica, por ela, vinculado e solidariamente responsável pelo aceite e pelo pagamento da letra, sem embargo da falsidade, da falsificação ou da nulidade de qualquer outra assinatura.

Art. 44. Para os efeito cambiais, são consideradas não escritas:

I — a cláusula de juros;

II — a cláusula proibitiva do endosso ou do protesto, a excludente da responsabilidade pelas despesas e qualquer outra, dispensando a observância dos termos ou das formalidades prescritas por esta Lei.

III — a cláusula proibitiva da apresentação da letra ao aceite do sacado.

IV — a cláusula excludente ou restritiva da responsabilidade e qualquer outra beneficiando o devedor ou o credor, além dos limites fixados por esta Lei.

§ 1.º Para os efeitos cambiais, o endosso ou aval cancelado é considerado não escrito.

§ 2.º Não é letra de câmbio o título em que o emitente exclui ou restringe a sua responsabilidade cambial.

Art. 45. Pelo aceite, o sacado fica cambialmente obrigado para com o sacador e respectivos avalistas.

§ 1.º A letra endossada ao aceitante pode ser por este reendossada, antes do vencimento.

§ 2.º Pelo reendosso da letra, endossada ao sacador, ao endossado ou ao avalista, continuam cambialmente obrigados os co-devedores intermédios.

Art. 46. Aquele que assina a declaração cambial, como mandatário ou representante legal de outrem, sem estar devidamente autorizado, fica, por ela, pessoalmente obrigado

Art. 47. A substância, os efeitos, a forma extrínseca e os meios de prova da obrigação cambial são regulados pela lei do lugar onde a obrigação foi firmada.

Art. 48. Sem embargo da desoneração da responsabilidade cambial, o sacador ou aceitante fica obrigado a restituir ao portador com os juros legais, a soma com a qual se locupletou à custa deste.

A ação do portador, para este fim, é ordinária.

CAPÍTULO XIII
DA AÇÃO CAMBIAL

Art. 49. A ação cambial é a executiva.

Por ela tem também o credor o direito de reclamar a importância que receberia pelo ressaque (art. 38)

Art. 50. A ação cambial pode ser proposta contra um, alguns ou todos os coobrigados, sem estar o credor adstrito à observância da ordem dos endossos.

Art. 51. Na ação cambial, somente é admissível defesa fundada no direito pessoal do réu contra o autor, em defeito de forma do título e na falta de requisito necessário ao exercício da ação.

CAPÍTULO XIV
DA PRESCRIÇÃO DA AÇÃO CAMBIAL

Art. 52. A ação cambial, contra o sacador, aceitante e respectivos avalistas, prescreve em 5 (cinco) anos.

A ação cambial contra o endossador e respectivo avalista prescreve em 12 (doze) meses.

Art. 53. O prazo da prescrição é contado do dia em que a ação pode ser proposta; para o endossador ou respectivo avalista que paga, do dia desse pagamento.

TÍTULO II
DA NOTA PROMISSÓRIA

CAPÍTULO I
DA EMISSÃO

Art. 54. A nota promissória é uma promessa de pagamento e deve conter estes requisitos essenciais, lançados, por extenso, no contexto:

I — a denominação de "nota promissória" ou termo correspondente, na língua em que for emitida;

II — a soma de dinheiro a pagar;

III — o nome da pessoa a quem deve ser paga;

IV — a assinatura do próprio punho do emitente ou do mandatário especial.

§ 1.° Presume-se ter o portador o mandato para inserir a data e lugar da emissão da nota promissória, que não contiver estes requisitos.

§ 2.° Será pagável à vista a nota promissória que não indicar a época do vencimento. Será pagável no domicílio do emitente a nota promissória que não indicar o lugar do pagamento.

É facultada a indicação alternativa de lugar de pagamento, tendo o portador direito de opção.

§ 3.° Diversificando as indicações da soma do dinheiro, será considerada verdadeira a que se achar lançada por extenso no contexto.

Diversificando no contexto as indicações da soma de dinheiro, o título não será nota promissória.

§ 4.° Não será nota promissória o escrito ao qual faltar qualquer dos requisitos acima enumerados. Os requisitos essenciais são considerados lançados ao tempo da emissão da nota promissória. No caso de má-fé do portador, será admitida prova em contrário.

Art. 55. A nota promissória pode ser passada:

I — à vista;

II — a dia certo;

III — a tempo certo da data.

Parágrafo único. A época do pagamento deve ser precisa e única para toda a soma devida.

CAPÍTULO II
DISPOSIÇÕES GERAIS

Art. 56. São aplicáveis à nota promissória, com as modificações necessárias, todos os dispositivos do Título I desta Lei, exceto os que se referem ao aceite e às duplicatas.

Para o efeito da aplicação de tais dispositivos, o emitente da nota promissória é equiparado ao aceitante da letra de câmbio.

Art. 57. Ficam revogados todos os artigos do Título XVI do Código Comercial e mais disposições em contrário.

Rio de Janeiro, 31 de dezembro de 1908; 20° da República.

AFONSO AUGUSTO MOREIRA PENA

22. LCI – LETRA DE CRÉDITO IMOBILIÁRIO CCI – CÉDULA DE CRÉDITO IMOBILIÁRIO

22.1. Conceitos e figuras intervenientes da LCI

22.2. Requisitos da LCI

22.3. Garantias

22.4. CCI – Cédula de Crédito Imobiliário

22.5. Requisitos e características da CCI

22.6. Transferência da CCI

22.7. Pagamento

22.1. Conceitos e figuras intervenientes da LCI

Grande novidade do final do ano de 2001 e início de 2002 foi a criação de dois novos títulos de crédito, a LCI e a CCI, pela Medida Provisória 2.223/91, de 4.9.2001. Como a medida provisória dependeria de uma lei, poucos lhe deram atenção, mas como saiu emenda constitucional dizendo que as medidas provisórias entrariam em vigor se não fossem cassadas pelo Congresso Nacional, a MP 2223/91 adquiriu força de lei. Além disso, já vem sendo utilizada largamente pelas empresas dedicadas ao financiamento imobiliário, ou seja, para financiamento de imóveis.

Trata-se de um título de crédito da modalidade de nota promissória, mas com algumas características próprias. O sacador será uma empresa dedicada ao financiamento de imóveis. A lei cita nominalmente.
– Caixa Econômica Federal;
– Sociedade de Crédito Imobiliário;
– Associações de poupança e empréstimo;
– Companhias hipotecárias.

Poderão surgir outras empresas dessa natureza, dedicando-se ao crédito imobiliário; deverão elas contar com autorização do Banco Central para operar. Só poderá ser nominativo esse título nem mesmo se transformando ao portador por endosso em branco, já que só se admite endosso em preto, vale dizer, em nenhuma circunstância será ao portador.

Outra característica da LCI é a de ser lastreada por créditos imobiliários, garantidos por hipoteca ou por alienação fiduciária de coisa imóvel, conferindo aos seus tomadores direito de crédito pelo valor nominal, juros, e se for o caso, atualização monetária nelas estipuladas. Por tomador entenda-se o beneficiário da letra, que a lei às vezes chama de credor.

22.2. Requisitos da LCI

Como título de crédito a LCI é um título formal e a lei estipula para ela certos requisitos essenciais, não produzindo ela efeitos jurídicos que lhe são próprios se faltar um dos requisitos legalmente obrigatórios. São esses requisitos:
1 – O nome da instituição emitente e as assinaturas de seus representantes legais. As instituições emitentes foram apontadas no item anterior.

2 – O número de ordem, o local e a data de emissão.
3 – A denominação "Letra de Crédito Imobiliário".
4 – O valor nominal e a data do vencimento. O valor nominal é o valor intrínseco, com determinação certa, expresso em moeda nacional.
5 – A forma, a periodicidade e o local de pagamento do principal, dos juros, e, se for o caso, da atualização monetária.
6 – Os juros, fixos e flutuantes, que poderão ser renegociáveis, a critério das partes.
7 – A identificação dos créditos caucionados e seu valor.
8 – O nome do titular desses créditos.
9 – A cláusula à ordem, se endossável.

A critério do credor (o beneficiário) da LCI poderá ser dispensada a emissão de certificado, devendo ser a LCI sob a forma escritural, registrada em sistema de registro e liquidação financeira de títulos privados autorizados pelo Banco Central. Esse requisito afasta a LCI de uma característica universal dos títulos de crédito: a cartularidade. Título de crédito, doutrinariamente, é uma cártula, um pedaço de papel, não podendo ser de outra forma. Surge agora a LCI, que poderá ser uma cártula, como poderá ser escritural. A LCI escritural ocorrerá a pedido do credor, dispensando a emissão do certificado, portanto, sem tradição efetiva. Nessa incidência, será ela registrada em sistema de registro e liquidação financeira de títulos autorizados pelo Banco Central, o que também a afasta das características dos títulos de crédito, que são autônomos, literais e esse registro os vincula a outras relações jurídicas.

Como se vê no item 5, está a LCI sujeita à correção monetária. Poderá ser atualizada mensalmente por índice de preços, desde que emitida com prazo mínimo de 36 meses.

22.3. Garantias

A LCI é garantida principalmente por créditos imobiliários, como hipoteca ou alienação fiduciária de coisa imóvel. Poderá ser garantida por um ou mais créditos imobiliários, mas a soma do principal da LCI emitida não poderá exceder o valor total dos créditos imobiliários em poder da instituição emitente. Não poderá haver assim abuso do beneficiário da LCI, exigindo garantias superiores ao seu crédito.

Poderá também a LCI contar com garantia fidejussória adicional de instituição financeira. A garantia fidejussória ou pessoal é a baseada na confiança que inspira a pessoa que der essa garantia, como o aval e a fiança, razão por que se chama fidejussória ("fides=confiança"). Não deixa esclarecido o art. 3º da MP. 2223/91, se o aval só será dado por uma instituição financeira, ou se poderá ser dado por outras pessoas físicas ou jurídicas, como por exemplo, os dirigentes da emitente da LCI ou de empresas ligadas a ela. É o reforço da liquidez do título, inspirando maior confiança na LCI ao arrebanhar dinheiro no mercado de capitais.

Constitui também garantia fidejussória o abono, que nosso antigo Código Comercial chamava de "abonação". É o reforço de garantia, como o aval de outro aval, a fiança de outra fiança.

A garantia pessoal, porém, é facultativa e acessória, tanto que a lei fala que a LCI "poderá" contar com ela. Obrigatória e principal é a garantia real, mais precisamente créditos imobiliários garantidos por hipoteca ou alienação fiduciária de coisa imóvel. Vamos examinar um exemplo: uma incorporadora vende apartamento a prazo e o comprador, para garantir o pagamento, hipoteca à incorporadora um imóvel que poderá ser o próprio apartamento adquirido. Esse crédito poderá lastrear a LCI; a incorporadora obtém crédito de um banco, dando em garantia seu crédito ante o comprador, baseado nesse crédito, o banco emite a LCI.

Embora a lei fale na garantia de hipoteca, também será possível o penhor, mais precisamente a caução, tanto que o artigo 4º, § 2º fala em "crédito imobiliário caucionado". A caução é o penhor de títulos de crédito. Neste caso, a caução é dada pelos títulos referentes ao crédito imobiliário. O crédito imobiliário caucionado poderá ser substituído por outro crédito da mesma natureza por iniciativa do emitente da LCI, nos casos de liquidação ou vencimento antecipado do crédito, ou por solicitação justificada do credor da letra. Destarte, uma LCI é garantida por vários títulos; um deles vence-se e precisa de ser pago, desfalcando então a garantia. O devedor poderá então oferecer outro título, em substituição ao que for pago.

Outra inovação é a de que o endossante da LCI responderá pela veracidade do título, mas contra ele não será admitido direito de cobrança regressiva. Nos termos da Convenção de Genebra sobre letra de câmbio e nota promissória, o endossante é responsável solidário com os demais coobrigados, pelo pagamento do título, o que não acontece com a LCI. Para a LCI, o endosso não constitui garantia de pagamento.

22.4. CCI – Cédula de Crédito Imobiliário

A LCI não foi a única criação do Direito Cambiário em 2001, apresentando ainda a CCI, ambas já tendo larga aplicação. A LCI constitui também uma cédula de crédito, conservando, mais ou menos, as mesmas características da nota promissória. Embora se chame "letra", na verdade é uma "cédula", pois muito se aproxima das outras cédulas existentes no direito brasileiro. Era necessário porém distinguir os dois títulos criados pela M.P. 2223/91, razão pela qual nossa legislação reconhece a Letra de Crédito Imobiliário e a Cédula de Crédito Imobiliário.

Outro aspecto em que a CCI não segue a nomenclatura tradicional das cédulas de crédito é o de que o novo título pode ser com ou sem garantia real, conservando o mesmo nome em qualquer desses dois tipos. Nas anteriores havia a distinção entre "cédula" (com garantia real) e "nota" (sem garantia real). Após essas criações, o elenco de títulos dessa natureza ficou assim formado:

– cédula de crédito industrial/nota de crédito industrial;
– cédula de crédito à exportação/nota de crédito à exportação;
– cédula de crédito comercial/nota de crédito comercial;
– cédula de crédito imobiliário;
– letra de crédito imobiliário.

O surgimento desses títulos e de outros, como o "commercial paper", vem revelando intensa variação e distorção do Direito Cambiário, afrontando as características dos títulos de crédito. Trata-se porém de fenômeno patente não só no direito brasileiro, mas também da maioria dos países juridicamente desenvolvidos. A rigidez do direito romano tem sofrido sérios reparos nesses últimos anos, surgindo formas híbridas de relações jurídicas, principalmente ante as inovações tecnológicas, a Internet, os sistemas de comunicações, a fecundação artificial, a clonagem, os novos tipos de contratos e tantas outras novidades haveriam de abrir brechas na legislação e no direito moderno. O surgimento dessas cédulas, mesmo se afastando dos padrões tradicionais representa a necessidade de novos mecanismos que nos habilitem a enfrentar os desafios de vida moderna, principalmente na área empresarial.

22.5. Requisitos e características da CCI

É mais extensa a relação dos requisitos da CCI, em número de doze, quando for ela emitida cartularmente, já que a cédula escritural terá outros requisitos:

1 – A denominação "Cédula de Crédito Industrial".

2 – O nome, a qualificação do credor e do devedor e, no caso de emissão escritural, também o do custodiante.

3 – A identificação do imóvel objeto do crédito imobiliário, com indicação da respectiva matrícula no Registro de Imóveis competente e do registro da constituição da garantia, se for o caso.

4 – A mobilidade da garantia, se for o caso.

5 – O número e a série da cédula.

6 – O valor do crédito que representa.

7 – A condição de integral ou fracionária e, nessa última hipótese, também a indicação da fração que representa.

8 – O prazo, a data de vencimento, o valor da prestação total, nela incluídas as parcelas de amortização e juros, as taxas, seguros e demais encargos contratuais de responsabilidade do devedor, a forma de reajuste e o valor das multas previstas contratualmente, com a indicação do local de pagamento.

9 – O local e a data da emissão.

10 – As assinaturas do credor, quando emitida cartularmente.

11 – A autenticação pelo Oficial do Registro de Imóveis competente, no caso de contar com garantia real.

12 – Cláusula à ordem, se endossável.

As características da CCI variam de acordo com o tipo; se for com garantia ou sem garantia; se for cedular ou escritural, se endossável ou não endossável. Se for escritural deverá constar o nome do custodiante. Se for com garantia real deverá ser autenticada pelo Oficial de Registro de Imóveis e deve ser indicada a modalidade de garantia. Se for endossável deve constar a cláusula "à ordem".

É vedada a averbação da emissão de CCI com garantia real quando houver prenotação ou registro de qualquer outro ônus real sobre direitos imobiliários respectivos, inclusive penhora ou averbação de qualquer mandado ou ação judicial (art. 14). Em outras palavras, os imóveis que lastrearem a CCI devem estar livres e desembaraçados de ônus e gravames. Se assim não fosse, a garantia seria insegura.

22.6. Transferência da CCI

A CCI cartular, ou o crédito representado por ela, poderá ser alvo de cessão, implicando na transmissão automática das garantias respectivas ao cessionário; este sub-roga-se em todos os direitos mencionados na CCI. Se for a CCI garantida por alienação fiduciária, o cessionário assumirá então a propriedade fiduciária. A cessão do crédito representado por CCI poderá ser feita por meio de sistemas de registro e de liquidação financeira de títulos privados autorizados pelo Banco Central.

Quanto à CCI escritural, com garantia real, o crédito representado por ela poderá ser cedido, sem precisar de averbação no Registro de Imóveis, seguindo as normas a respeito da cessão de crédito previstas no Código Civil.

A CCI pode ser endossável, devendo, neste caso, conter a cláusula "à ordem". Se não contiver essa cláusula, não será endossável, contrariando os princípios gerais dos títulos de crédito, criados em sua maioria para circular por endosso. Possuindo porém a cláusula "à ordem", a cédula será transferida por endosso.

22.7. Pagamento

O resgate da dívida representada pela CCI prova-se com a declaração de quitação, emitida pelo credor, ou, na falta desta, por outros meios admitidos em direito (art. 13). É outro aspecto em que a CCI não se pauta pela nota promissória e demais títulos de crédito; nestes o pagamento deve ser feito mediante recibo passado no próprio título, que deverá ser entregue ao pagador.